高等职业院校财经类专业“十三五”规划教材

# 供应链管理实务

上海财经大学出版社

主　编　阮喜珍
副主编　李一辉

THE PRACTICE OF SUPPLY CHAIN MANAGEMENT

**图书在版编目(CIP)数据**

供应链管理实务/阮喜珍主编. 一上海:上海财经大学出版社,2017.1
(高等职业院校财经类专业"十三五"规划教材)
ISBN 978-7-5642-2568-1/F·2568

Ⅰ.①供…  Ⅱ.①阮…Ⅲ.①供应链管理-高等职业教育-教材
Ⅳ.①F252

中国版本图书馆 CIP 数据核字(2016)第 255782 号

□ 责任编辑 徐 超
□ 封面设计 钱宇辰

GONGYINGLIAN GUANLI SHIWU
**供 应 链 管 理 实 务**

阮喜珍 主 编
李一辉 副主编

上海财经大学出版社出版发行
(上海市武东路 321 号乙 邮编 200434)
网 址:http://www.sufep.com
电子邮箱:webmaster @ sufep.com
全国新华书店经销
启东市人民印刷有限公司印刷装订
2017 年 1 月第 1 版 2017 年 1 月第 1 次印刷

787mm×1092mm 1/16 14.75 印张 377 千字
印数:0 001—4 000 定价:35.00 元

## 高等职业院校财经类专业“十三五”规划教材

## 编写委员会

# 前　言

目前，企业基层生产、服务第一线管理人员十分匮乏，而高职高专是培养适应生产、建设、管理、服务第一线需要的高等技术应用型人才的摇篮。当前，虽然供应链管理方面的教材较多，但多偏重理论性，不适合高职高专的教学模式的改革。“供应链管理”是管理类专业的主要专业课程或专业基础课程，其教材和教学模式改革迫在眉睫，编写本教材可以解决当务之急，以培养社会需要的第一线物流管理人才。

考虑到高职教育突出技能性和实用性的特点和要求，本教材围绕现代供应链管理实务操作的相关知识、技能要求进行编写。突出以管理岗位和工作任务所需的知识、技能要求进行教材内容体系的架构，即按现行供应链相关管理岗位或管理项目所实施的实务操作技能和必备知识要求编写。采用通俗易懂的语言，既注重理论与方法的系统介绍，又穿插一些小案例、知识链接和小思考，增强趣味性。着重介绍怎么做、如何做，力求通俗易懂，注重案例和图表的运用。每个项目均以供应链管理案例引入，后面附有思考题、技能训练和案例分析。

本书以全国高职高专类院校物流管理及其他专业学生为教学对象，同时也可作为企业管理人员培训和普通高等教育的教材或教学参考书。在教学中可以根据实际情况进行取舍。

在本书的编写过程中，参考和引用了诸多学者的研究成果，在此谨向有关作者表示诚挚的感谢！

本书由阮喜珍教授主编。全教材共分为 10 个项目，其中项目 1、项目 2、项目 4、项目 6、项目 7、项目 8、项目 10 由武汉职业技术学院阮喜珍编写；项目 3 由阮喜珍和武汉铁路职业技术学院王爽共同编写；项目 5 由阮喜珍和武汉铁路职业技术学院王博共同编写；项目 9 由武汉商学院的姚丽霞和长江职业技术学院吴晶共同编写。由阮喜珍总纂全书。本书得到了上海财经大学出版社领导和编辑的大力支持以及同行专家关心、帮助和指导，在此一并表示感谢！

由于编者水平有限，难免存在欠缺，恳请读者批评指正。

编　者
2016 年 8 月

# 目　录

# 项 目 1

# 供应链及供应链管理概述

## 知识目标

◎ 理解供应链的概念及特征。

◎ 认识供应链的类型及结构模型。

◎ 掌握供应链管理的含义及内容。

◎ 了解供应链管理的相关理论。

## 技能目标

◎ 能用所学知识对供应链管理状况进行分析。

◎ 能结合企业具体情况提出改善供应链管理的一些措施。

◎ 运用供应链管理相关理论分析实际问题。

## 【引例】

### 蓝光小商品公司

蓝光小商品公司是集小商品的设计、生产、采集、推广等为一体的公司,其主要为经营多品种、小批量的小商品超市提供商品。很多小商品超市由于经营的品种多、商品单价小,采购往往是其经营过程中的薄弱环节。而蓝光小商品公司正是适应这一需求,大批量地集中生产或采集,然后根据经营者的需求进行配送。在这种供需过程当中,双方之间建立了很好的合作关系。

蓝光小商品公司不仅为下游客户提供商品,还提供帮助,使下游客户能够在竞争中赢得市场。具体措施有:

- 免费开店前培训:装修;摆货;营销。
- 全程跟踪指导:开店过程中客服电话跟踪服务;督导下店指导经营。
- 专业人员配货:根据周边消费群体/经济能力合理配货。
- 产品独特新颖:新品每周更新。
- 超强物流配送:货款到账 12 小时内发货;4 个工作日到货。

● 安全退出:因个人原因退出经营,本公司协助转让,并回收未销售产品。
● 强化沟通:了解下游客户经营状况,加强相互之间的沟通,确保商品适应市场需求。

**分析:**这一案例表明,蓝光小商品公司与其下游客户之间的合作是一种互惠互利、双赢的合作关系,与传统企业之间的合作有很大的差异性。而作为高层管理者,他的理念和能力在于要正确理解供应链管理的含义,从某种意义上说,现代的竞争已经不再是企业与企业之间的竞争,而是供应链与供应链之间的竞争。

# 任务 1.1 供应链及供应链管理

## 1.1.1 供应链的概念、特征及类型

### 1.1.1.1 供应链的概念

供应链(supply chain)的概念经历了一个发展过程。早期的观点认为供应链是制造企业的一个内部过程,是指将采购的原材料和收到的零部件,通过生产的转换和销售等过程传递到企业用户的一个过程。传统的供应链概念局限于企业的内部操作,注重企业的自身利益目标。

随着企业经营的进一步发展,供应链的概念范围扩大到了与其他企业的联系,扩大到供应链的外部环境,将其定义为一个通过链中不同企业的制造、组装、分销、零售等过程将原材料转换成产品到最终用户的转换过程,即更大范围、更为系统的概念。美国的史迪文斯(Stevens)认为:"通过价值增值过程和分销渠道控制从供应商的供应商到用户的用户的流就是供应链,它开始于供应的源点,结束于消费的终点。"这一定义注意了供应链的完整性,考虑了供应链中所有成员操作的一致性。

而到了最近,供应链的概念更加注重围绕核心企业的网链关系,如核心企业与供应商、供应商的供应商乃至与一切前向的关系,与用户、用户的用户及一切后向的关系。此时对供应链的认识形成了一个网链的概念,像丰田、耐克、尼桑、麦当劳和苹果等公司的供应链管理都从网链的角度来实施的。哈理森(Harrison)进而将供应链定义为:"供应链是执行采购原材料、将它们转换为中间产品和成品,并且将成品销售到用户的功能网"。这个概念强调供应链的战略伙伴关系问题。

我国 2001 年发布实施的《物流术语》国家标准(GB/T18354-2001)中对供应链的定义是:生产及流通过程中,涉及将产品或服务提供给最终用户活动的上游及下游企业所形成的网链结构。

综上分析,我们可以给出一个供应链比较确切的定义:所谓供应链,是指产品生产和流通过程中所涉及的原材料供应商、制造商、批发商、零售商以及最终消费者组成的供需网络,即由原材料获取、物料加工和制造直至将成品送到用户手中,这一完整过程所涉及的企业和企业部门组成的网络。这个概念强调了供应链的战略伙伴关系,从形式上看,客户是在购买商品,但实质上客户是在购买能带来效益的价值。各种物料在供应链上移动,是一个不断采用新技术投入劳动、增加其技术含量或附加价值的过程。例如,一件产品,其原材料由供应商提供,运输到生产部门,在产品制成后,又被运送到配送中心,最终被卖给消费者。实际生活中的供应链往往涉及多种产品、多级生产和配送,并且不断处于变化之中。

供应链是围绕核心企业，通过对信息流、物流、资金流的控制，从采购原材料开始，制成中间产品以及最终产品，最后由销售网络把产品送到消费者手中的将供应商、制造商、分销商、零售商，直到最终用户连成一个整体的功能网链结构。它不仅是一条连接供应商到用户的物流链、信息链、资金链，而且是一条增值链，物料在供应链上因加工、包装、运输等运作而增加其价值，给相关企业带来收益。形象一点，我们可以把供应链描绘成一棵枝叶茂盛的大树：生产企业构成树根；独家代理商则是主干；分销商是树枝和树梢；满树的绿叶红花是最终用户；在根与主干、枝与干的一个个结点，蕴藏着一次次的流通，而遍体相通的脉络便是信息管理系统。

供应链上各企业之间的关系与生物学中的食物链类似。在“草—兔子—狼—狮子”这样一个简单的食物链中(为便于论述，假设在这一自然环境中只生存这四种生物)，如果我们把兔子全部杀掉，那么草就会疯长起来，狼也会因兔子的灭绝而饿死，连最厉害的狮子也会因狼的死亡而慢慢饿死。可见，食物链中的每一种生物之间是相互依存的，破坏食物链中的任何一种生物，势必导致这条食物链失去平衡，最终破坏人类赖以生存的生态环境。

同样道理，在供应链“企业 A—企业 B—企业 C”中，企业 A 是企业 B 的原材料供应商，企业 C 是企业 B 的产品销售商。如果企业 B 忽视了供应链中各要素的相互依存关系，而过分注重自身的内部发展，生产产品的能力不断提高；但如果企业 A 不能及时向 B 提供生产原材料，或者企业 C 的销售能力跟不上企业 B 产品生产能力的发展，那么我们可以得出这样的结论：企业 B 生产力的发展不适应这条供应链的整体效率。

1.1.1.2　供应链的特征

(1)复杂性。因为供应链节点企业组成的跨度不同，供应链往往由多个、多类型甚至多国家的企业组成，所以供应链结构模式比一般单个企业的结构模式复杂。

(2)动态性。供应链管理因企业战略和适应市场需求变化的需要，其中节点企业需要动态地更新，这就使得供应链具有明显的动态性。

(3)面向用户需求。供应链的形成、存在和重构都是基于一定的市场需求而发生，并且在供应链的运作过程中，用户的需求拉动是供应链中信息流、物流、资金流运作的驱动源。

(4)交叉性。节点企业可以是这个供应链的成员，同时又是另一个供应链的成员，众多的供应链形成交叉结构，增加了协调管理的难度。

1.1.1.3　供应链的类型

总体上分为内部供应链和外部供应链。内部供应链是指企业内部产品生产和流通过程中所涉及的采购部门、生产部门、仓储部门、销售部门等组成的供需网络。外部供应链则是指企业外部的、与企业相关的产品生产和流通过程中涉及的原材料供应商、生产厂商、储运商、零售商以及最终消费者组成的供需网络。内部供应链和外部供应链共同组成了企业产品从原材料到成品到消费者的供应链。可以说，内部供应链是外部供应链的缩小化。如对于制造厂商而言，其采购部门就可看作外部供应链中的供应商。它们的区别只在于外部供应链范围大，涉及企业众多，企业间的协调更困难。

根据供应链存在的稳定性可以分为稳定的和动态的供应链。基于相对稳定、单一的市场需求而组成的供应链稳定性较强；而基于相对频繁变化、复杂的需求而组成的供应链动态性较高。在实际管理运作中，需要根据不断变化的需求，相应地改变供应链的组成。

根据供应链容量与用户需求的关系可以分为平衡的供应链和倾斜的供应链。一个供应链具有一定的、相对稳定的设备容量和生产能力(所有节点企业能力的综合，包括供应商、制造商、运输商、分销商、零售商等)，但用户需求处于不断变化的过程中，当供应链的容量能满足用户需求时，供应链处于平衡状态；而当市场变化加剧，造成供应链成本增加、库存增加、浪费增加等现象时，企业不是在最优状态下运作，供应链则处于倾斜状态。平衡的供应链可以实现各主要职能（采购/低采购成本、生产/规模效益、分销/低运输成本、市场/产品多样化和财务/资金运转快）之间的均衡。

根据供应链的功能模式（物理功能、市场中介功能和客户需求功能）可以把供应链分为三种：有效性供应链（efficient supply chain）、反应性供应链（responsive supply chain）和创新性供应链。有效性供应链主要体现供应链的物理功能，即以最低的成本将原材料转化成零部件、半成品、产品，以及在供应链中的运输等；反应性供应链主要体现供应链的市场中介的功能，即把产品分配到满足用户需求的市场，对未预知的需求做出快速反应等，创新性供应链主要体现供应链的客户需求功能，即根据最终消费者的喜好或时尚的引导，进而调整产品内容与形式来满足市场需求。

【案例分析 1－1】

### 美国国家半导体公司的供应链

美国国家半导体公司（National Semiconductor）是世界上最大的集成电路制造商之一，其产品用于传真机、移动电话、计算机和汽车。它的竞争对手包括摩托罗拉公司和英特尔公司。目前公司拥有 4 家晶体制造厂，其中 3 家在美国，产成品运输到世界各地成百上千的制造工厂，主要客户包括康柏、福特、国际商用机器公司、西门子等。因为半导体工业的竞争相当激烈，所以确定很短的交货期并能够在规定日期内交货是非常重要的。在 1994 年，国家半导体公司 95%的顾客能够在发出订单后的 45 天内接到订货，而其余 5%的顾客能在 90 天内接到订货。这么短的交货期要求公司与 12 家航空公司合作，使用约 20 000 条不同的航线。但问题在于，顾客并不能预先知道自己是属于 90 天内能够收到货的 5%的顾客还是 45 天内能收到货的 95%的顾客。

（资料来源：http://www.doc88.com/p-182619242048.html）

**分析：**从案例看出正是供应链使该公司的客户能在很短时间内收到货物。

【知识链接 1－1】

### 供应链中的“鞭子效应”

供应链有很多种，比如纺织供应链、制造供应链、IC 供应链、食品供应链、IT 供应链等。但是在这么多不同的供应链底下，不管你是哪一类的供应链，有一个问题你一定要去解决，我们叫“Bullwhip”，翻译成“鞭子效应”。一个鞭子你稍微一甩，尖的那个地方的波动就会比较大。市场是消费者的天下，当市场发生微小的变化时，你就可以看到，越往上游走，发生的变化越大，这是一个非常典型的鞭子效应。2000 年，某国际知名网络厂商曾经发表过一篇文章，称其因为这个效应一年就损失了 20 亿美元。至于上述现象产生的原因，简单例子就可以说明。假如一生产商，需要 100 个产品，该生产商可能给 3 家外包商各下 100 个产品的订单，看他们谁先做完。等到哪一家做完了，就把另外两家的订单取消掉。这是一般的做法，因为要保护自己，库存压力就可以转嫁给供货商。这样，供货商们总共拿到 300 个产品的订单，而实际需要的只有 100 个产品的订单。供货商们拿到这 300 个产品的订单之后，也是用同样的做法，又找他上一层的供货商，各给他们300个产品的订单。越往上游走，订单数目就越大。虽然实际上真正需要的只是100个产品的订单，到了第三层以上时，就变成10 000个产品的订单。这就是可怕的放大效应。

## 1.1.2　供应链的结构模型

### 1.1.2.1　供应链的网链结构模型

按照供应链的定义，供应链的网链结构模型如图1—1所示。

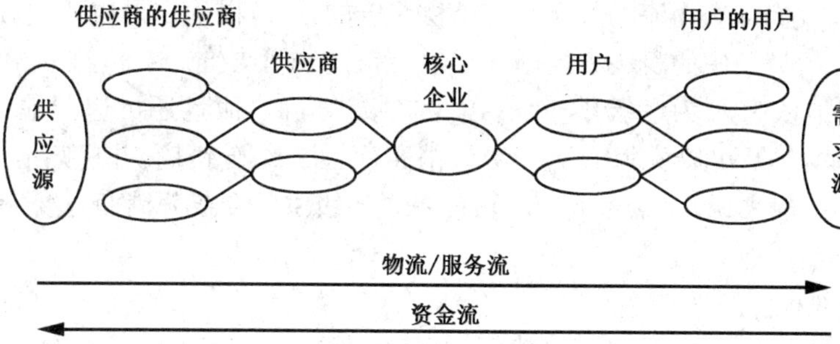


**图1—1　供应链的网链结构模型**

供应链由所有加盟的节点企业组成，其中一般有一个核心企业(可以是产品制造企业，也可以是大型零售企业，如美国的沃尔玛)，节点企业在需求信息的驱动下，通过供应链的职能分工与合作(生产、分销、零售等)，以资金流、物流或/和服务流为媒介实现整个供应链的不断增值。为了有效指导供应链的设计，了解和掌握供应链结构模型是十分必要的。以下着重从企业与企业之间关系的角度考察几种供应链的拓扑结构模型。

### 1.1.2.2　按照供应链网络结构划分

(1)供应链的链状模型Ⅰ

结合供应链的定义和结构模型，不难得出这样一个简单的供应链模型(如图1—2所示)，我们称其为模型Ⅰ。模型Ⅰ清楚地表明产品的最初来源是自然界，如矿山、油田、橡胶园等，最终去向是用户。产品因用户需求而生产，最终被用户所消费。产品从自然界到用户经历了供应商、制造商和分销商三级传递，并在传递过程中完成产品加工、产品装配形成等转换过程。被用户消费掉的最终产品仍回到自然界，完成物质循环。

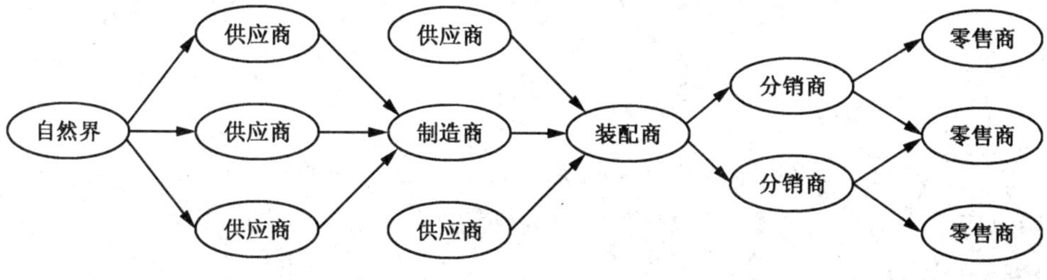


**图1—2　供应链的链状模型Ⅰ**

(2)供应链的链状模型Ⅱ

供应链的链状模型Ⅱ如图1—3所示。

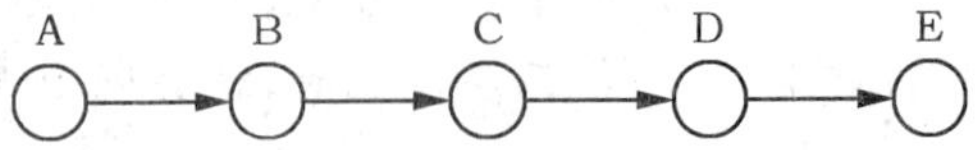


**图 1—3 供应链的链状模型Ⅱ**

在供应链上除了流动着物流(产品流)和信息流外,还存在着资金流。物流的方向一般都是从供应商流向制造商,再流向分销商。在特殊情况下(如产品退货),产品在供应链上的流向与上述方向相反。但由于产品退货属非正常情况,退货的产品也非本书严格定义的产品,所以本书将不予考虑。我们依照物流的方向来定义供应链的方向,以确定供应商、制造商和分销商之间的顺序关系。模型Ⅱ中的箭头方向即表示供应链的物流方向。在模型Ⅱ中,定义C为制造商时,可以相应地认为B为一级供应商,A为二级供应商,而且还可递归地定义三级供应商、四级供应商 ;同样地,可以认为D为一级分销商,E为二级分销商,并递归地定义三级分销商,四级分销商 。一般来说,一个企业应尽可能考虑多级供应商或分销商,这样有利于从整体上了解供应链的运行状态。

(3)供应链的网状模型Ⅲ

事实上,在模型Ⅱ中,C的供应商可能不止一家,而是有B1,B2,…,Bn等n家,分销商也可能有D1,D2,…,Dm等m家;动态地考虑,C也可能有C1,C2,…,Ck等k家。这样,模型Ⅱ就转变为一个网状模型,即供应链的网状模型Ⅲ(如图1—4)。网状模型更能说明现实世界中产品的复杂供应关系。在理论上,网状模型可以涵盖世界上所有厂家,把所有厂家都看成是其上面的一个节点,并认为这些节点存在着联系。当然,这些联系有强有弱,而且在不断地变化着。通常,一个厂家仅与有限个厂家相联系,但这不影响我们对供应链模型的理论设定。网状模型对供应关系的描述性很强,适合于对供应关系的宏观把握。

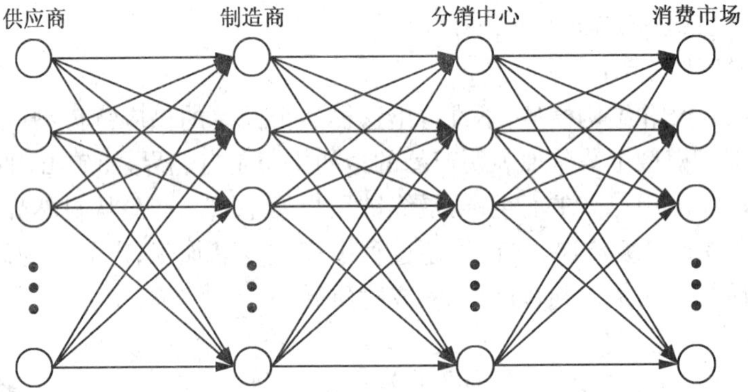


**图 1—4 供应链的网状模型Ⅲ**

1.1.2.3 按照供应链驱动力的来源划分

按照供应链驱动力的来源,供应链可以分为推动式供应链和拉动式供应链。

(1)推动式供应链

推动式供应链的运作是以产品为中心,以生产制造商为驱动原点。这种传统的推动式供应链管理是以生产为中心,力图提高生产率,降低单件产品成本来获得利润。通常,生产企业根据自己的MRPⅡ/ERP计划来安排从供应商处购买原材料,生产出产品,并将产品经过各种渠道,如分销商、批发商、零售商一直推至客户端(见图1—5)。在这种供应链上,生产商对整个供应链起主导作用，是供应链上的核心或关键成员，而其他环节如流通领域的企业则处于被动的地位。这种供应链方式的运作和实施相对较为容易。然而，由于生产商在供应链上远离客户，对客户的需求远不如流通领域的零售商和分销商了解得清楚，这种供应链上企业之间的集成度较低，反应速度慢，在缺乏对客户需求了解的情况下生产出的产品与驱动供应链运作的方向往往是无法匹配和满足客户需求的。

同时，由于无法掌握供应链下游，特别是最末端的客户需求，一旦下游有微小的需求变化，反映到上游时这种变化将被逐级放大，这种效应被称为牛鞭效应。为了对付这种牛鞭效应，相应下游，特别是最终客户的变化，在供应链的每个节点上，都必须采取提高安全库存量的办法，需要储备较多的库存来应付需求变动。因此，整个供应链上的库存较高，响应客户需求变化较慢。传统的供应链管理几乎都属于推动式的供应链管理。

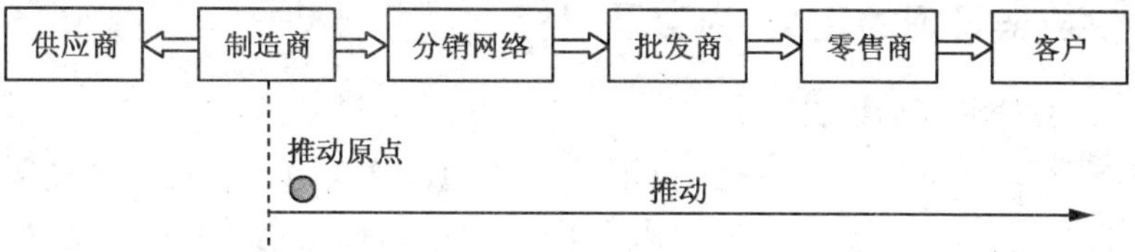


**图1—5　推动式供应链**

(2)拉动式供应链

拉动式供应链管理的理念是以顾客为中心，通过对市场和客户的实际需求以及对其需求的预测来拉动产品的生产和服务。因此，这种供应链的运作方式和管理被称为拉动式的供应链管理。这种运作和管理需要整个供应链能够更快地跟踪甚至超前于客户和市场的需求，来提高整个供应链上的产品和资金流通的效率，减少流通过程中不必要的浪费，降低成本，提高市场的适应力，特别是对下游的流通和零售行业，更是要求供应链上的成员间有更强的信息共享、协同、响应和适应能力。例如，目前发达国家采用协同计划、预测和补货(CPFR)策略和系统，来实现对供应链下游成员需求拉动的快速响应，使信息获取更及时，信息集成和共享度更高，数据交换更迅速，缓冲库存量，使整个供应链上的库存总量更低，获利能力更强，等等。拉动式供应链虽然整体绩效表现出色，但对供应链上企业的管理和信息化程度要求较高，对整个供应链的集成和协同运作的技术和基础设施要求也较高。

以计算机公司为例，其对计算机市场的预测和计算机的订单是企业一切业务活动的拉动点，生产装配、采购等的计划安排和运作都是以它们为依据和基础进行的。这种典型的面向订单的生产运作可以明显地减少库存积压与个性化和特殊配置需求，并加快资金周转。然而，这种供应链的运作和实施相对较难。其结构原理如图1—6所示。

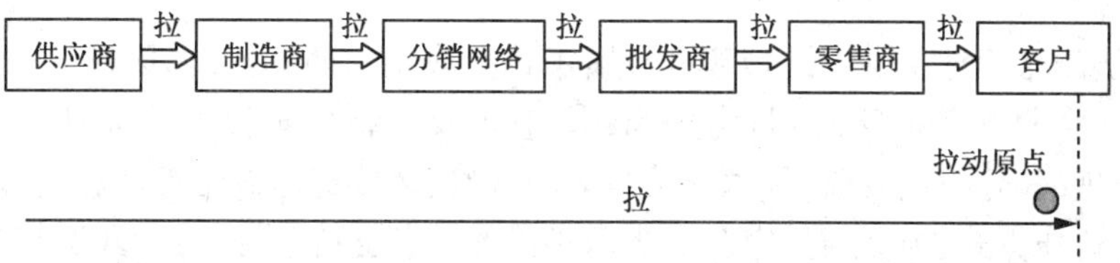


**图1—6　拉动式供应链**

但在一个企业内部，对于有些业务流程来说，有时推动式和拉动式共存。如戴尔计算机公司的PC生产线，既有推动式运作又有拉动式运作，其PC装配的起点就是推和拉的分界线，在装配之前的所有流程都是推动式流程，而装配和其后的所有流程是拉动式流程，完全取决于客户订单。这种推拉共存的运作对制定有关供应链设计的战略决策非常有用。例如，供应链管理中的延迟生产策略就很好地体现了这一点，通过对产品设计流程的改进，使推和拉的边界尽可能后延，便可有效地解决大规模生产与大规模个性定制之间的矛盾，在充分利用规模经济的同时实现大批量客户化生产。

1.1.2.4　其他划分

供应链还可以根据不同的标准划分为以下几种类型，常见的有稳定的供应链和动态的供应链、平衡的供应链和倾斜的供应链、有效性供应链和反应性供应链。前文已介绍，兹不赘述。

### 1.1.3　供应链管理的定义、内容及目标

1.1.3.1　供应链管理的定义

所谓供应链管理(supply chain management，SCM)，就是为了满足顾客的需求，在从原材料到最终产品的过程中，为了获取有效的物资运输和储存，以及高质量的服务和有效的相关信息所做的计划、操作和控制。

供应链管理的范围包括从最初的原材料到最终产品到达顾客手中的全过程，管理对象是在此过程中所有与物资流动及信息流动有关的活动和相互之间的关系。因此，它是一种集成的管理思想和方法。供应链系统的功能，是将顾客所需的产品能够在正确的时间按正确的数量和正确的质量及状态送到正确的地点(即6“R”：right product，right time，right quantity，right quality，right status，right place)，并且使总成本最小。

供应链管理的特征：以顾客满意为最高目标，以市场需求的拉动为原动力；企业之间关系更为紧密，共担风险，共享利益；把供应链中所有节点企业作为一个整体进行管理；对工作流程、实物流程和资金流程进行设计、执行、修正和不断改进；利用信息系统优化供应链的运作；缩短产品完成时间，使生产尽量贴近实时需求；减少采购、库存、运输等环节的成本。

1.1.3.2　供应链管理的内容

供应链管理研究的内容主要涉及四个领域(如图1—7)：供应、生产计划、物流、需求。它以各种技术为支持，尤其以Internet/Intranet为依托，围绕供应、生产作业、物流(主要指制造过程)、满足顾客需求来实施的。供应链管理主要包括计划和合作控制从供应商到用户的物料(零部件和成品等)及信息。供应链管理的目标在于提高用户服务水平和降低总的交易成本，并且寻求两个目标之间的平衡(这两个目标往往有冲突)。

作为供应链中各节点企业相关运营活动的协调平台，供应链管理应把重点放在以下几个方面：

(1)供应链战略管理。供应链管理本身属于企业战略层面的问题，因此，在选择和参与供应链时，必须从企业发展战略的高度考虑问题。它涉及企业经营思想，在企业经营思想指导下的企业文化发展战略、组织战略、技术开发与应用战略、绩效管理战略等，以及这些战略的具体实施。供应链运作方式、为参与供应链联盟而必需的信息支持系统、技术开发与应用以及绩效管理等都必须符合企业经营管理战略。

(2)信息管理。信息以及对信息的处理质量和速度是企业能否在供应链中获益大小的关键，也是实现供应链整体效益的关键。因此，信息管理是供应链管理的重要方面之一。信息管

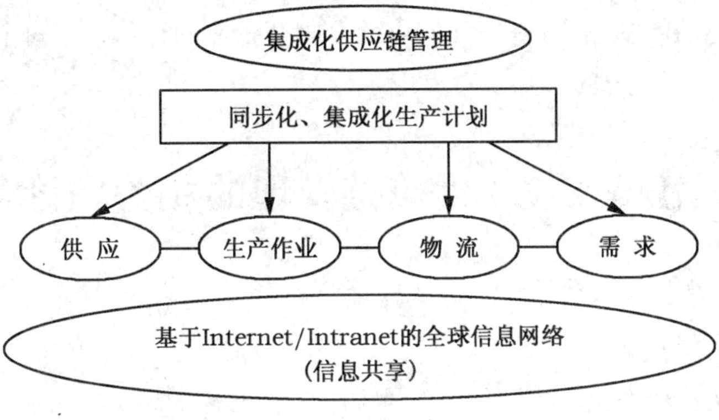


**图 1—7 供应链管理涉及的领域**

理的基础是构建信息平台,实现供应链的信息共享,通过 ERP 和 VMI 等系统的应用,将供求信息及时、准确地传递到相关节点企业,从技术上实现与供应链其他成员的集成化和一体化。

(3)客户管理。客户管理是供应链的起点。如前所述,供应链源于客户需求,同时也终于客户需求,因此供应链管理是以满足客户需求为核心来运作的。通过客户管理,详细地掌握客户信息,从而预先控制,在最大限度地节约资源的同时,为客户提供优质的服务。

(4)库存管理。供应链管理就是利用先进的信息技术,收集供应链各方以及市场需求方面的信息,减少需求预测的误差,用实时、准确的信息控制物流,减少甚至取消库存(实现库存的"虚拟化"),从而降低库存的持有风险。

(5)关系管理。通过协调供应链各节点企业,改变传统的企业间进行交易时的"单向有利"意识,使节点企业在协调合作关系基础上进行交易,从而有效地降低供应链整体的交易成本,实现供应链的全局最优化,使供应链上的节点企业增加收益,进而达到双赢的效果。

(6)风险管理。信息不对称、信息扭曲、市场不确定性以及其他政治、经济、法律等因素,均会导致供应链上的节点企业运作的风险,必须采取一定的措施尽可能地规避这些风险。例如,通过提高信息透明度和共享性、优化合同模式、建立监督控制机制,在供应链节点企业间合作的各个方面、各个阶段建立有效的激励机制,促使节点企业间的诚意合作。

#### 1.1.3.3 供应链管理的理念和目标

供应链管理的理念是指在供应链管理的过程中,网络构成的相关方应坚持:面向顾客理念;双赢和多赢理念;管理手段、技术现代化的理念。供应链管理的目标是指根据市场需求的扩大,提供完整的产品组合;根据市场需求的多样化,缩短从生产到消费的周期;根据市场需求的不确定性,缩短供给市场及需求市场的距离;降低整体供应链的物流成本和费用,提高整体供应链的运作效率,增强整体供应链的竞争力。

#### 1.1.3.4 供应链管理的原则

(1)以消费者为中心的原则。将消费者按照履约要求进行分类并努力调整业务运营以满足消费者的要求。

(2)贸易伙伴之间密切合作、共享利益和共担风险的原则。供应链企业之间的关系是合作伙伴之间的关系,如果没有这种战略伙伴关系,供应链的一体化就难以实现。贸易伙伴之间应密切合作、共享利益和共担风险。

(3)促进信息充分流动的原则。整合销售与运营计划,确保企业内部销售部门和运营部门之间、供应链合作伙伴之间对于客户需求的信息的实时沟通。

(4)制定客户驱动的绩效指标,引导供应链上所有企业的行为并对每个企业的表现进行评价和跟踪。

# 任务 1.2 供应链管理的相关理论

## 1.2.1 价值链

### 1.2.1.1 价值链的含义

价值链(value chain)又名价值链分析、价值链模型等,是由哈佛商学院迈克尔·波特(Michael Porter)于 1985 年在《竞争优势》一书中提出的。价值链是对增加一个企业的产品或服务的实用性或价值的一系列作业活动的描述。价值链在经济活动中无处不在,上下游关联的企业与企业之间存在行业价值链,企业内部各业务单元的联系构成了企业的价值链。价值链上的每一项价值活动都会对企业最终能够实现多大的价值造成影响。价值链主要包括企业内部价值链、竞争对手价值链和行业价值链三部分。

波特认为:"每一个企业都是在设计、生产、销售、发送和辅助其产品的过程中进行种种活动的集合体。所有这些活动可以用一个价值链来表明。"企业的价值创造是通过一系列活动构成的,这些活动可分为基本活动和辅助活动两类。基本活动包括内部后勤、生产作业、外部后勤、市场和销售、服务等;而辅助活动则包括采购、技术开发、人力资源管理和企业基础设施等(如图 1—8)。这些互不相同但又相互关联的生产经营活动,构成了一个创造价值的动态过程,即价值链。

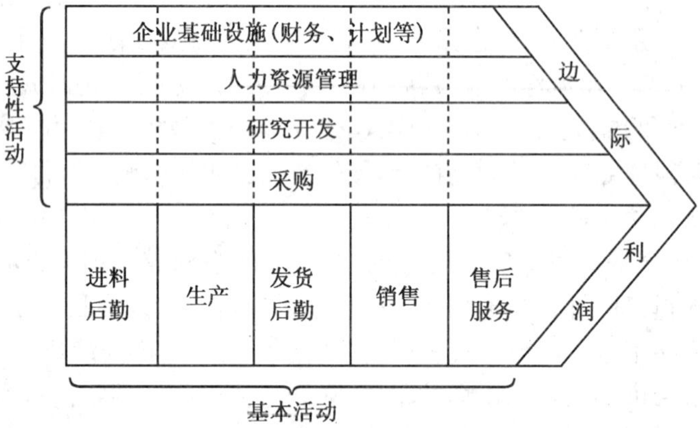


图 1—8 波特价值链示意图

企业的基本增值活动,即一般意义上的"生产经营环节",如材料供应、成品开发、生产运行、成品储运、市场营销和售后服务。这些活动都与商品实体的加工流转直接相关。企业的辅助性增值活动,包括组织建设、人事管理、技术开发和采购管理。这里的技术和采购是广义的。技术既可以包括生产性技术,也包括非生产性的开发管理,例如,决策技术、信息技术、计划技术;采购管理既包括生产原材料,也包括其他资源投入的管理,例如,聘请有关咨询公司为企业进行广告策划、市场预测、法律咨询、信息系统设计和长期战略计划等。

价值链的各环节之间相互关联，相互影响。一个环节经营管理的好坏可以影响其他环节的成本和效益。比方说，如果多花一点成本采购高质量的原材料，生产过程中就可以减少工序，少出次品，缩短加工时间。

【知识链接 1-2】

### 价值链和供应链

价值链和供应链具有不同的定义和发展历史，具有不同的产生背景。虽然两者涉及的活动范围相同，但价值链集中在价值的创造，而供应链则注重产品的供应。

价值链管理依据价值链的理论，将企业的业务流程描绘成一个价值增值和价值创造的链状结构，价值链管理是一种基于协作的策略，即企业应该从总成本的角度考察其经营效果，而不是片面地追求诸如采购、生产和分销等功能的优化。总体而言，将价值链的概念应用于企业经营管理中而形成的价值链管理具有以实现企业价值最大化为目标、以实现顾客价值最大化为原则、以系统论的观点为指导思想这三个基本特点。

【知识链接 1-3】

### 公司内部价值链和行业价值链

企业的价值链贯穿价值生产活动的整个过程，而企业则是价值生产过程整个系列中的一个部分。价值链包括公司内部价值链和行业价值链。

公司内部价值链由这个公司的所有价值活动构成。企业内部价值链分析可分为两部分：内部成本分析和内部差异价值分析。企业内部价值链成本分析的主要步骤有：找出企业价值产生的主要作业活动；对每一主要作业活动进行成本动因分析；竞争优势分析。

行业价值链包含行业中所有的价值创造活动，它始于基本原材料而终止于产品运送给最终客户。企业外部价值链分析是一种产业分析，将一公司的上游企业、下游企业和同行竞争者列出，并找出主要供应商（上游企业）及主要顾客（下游企业），做出成本与利润分析，最后决定良好的并购、外包、与供应商及顾客联盟合作等策略。

#### 1.2.1.2　价值链分析的基本原理

价值链分析方法（value chain analysis，VCA）是企业分析一系列的输入、转换与输出的活动序列集合，每个活动都有可能相对于最终产品产生增值行为，从而增强企业的竞争地位。企业通过信息技术和关键业务流程的优化是实现企业战略的关键。企业通过在价值链过程中灵活应用信息技术，发挥信息技术的使能作用、杠杆作用和乘数效应，可以增强企业的竞争能力。

对企业价值链进行分析的目的在于分析企业运行的哪个环节可以提高客户价值或降低生产成本。对于任意一个价值增加行为，关键问题在于：①是否可以在降低成本的同时维持价值（收入）不变；②是否可以在提高价值的同时保持成本不变；③是否可以在降低工序投入的同时保持成本收入不变；④更为重要的是，企业能否可以同时实现上述①、②、③点。

价值链的框架是将链条从基础材料到最终用户分解为独立工序，以理解成本行为和差异来源。通过分析每道工序系统的成本、收入和价值，业务部门可以获得成本差异、累计优势。

价值链一旦建立起来，就会非常有助于准确地分析价值链各个环节所增加的价值。价值链的应用不仅仅局限于企业内部。随着互联网的应用和普及，竞争的日益激烈，企业之间组合价值链联盟的趋势也越来越明显。企业更加关心自己核心能力的建设和发展，发展整个价值链中的每一个环节，如研发、生产、物流等环节。

完整价值链是一个跨越公司边界的供应链中各节点企业所有相关作业的一系列组合。完整价值链分析就是核心企业将其自身的作业成本和成本动因信息与供应链中节点企业的作业成本和成本动因信息联系起来共同进行价值链分析。具体来说，完整价值链分析的步骤如下：

(1)把整个价值链分解为与战略相关的作业、成本、收入和资产，并把它们分配到有价值的作业中；

(2)确定引起价值变动的各项作业，并根据这些作业，分析形成作业成本及其差异的原因；

(3)分析整个价值链中各节点企业之间的关系，确定核心企业与顾客和供应商之间作业的相关性；

(4)利用分析结果，重新组合或改进价值链，以更好地控制成本动因，产生可持续的竞争优势，使价值链中各节点企业在激烈的市场竞争中获得优势。

总之，公司完整价值链分析对核心企业和节点企业之间关系的影响可以从以下方面表现出来：

一是核心企业与节点企业之间的广泛联系。如核心企业对联盟供应商个体提供价值链中其他联盟企业的有关数据，与供应商就其成本结果与网络平均数的差异进行分析，并对供应商可能的作业过程及其改善，以及改善后的预期结果进行讨论，就会增加供应商对相互之间意图、需要和过程的了解，加强价值链中各企业之间的相互影响和凝聚力。

二是价值链中联盟企业间成本信息的客观透明。当供应链运营成本的变化结果变得透明时，联盟企业就可以自己判断实现价值链增值的可能性，以及因提高利润而得到的正常利润分成，有利于核心企业和节点企业之间，以及节点企业相互间进行广泛联系、协商和决策，也有利于保证价值链中联盟企业的诚信。

#### 1.2.1.3 价值链分析法(VCA)的实施

公司的完整价值链是一个跨越公司边界的供应链中顾客、供应商亦即价值链上节点企业所有相关作业的一系列组合。为此，需要充分考虑价值链上顾客和供应商之间相互依赖关系，使价值链上所有节点企业具有共同的价值取向，共同进行完整价值链分析。

供应链中作业的相互依赖是连续性的，前期发生的作业会影响后续发生的作业，而本身的作业并不受影响。也就是供应链中上一层作业会影响供应链中下一层资源的消耗。因此，采用基准分析、战略分析和趋势分析在内的成本分析方法对供应链中的连续作业进行分析，研究供应链中影响作业成本因素和作业之间的相互依赖水平，可以最终使公司利用分析结果帮助节点企业改进和管理作业，协调、控制公司与节点之间的关系，提高供应链运行效率，支持企业战略成本管理。

以作业成本计算原理为基础可以解决实施价值链分析中的一些会计系统问题。利用作业成本分析和成本动因的会计信息，可以优化、协调整个供应链的作业绩效。价值链分析的步骤如下：

(1)把整个价值链分解为与战略相关的作业、成本、收入和资产，并把它们分配到有价值的作业中；

(2)确定引起价值变动的各项作业，并根据这些作业，分析形成成本及其差异的原因；

(3)分析跨越整个价值链上的多个节点企业之间的关系，确定与顾客和供应商之间作业的相关性；

(4)利用分析结果，重新组合或改进价值链，以更好地控制成本动因，产生可持续的竞争优势，使企业在激烈的市场竞争中获得优势。

【案例分析1－2】

**快递企业价值链分析**

一般来说，快递企业核心业务的服务流程主要包括收件、分拣(包括分发处理和接收处理)、运输、派件等四大环节，它们构成了快递企业价值链的主要活动，为快递企业创造价值。根据通用的企业价值链模型，构建快递企业核心业务的基本价值链见图1—9。

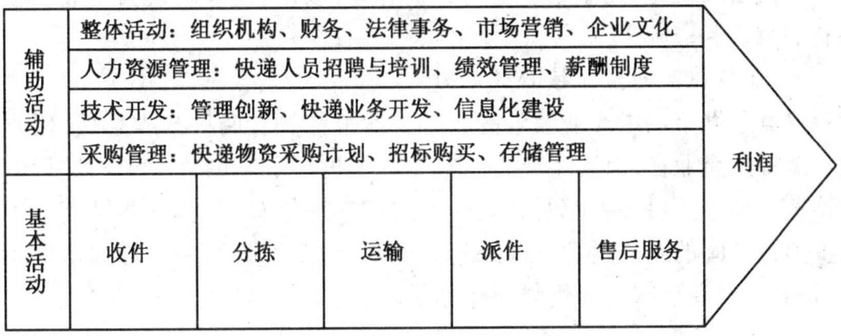


**图1—9　快递企业核心业务价值链**

快递企业价值链基本活动包括：(1)收件。收件主要包括预约取件、收件准备、接收取件信息、验视快件、面单填写和快件包装等方面。(2)分拣。分拣主要包括快件入仓、分拨、出仓、留仓件处理及快件操作信息上传等方面。(3)运输。运输是占快递成本最高的环节，也是快递作业活动中最重要的作业活动。(4)派件。派件作为快递服务流程中的最后环节，是快递企业服务质量的重要体现。(5)售后服务。售后服务是快递企业快递服务的延续，是保持或提高消费者可察觉收益的活动。

快递企业价值链辅助活动包括：(1)整体活动。快递企业的整体活动包括组织机构、财务、法律事务、市场营销、企业文化等。(2)人力资源管理。快递企业的人力资源管理包括人力资源计划、岗位人员配置、人员招聘、人员培训、绩效考核、薪酬制度等。(3)技术开发。快递企业的技术开发包括管理创新、快递业务开发、信息化建设等。(4)采购管理。快递企业的采购管理包括快递物资采购计划、招标购买、存储管理等，其中包括办公设备、物流设施、包装物资等的采购。

## 1.2.2　核心竞争力

### 1.2.2.1　核心竞争力的含义

随着经济全球化、信息化、知识化的迅猛发展，企业竞争已发展为基于产品开发设计、生产制造、配送与分销、销售与服务的跨时空价值链体系之间的整体竞争。企业的核心能力是某一组织内部一系列互补的技能和知识的组合，它具有使一项关键业务达到业界一流水平的能力，是能够提供企业竞争优势的知识体系。

现代企业的核心竞争力是一个以知识、创新为基本内核的企业某种关键资源或关键能力的组合，是能够使企业在一定时期内保持现实或潜在竞争优势的动态平衡系统。通俗地讲，核心竞争力就是一种独特的、别人难以靠简单模仿获得的能力。所谓核心竞争力，我们可以定义为企业借以在市场竞争中取得并扩大优势的决定性的力量。例如，本田公司的引擎设计及制造能力、联邦快递公司的追踪及控制全世界包裹运送的能力，都使他们在本行业及相关行业的竞争中立于不败之地。一家具有核心竞争力的公司，即使制造的产品看起来不怎么样，像万宝路公司生产极多的相关性很低的产品，但它却能利用核心能力，使公司整体蓬勃发展，扩大了原来局限于香烟的竞争优势。

企业核心竞争力的表现形式多种多样，这些不同形式的核心能力，存在于人、组织、环境、资产/设备等不同的载体之中。由于信息、专长、能力等在本质上仍是企业/组织内部的知识，而组织独特的价值观和文化，属于组织的特有资源，所以，我们可以认为企业的核心竞争力本质是企业特有的知识和资源。

1.2.2.2 基于价值链的企业核心竞争力

竞争优势是竞争性市场中企业绩效的核心。竞争优势有两种基本形式：成本领先和差异化。竞争优势来源于企业在设计、生产、营销、交货等过程及辅助过程中所进行的许多相互分离的活动。这些活动中的每一种都对企业的相对成本地位有所贡献，并且奠定了差异化的基础。竞争者价值链之间的差异是竞争优势的关键来源，价值链作为一种战略性工具在分析相对成本地位、差异化及在获取竞争优势时作用重大。

【案例分析 1－3】

**某钢铁公司基于价值链的核心竞争力分析**

钢铁工业的高速增长使得钢铁工业价值链和上下游产业链以及生态价值链之间的关系所表现出的矛盾越来越突出，产业链条之间出现了不协调的发展态势。

从内部看，资源消耗、废物排放量增大，资金流、信息流量加大，管理体制和运行机制不适应千万吨级钢铁企业运行管理的要求；从外部看，采购、销售、物流量剧增，对国际市场的依存度提高，对上下游企业及社会的影响力增强，企业的价值空间增大。企业的核心能力以及对外部资源的整合能力不能有效支撑企业实现“做强”的战略目标。图 1—10 是该公司价值链分析示意图。

**分析**：该公司在行业内具有一定的规模经济优势，但在品种、地理位置、资源以及企业管理方面优势不明显。因此，应从战略高度优化资源配置，培育企业核心竞争力，实现可持续发展。具体措施：加强战略管理，进行战略定位；加强战略成本控制，提高成本优势；重构企业价值链系统；调整产品结构，提高差异化优势；加强客户关系管理，培养战略客户群；实施科技创新，提升企业核心竞争力。

### 1.2.3 业务外包

1.2.3.1 业务外包的概念

1990 年，美国学者普拉哈拉德(C. K. Prahalad)和哈默尔(Gary Hamel)在其《企业核心能力》一文中正式提出业务外包概念。根据他们的观点，所谓业务外包(business outsourcing)，

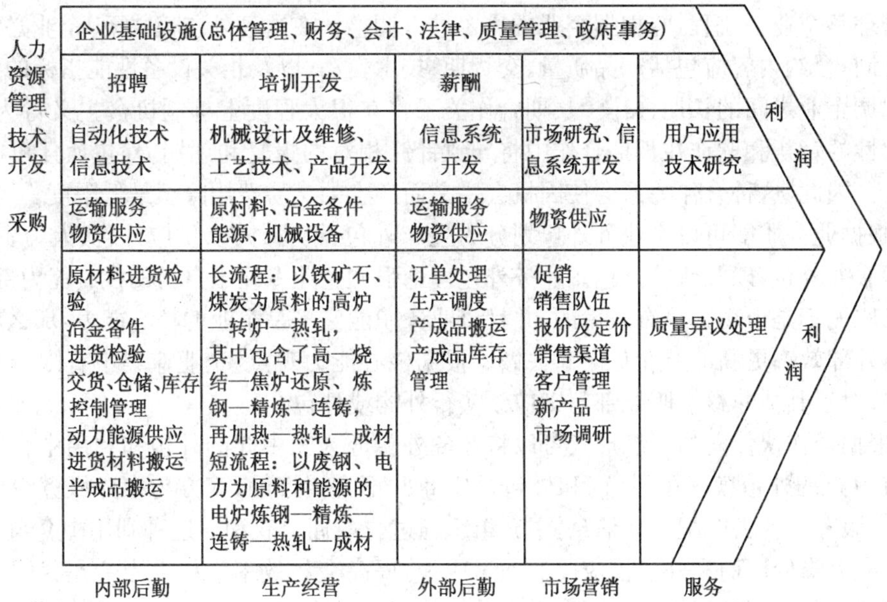


**图1—10　某公司价值链示意图**

是指企业基于契约，将一些非核心的、辅助性的功能或业务外包给外部的专业化厂商，利用他们的专长和优势来提高企业的整体效率和竞争力。通过实施业务外包，企业不仅可以降低经营成本，集中资源发挥自己的核心优势，更好地满足客户需求，增强市场竞争力，而且可以充分利用外部资源，弥补自身能力的不足，同时业务外包还能使企业保持管理与业务的灵活性和多样性。

业务外包是近几年发展起来的一种新的经营策略。即企业把内部业务的一部分承包给外部专门机构。其实质是企业重新定位，重新配置企业的各种资源，将资源集中于最能反映企业相对优势的领域，塑造和发挥企业自己独特的、难以被其他企业模仿或替代的核心业务，构筑自己竞争优势，获得使企业持续发展的能力，如：波音(Boeing)——世界最大的飞机制造公司，却只生产座舱和翼尖；耐克(Nike)——全球最大的运动鞋制造公司，却从未生产过一双鞋；等等。业务外包的虚拟化合作方式，不仅使得企业不同产品生产的成本趋于较低、效率提高，而且还可以推动企业不断顺应市场需求嬗变的态势，降低风险，从而营造企业高度弹性化运行的竞争优势。

### 1.2.3.2　业务外包主要模式

根据不同的标准，可以将业务外包划分为不同种类，如整体外包和部分外包，生产外包、销售外包、研发外包、人力资源外包，以及无中介的外包和利用中介服务的外包等。

(1)根据业务活动的完整性可以将业务外包分为整体外包和部分外包。所谓部分外包，是指企业根据需要将业务各组成部分分别外包给该领域的优秀的服务供应商。如企业的人力资源部分外包，企业根据需要将劳资关系、员工聘用、培训和解聘等分别外包给不同的外部供应商。一般来说，部分外包的主要是与核心业务无关的辅助性活动，如临时性服务等。当企业的业务量突然增大，现有流程和资源不能完全满足业务的快速扩张时，可以通过部分外包，利用外部资源，不仅获得规模经济优势，提高工作效率，而且可以尽快解决企业业务活动的弹性需求。而整体外包时企业将业务的所有流程，从计划、安排、执行以及业务分析全部外包，由外部供应商管理整个业务流程，并根据企业的需要进行调整。在这种外包模式下，企业必须与承包商签订合同，合约内容应包括产品质量、交货期、技术变动，以及相关设备性能指标的要求。整体外包强调企业之间的长期合作。长期合作关系将在很大程度上抑制机会主义行为的产生，因为一次性的背叛和欺诈在长期合作中将导致针锋相对的报复和惩罚，外包伙伴可能会失去相关业务。因此，这种合作关系会使因机会主义而产生的交易费用降至最低限度。

(2)根据业务职能可以将业务外包划分为生产外包、销售外包、供应外包、人力资源外包、信息技术服务外包，以及研发外包。业务外包理论强调企业专注于自己的核心能力部分，如果某一业务职能不是市场上最有效率的，并且该业务职能又不是企业的核心能力，那么就应该把它外包给外部效率更高的专业化厂商去做。根据核心能力观点，企业应集中有限资源强化其核心业务，对于其他非核心职能部门则应该实行外购或外包。

(3)根据合作伙伴间的组织形式可以将业务外包分为无中介的外包和利用中介服务的外包。在有中介的外包模式中，厂商和外包供应商并不直接接触，双方与中介服务组织签订契约，由中介服务机构去匹配交易信息，中介组织通过收取佣金获利。这种利用中介组织的外包模式可以大大降低厂商和外包供应商的搜索成本，提高交易效率。如麦当劳在我国许多城市的员工雇佣就是采用这种模式。而在无中介的外包模式中，厂商和外包供应商可以借助于互联网络进行，如：美国思科(CISCO)公司将80%的产品生产和配送业务通过其“生产在线”网站实行外包；获得思科授权的供应商可以进入思科数据库，得到承包供货的信息。

1.2.3.3 外包供应商的选择

业务外包中，厂商和外部供应商间实际上形成一种合作伙伴关系，外包供应商的表现在很大程度上影响制造商对市场的服务水平。因此，外包供应商的选择在制定业务外包策略中占有比较重要的位置，如何选择最为合适的供应商是企业管理者需要认真考虑的问题。而外包供应商的选择通常相当困难，一旦决策失误，企业就会面临更大的管理问题。一般来说，选择外包供应商时首先要有明确的目的——是获取资源，还是降低成本？目的不同，对外包供应商的选择依据也不同。当企业决定采用成本节约方案时，希望供应商低价也就不足为奇了。其次，还要有科学的评价体系来评价潜在的外包供应商，如可以从投入品质量、成交价格、交货期限、技术能力、服务水平，以及满足程度等方面对潜在的外包供应商进行考核。显然，外包供应商能力是企业评价和选择供应商的关键，一味追求低价可能会损害外包业务的质量，并最终影响企业的市场表现。

**【案例分析1-4】**

**某房地产公司业务外包**

某房地产公司多年来一直采取全产业链的发展模式，自主研发产品、自建房屋，后期的销售及物业管理也由公司下属的事业部全权负责，公司总部进行垂直管理。

随着企业的发展壮大，这种模式逐渐暴露出公司内务部门冗杂、管理成本过高等问题，并直接影响了房地产的扩张速度。一年前，该公司将多个部门的业务进行了外包，以期达到节约成本、扩大公司规模的目的。然而在业务外包之后，一系列的新问题又摆在了该房地产董事长杨某的面前。业务外包之前，在外地每开发一个项目，公司都要在当地成立项目组，从研发到建筑、销售、物业，每个环节都需要大量的员工支持，直接从总部派遣中层领导对项目团队进行管理，基层员工则从当地进行招聘。而当这一项目结束后，除了物业部门还会发挥长期职能之外，前期的相关部门人员经常会处于工作停滞的状态。

而不断招聘带来的另一个后果则是成本的直线上升。公司的财务总监就曾多次大倒苦水，抱怨公司在成本控制上越来越吃力。而且很多建筑公司都在进行业务外包，效果很好。最终，公司的管理层做出决议，将设计部、产品推广部、物业部撤销，改为聘请外部团队负责原有各项职能，几个部门的大部分员工被解聘，部门领导被分散到其他部门担任相应的职务；公司下属的建筑公司股权100%转让给某建筑集团，基层员工全部平移到新公司；除了研发部、拿地部予以保留外，销售部由于工作业绩一直颇受认可，加上得到公司元老级人物、主管该部门的副总裁的力挺而暂时得以"幸存"。

实施业务外包之后没多久，新的状况就开始接踵而至，令该房地产公司的领导层头痛不已。出现的问题首先是外包的物业。在将物业进行外包之后，其旗下的多个楼盘都出现了物业公司推卸责任的情况。业主反映的很多问题，都被物业公司委以"开发商之前遗留的问题"为借口而迟迟无法得到解决。不久前，其中一个楼盘的业主委员会甚至将新入驻的物业公司炒掉，此事经当地相关媒体曝光之后，给该公司地产的品牌也造成了不小的负面影响。

其次，新项目的设计问题。聘请的设计公司提供的设计方案数易其稿仍无法达到要求，将设计工作移交之后，外包单位应该根据公司提供的思路和需求及时、准确地做出设计方案，而设计方的代表也抱怨沟通不畅，思路传达不清晰，给设计工作带来难点。

**分析**：企业实行业务外包可以从以下三点着手：一是对企业有一个清晰的定位。明确自己的核心竞争力和盈利点，并制定可供实施的策略。二是选择适合企业需求的外包业务供应商，是业务外包成功的关键。三是外包的实施和管理。业务外包一般会减少企业对业务的监控。外包不是单纯卸包袱、降成本，而是要巩固和扩张房企核心能力，以建立竞争优势。

### 1.2.4 集成化供应链管理

【小思考1-1】

珠海有家电子公司，因为某些原因导致公司资金短缺，企业运转出现困难，其供应商得到消息后就赶到厂里要钱，甚至威胁管理人员的生命。为何会出现这种状况呢?

如果企业与其供应商本身就是整个生命共同体，供应商想到的第一件事应该就是如何帮助其客户使其摆脱困境，而不是去讨债，使企业雪上加霜。未来企业的竞争不再是单个企业的之间的竞争，而是供应链与供应链之间的竞争。因此，谁掌握了供应链，谁就掌握了未来的市场，谁就更加具有竞争能力。企业只有具备这样的意识，并逐步去建立起自己的有竞争力的供应链，才能立于不败之地。

1.2.4.1 集成化供应链管理的含义

跨企业的集成管理是供应链管理的本质，对于由多个企业组成的供应链来说，其集成就是指链上的企业通过信息的协调和共享，紧密合作，优化供应链的整体绩效。根据上述分析，可将集成化供应链(integrated supply chain，ISC)的概念定义如下：所谓集成化供应链，是指供应链的所有成员单位基于共同的目标而组成的一个"虚拟组织"，组织内的成员通过信息的共享，资金和物质等方面的协调与合作，优化组织目标，以增强整条链的竞争力。

基于此，对集成化供应链管理(integrated supply chain management，ISCM)的内涵可描述如下：所谓集成化供应链管理，就是对整个集成化供应链进行管理，即对供应商、制造商、运输商、分销商、客户和最终消费者之间的物流、信息流和资金流进行计划、协调、控制等，使其成为一个无缝(seamless)的过程，实现集成化供应链的整体目标。

集成化供应链见图1—11。

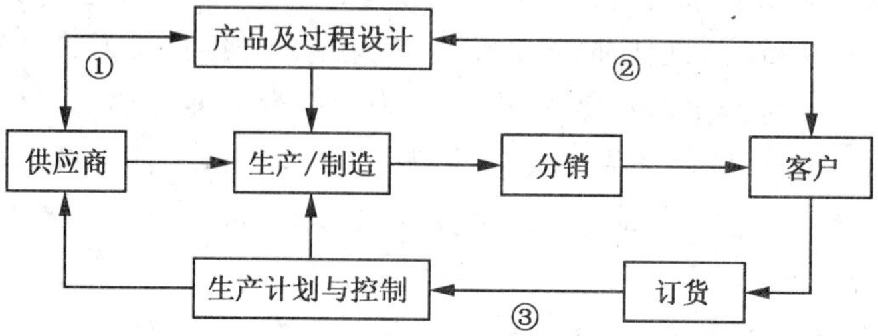


**图1—11 集成化供应链示意**

图1—11中，过程①，是指合作设计，即供应商参与到设计过程中，这样可以避免由于设计不合理而造成供应商无法生产、供应商需改变生产线才能满足总装厂的要求或生产成本提高等不必要的浪费。过程②，是指用户驱动设计，即根据用户的需要对产品进行设计，这样可以使产品尽可能满足用户的需求，从而增加产品的竞争力。过程③，是指订单驱动生产，即工厂根据用户的需求量进行生产，而不是盲目生产，避免了库存积压及供不应求的现象。

**【知识链接1—4】**

**通用汽车公司的集成化供应链管理**

通用汽车公司通过业务外包策略，把运输和物流业务外包给理斯维物流公司。理斯维公司负责通用汽车公司的零部件到31个北美组装厂的运输工作，通用汽车公司则集中力量于其核心业务上——制造轿车和卡车。始于1991年的合作节约了大约10%的运输成本，缩短了18%的运输时间，裁减了一些不必要的物流职能部门，减少了整条供应链上的库存，并且在供应链运作中保持了高效的反应能力。理斯维在克里夫兰设有一个分销中心处理交叉复杂的运输路线，通过电子技术排列它与各通用汽车公司的北美工厂的运输路线，这样可以动态地跟踪装运情况。理斯维的卫星系统可以保证运输路线组合的柔性化。如果一个供应商的装运落后于计划，理斯维可以迅速地调整运输路线的组合。理斯维采用的精细可视技术保证了通用汽车公司的生产线上的低库存水平。而通用汽车公司也具备了统一集成和协调的技术，它对各外包企业的管理控制就像管理自家内部的各部门一样熟练自如，表现出高超的集成化管理水平。

1.2.4.2 价值链驱动集成供应链

对大部分企业而言，其竞争对手与自身有共同的供应商和客户群，企业与竞争对手在供应链层面上的竞争要求企业的供应链价值高于其竞争对手的供应链价值，因而企业必须从价值链思想出发关心其供应商和客户价值链的培养。因而，基于价值链的集成供应链管理就是将价值链的思想引入集成供应链管理中，用价值链思想驱动集成供应链的流程和作业。具体来看，价值链驱动的集成供应链可以达到如下目的：①筛选作业，确定供应链的价值构成，找出供应链中对价值没有贡献的作业即不增值作业，并采取措施将其消除。例如，根据JIT(just in time)安排生产和采购计划，消除存货积压，从而消除存货储存作业。②改善作业，通过价值工程等方法确定供应链上各活动对供应链整体价值的贡献，并在此基础上提高增值作业的效率，使之成为增值高效作业。例如，改善供应商关系，提高反馈速度等。③除改善各独立的作业外，协调所有作业，实现整条供应链的价值优化。对集成的供应链进行分析，以与产品相关的所有企业职能为中心，而不管这些职能是在同一部门发生，还是在一系列经济上相互独立的企业中发生，它侧重于供应链的整体效益，关注顾客的满意程度是否得到提高，从而为企业获得持续竞争优势提供思路。按照价值链的思想，在供应链中的各节点企业应保留为企业提供价值的活动，将那些不能提供价值、对企业而言也并不代表某种发展方向的业务进行外包。

## ● 基本训练

### 一、知识题

(一)阅读理解

(1)简述供应链及供应链管理的含义。

(2)供应链有哪些类型?

(3)简述你对价值链含义的理解。

(4)供应链结构模型有哪几种?

(5)供应链管理的运作方式有哪两种?

(二)知识应用

1. 判断题

(1)供应链管理目标在于降低成本。 (　　)

(2)供应链是一种可增值的链条。 (　　)

(3)对于制造商而言，重要的合作伙伴应该是相对多的，且与之关系是密切的。 (　　)

(4)信息多源化是供应链管理环境下的主要特征。 (　　)

(5)企业所有业务活动都可以进行业务外包。 (　　)

2. 选择题

(1)拉动式的供应链运作方式的核心是(　　)。

A. 供应商　B. 制造商　C. 分销商　D. 用户

(2)推动式的供应链运作方式的核心是(　　)。

A. 供应商　B. 制造商　C. 分销商　D. 零售商

(3)供应链管理研究的内容主要涉及到四个主要领域是(　　)。

A. 供应、生产计划、物流、需求　B. 制造、生产计划、物流、需求

C. 分销、生产计划、物流、需求　D. 零售、生产计划、物流、需求

(4)根据合作伙伴间的组织形式可以将业务外包分为(　　)。

A. 生产外包和销售外包　B. 供应外包和人力资源外包

C. 无中介的外包和利用中介服务的外包　D. 信息技术服务外包和研发外包

(5)根据供应链存在的稳定性划分可以分为(　　)。

A. 稳定的供应链和动态的供应链　B. 平衡的供应链和倾斜的供应链

C. 有效性供应链和反应性供应链　D. 内部供应链和外部供应链

**二、技能题**

学生就参观企业的情况结合所学知识写体会。

实训目的:供应链管理首先强调的是一种思想,然后在这种思想的指导下企业会采取一系列措施。通过写体会来加强对供应链管理的理解。

实训要求:必须熟悉供应链管理的思想,然后了解在这种思想的指引下企业要实行供应链管理必须采用哪些方法。

## ● 综合案例

### 某公司的供应链管理

某公司是一家总部位于日本大阪年销售收入 887 亿美元的全球化电子消费品公司,公司共有 66 000 名员工服务于分布在全球 30 个国家的生产工厂、销售公司、技术研发机构和信贷公司。该公司作为推出电子计算器和液晶显示器等电子产品的创始者,始终勇于开创新领域,运用领先世界的液晶、光学、半导体等技术,在家电、移动通信、办公自动化等领域实现丰富多彩的"新信息社会"。

但是,面对着竞争日益复杂的电子消费品市场,该公司越来越感觉到电子消费品市场的快速变化,特别是电子消费品的生命周期越来越短,电子消费品的市场普及率越来越接近饱和状态,企业的经营风险加大,与此同时,客户对电子消费品个性化的需求越来越高。因此,如何在竞争激烈和快速变化的市场中寻求一套实时的决策系统就显得尤为重要。特别是通过提高对商品的预测准确率来降低企业的库存,减少交货期的延误,从而保住了大量的有价值的客户。

首先对其整个供应链进行了全面诊断,提出了对包括订单管理、生产制造、仓库管理、运输和开票等全流程在内的整体无缝连接,并结合信息系统的实施,使该公司建立起供应和需求一体化的结构,尤其是通过对系统数据的分析,定时的连接和灵活的处理,使决策者能够比过去更加方便和有效地协调人员、设备资源和流程配置,以更加准确地满足市场的需求。该公司通过对供应链的一体化管理,不仅降低了库存的水平,加快了库存的周转率,降低了物料管理的成本,而且大大提升了供应链上的价值。

其次通过对供应链的整合,使得该公司对客户的交货承诺性得到很大程度的提高,货物的交付比过去更加及时和准确。同时,供应链计划体系可以充分考虑各方面因素,如运输成本、订单执行等,从而制定出资源平衡和优化的需求预测。

**问题:**该公司的供应链管理的一些措施是有效的吗?为什么?

## ● 综合实训

**一、实训目的及要求**

(1)提高学生学习兴趣;

(2)掌握多门相关学科知识的综合应用;

(3)掌握针对问题应用所学供应链管理以及相关管理学科理论与方法进行分析,提出解决方案的能力。提高学生解决企业经营运作系统实际问题的能力。

**二、实训内容**

(1)公司背景:本企业长期以来一直专注于某行业的 P 产品,其市场知名度很高,客户也很满意,同时企业拥有自己的厂房,生产设施齐备,状态良好。最近,一家权威机构对该行业的发展前景进行了预测，认为 P 产品将会从目前的相对低水平发展为一个高技术产品。为此，公司董事会及全体股东决定将企业交给一批优秀的新人去发展，他们希望新的管理层——投资新产品的开发，使公司的市场地位得到进一步提升；开发本地市场以外的其他新市场，进一步拓展市场领域；扩大生产规模，采用现代化生产手段，努力提高生产效率。

(2)公司管理团队确定。

(3)企业生产运营规则介绍。

(4)企业经营竞争模拟。

(5)现场解析与评价。

具体内容及程序如表 1—1 所示。

**表 1—1　　综合实训具体内容**

| 序号 | 内　容 | 实训内容 |
|---|---|---|
| 1 | 企业整体介绍(PPT) | 以一订单为主线讲述企业的主要流程，理解企业的关键术语 |
| 2 | 企业规则介绍 | 借助模拟沙盘介绍企业规则 |
| 3 | 引导生产与运营 | 业务模拟经营(一年)，教师指导学生模拟沙盘完成 |
| 4 | 第一年业务经营(感性经营期) | 企业的经营本质、如何盈利、增加利润的关键 |
| 5 | 第二年业务经营(理性经营期) | 运作战略的解析；产品的分析 |
| 6 | 第三、四年经营(科学经营时代) | 科学的运作计划，现代化信息工具的运用 |
| 7 | 第五、六年经营(全成本核算时代) | 费用成本效益、企业精细化管理 |
| 8 | 第七年经营(化战略为行动时代) | 竞争战略、人力资源战略、无形资产的提升 |
| 9 | 第八年经营(全面信息化时代) | 信息化整合、经营绩效综合分析 |
| 10 | 总体点评 | 交流实训心得 |

# 供应链管理战略

## 知识目标

◎ 了解供应链管理战略的基本概念。
◎ 明确供应链管理战略的规划方法。
◎ 熟知供应链管理一体化战略。
◎ 掌握供应链战略联盟与合作伙伴关系的建立方法。

## 技能目标

◎ 分析供应链管理的战略问题，灵活运用决策方法进行供应链战略管理规划。
◎ 根据供应链管理一体化的理念，构建供应链战略联盟与合作伙伴关系。

## 【引例】

### 沃尔玛供应链管理战略

沃尔玛百货有限公司由美国零售业的传奇人物山姆—沃尔顿先生于 1962 年在阿肯色州成立。经过 40 余年的发展，沃尔玛已经成为美国最大的私人雇主和世界上最大的连锁零售商。目前沃尔玛在全球 10 个国家开设了超过 5 000 家商场，员工总数 160 多万，分布在美国、墨西哥、波多黎各、加拿大、阿根廷、巴西、中国、韩国、德国和英国。每周光临沃尔玛的顾客近 1.4 亿人次。2004 年沃尔玛全球的销售额达到 2 852 亿美元，连续多年荣登《财富》杂志世界 500 强企业和“最受尊敬企业”排行榜。

沃尔玛的业务之所以能够迅速增长，并且成为当今非常著名的公司之一，是因为沃尔玛在节省成本以及在物流配送系统与供应链管理方面取得了巨大的成功。

苹果公司总裁乔布斯曾经说过，如果全球的 IT 企业只剩下三家，那一定是微软、Intel 和戴尔，如果只剩下两家，将只有戴尔和沃尔玛。这显然只是玩笑话，沃尔玛虽是零售业的翘楚，但无论如何还算不上 IT 企业。不过，沃尔玛对信息技术的执着追求却是有目共睹的。正是缘于此，沃尔玛低成本战略才得以屡试不爽。

沃尔玛供应链战略的主要内容：

(1)企业传统经营思想的转变。过去，商业零售企业只是作为中间人，将商品从生产厂商传递到消费者手里，反过来再将消费者的意见通过电话或书面形式反馈到厂商那里；而沃尔玛能够参与到上游厂商的生产计划和控制中去，因此能够将消费者的意见迅速反映到生产中，而不是简单地充当二传手或者电话话筒。

(2)共享信息战略。沃尔玛通过网络和数据交换系统，与供应商实现信息共享，建立零售链接；沃尔玛直接参与到上游厂商的生产计划中去，与上游厂商共同商讨和指定产品计划、供货周期，甚至帮助上游厂商进行新产品研发和质量控制方面的工作。

(3)利用先进技术的战略。沃尔玛投资 4 亿美元发射了一颗商用卫星，实现了全球联网；利用电子数据交换系统(EDI)与供应商建立了自动订货系统，该系统又称为无纸贸易系统。

(4)供应库存战略。沃尔玛的配送中心，分别服务于美国 18 个州约 2 500 家商场，配送中心占地约 10 万平方米。整个公司销售商品 85%由这些配送中心供应，而其竞争对手只有约 50%～65%的商品集中配送。

（资料来源：http://wenku.baidu.com/view/b546d254ad02de80d4d84015.html）

**分析：**从这一案例我们可以悟出，沃尔玛给人们留下印象最深刻的，是它的一整套先进、高效的物流和供应链管理系统。沃尔玛在全球各地的配送中心、连锁店、仓储库房和货物运输车辆，以及合作伙伴(如供应商等)，都被这一系统集中、有效地管理和优化，形成了一个灵活、高效的产品生产、配送和销售网络。沃尔玛的成功既可以说是优秀的商业模式与先进的信息技术应用的有机结合，也可以说是沃尔玛对自身的“商业零售企业”身份的超越。

# 任务 2.1　理解供应链管理战略

## 2.1.1　供应链战略的概念、内容及分类

### 2.1.1.1　供应链战略的概念

所谓供应链战略，就是从企业战略的高度来对供应链进行全局性规划，确定原材料的获取和运输，产品的制造或服务的提供，以及产品配送和售后服务的方式与特点，包括采购、生产、销售、仓储和运输等一系列活动。

### 2.1.1.2　供应链战略的内容

供应链战略也是公司战略的有机组成部分，和产品开发战略和市场营销战略并列为三大职能战略，支撑竞争战略。供应链战略包括对供应链主要结构的说明，以及传统的供应战略、运作战略、物流战略等内容，而且还包括关于库存、运输、运作设施和信息流等的供应链设计决策。如图 2—1 所示。

### 2.1.1.3　供应链战略的分类

(1)基于供应链产品类型的分类

效率性供应链战略，是指强调以最低的成本将原材料转化成零部件、半成品、成品，以及在供应链中的运输等的供应链战略。

响应性供应链战略，是指强调快速对需求做出反应的供应链战略，所对应的产品是创新型产品。

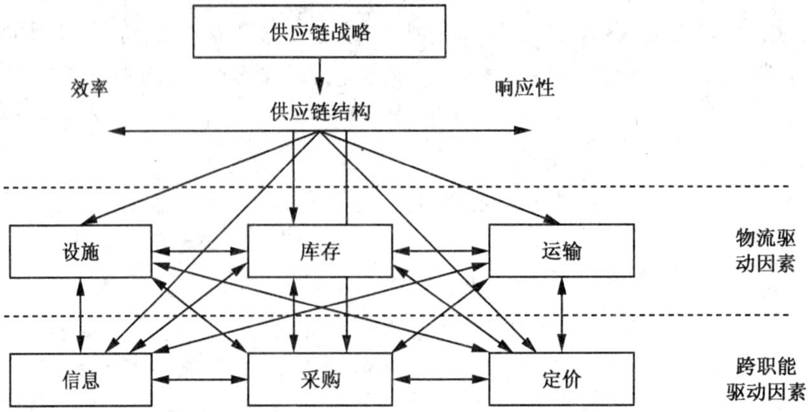


**图 2—1 供应链战略的主要内容**

(2)基于供应链驱动方式的分类

一是推动式供应链战略。推动式的供应链运作方式以制造商为核心,产品生产出来后从分销商逐级推向用户。分销商和零售商处于被动接受的地位,各个企业之间的集成度较低,通常采取提高安全库存量的办法应付需求变动,因此整个供应链上的库存量较高,对需求变动的响应能力较差。在一个推动式供应链中,生产和分销的决策都是根据长期预测的结果做出的。这可能会导致:①不能满足变化了的需求模式。②当某些产品的需求消失时,会使供应链产生大量的过时库存。

二是拉动式供应链战略。拉动式供应链的驱动力产生于最终用户,整个供应链的集成度较高,信息交换迅速,可以根据用户的需求实现定制化服务。采取这种运作方式的供应链系统库存量较低。拉动式供应链中,生产和分销是由需求驱动的,这样生产和分销就能与真正的顾客需求而不是预测需求进行协调。这种战略很有吸引力,因为:①通过更好地预测零售商订单的到达情况,可以缩短提前期。②由于提前期缩短,零售商的库存可以相应减少。③由于提前期缩短,系统的变动性减小,尤其是制造商面临的变动性变小了。④由于变动性减小,制造商的库存水平将降低。

三是推、拉式供应链战略。在推、拉式供应链战略中,供应链的某些层次,如最初的几层以推动的形式经营,同时其余的层次采用拉动式战略。推动层与拉动层的接口处被称为推、拉边界。

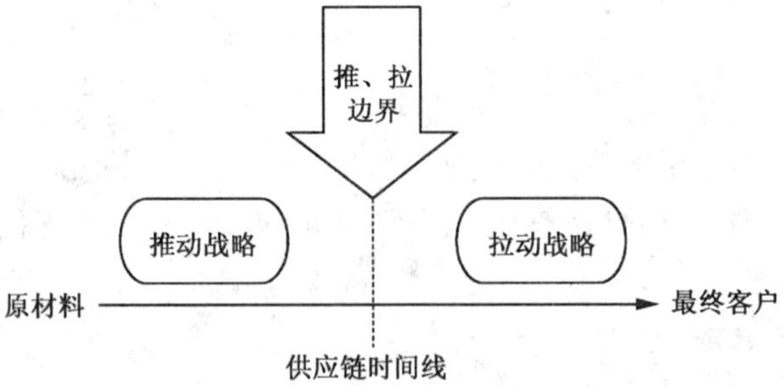


**图 2—2 推、拉式供应链**

【小思考 2－1】

**与推动式供应链模式相比，拉动式供应链具有哪些优势？**

拉动式供应链具有以下优势：

(1)支持产品的不断变化；

(2)缩短交货周期；

(3)改进质量，降低单位成本；

(4)提高经营效率；

(5)能够全面衡量业绩，更易于实施控制。

## 2.1.2　供应链管理战略的含义、特征及目标

### 2.1.2.1　供应链管理战略的含义

供应链管理战略(supply chain management strategy，SCMS)是指企业为了实现快速响应顾客需求的目标，从外部而言，企业通过与供应商、制造商、分销商等之间建立战略联盟，彼此之间进行有效的信息共享和交流；从内部来讲，企业各项工作之间的有效集成与运作，保证企业资金流、物流、信息流的通畅流动，最终能够从整体上提高企业的效率。供应链管理战略就是要从企业发展战略的高度考虑供应链管理的事关全局的核心问题。例如，实施战略的制定问题、运作方式的选择问题等，就是要解决一个企业在具体实施供应链管理方式时所依据的方法论和策略。

### 2.1.2.2　供应链管理战略的特征

供应链管理作为一种新的企业管理模式是在日益激烈的竞争环境下被提出来的，是企业寻求竞争优势的需要。供应链管理战略具有以下特征：

(1)供应链管理战略是一种互补性企业联盟战略

供应链管理战略是基于企业外部的一种互补性的、高度紧密联系的企业联盟。这个联盟以核心产品、核心资产为龙头组成，它包括原材料供应商、生产商、配送中心、批发商、零售商和客户等。这个联盟的目标就是通过联盟内各个成员统一协调的无缝隙的工作，以价低质优的产品、及时供货和提供优质的售后服务来提高市场供应的有效性和顾客的满意度，以比较高的市场占有率来取得竞争优势。可以预见，今后全球范围内所有商业竞争将是一个团结紧密、利益共通的“企业团队”的竞争，联结他们的就是这种特殊的供应链。

【案例分析 2－1】

**供应商管理库存**

宝洁的材料库存管理策略是供应商管理库存(VMI)。以广州黄埔工厂为例，黄埔工厂将后面 6 个月的销售预测和生产计划周期性地和供应商分享。供应商根据宝洁的计划制订自己的材料采购计划，并根据宝洁生产计划要求提前 12 天送到宝洁工厂。宝洁使用材料之后付款。对供应商来说，不必为宝洁生产多余的安全库存，自己内部计划安排更有灵活性；对宝洁来说，节省了材料的下单和采购成本。实际的材料采购提前期只是检测周期，至于原材料，采购提前期由 81 天缩短到 11 天，库存期由 30 天减少到 0 天。

**分析：**供应商管理库存，节约了成本，提高了效率。

(2)供应链管理战略是一种企业核心能力强化战略

维持和发展竞争优势是企业核心能力的集中体现,也就是说它能使企业在下一步的竞争中具有引导和争夺市场的能力,超越临时性竞争优势而获得持续性发展。运用价值链理论我们可以理解企业借助业务外包或寻求优秀的供应者来帮助他们在供应链中改进技术、提高效率、降低成本以及改善其在价值链上的薄弱环节,强化企业的核心能力。

(3)供应链管理战略是可以提高企业风险承受能力的战略

良好的供应链关系使企业获得了抗拒风险、承受打击的能力,能够安然地渡过危机,然后寻找新的发展机会和下一个经济增长周期的起点。供应链管理战略伙伴关系的形成,对共同应对世界性经营危机的困难和挑战具有重要的作用。

#### 2.1.2.3 供应链管理战略的目标

在企业将供应链管理作为企业的战略问题来考虑的时候,其目标包括以下几点:

(1)提高企业对市场需求的响应速度

随着科技进步和社会发展,市场机会往往稍纵即逝,企业必须具备分析和把握市场机会的能力。供应链管理战略的实施就是把供应商、生产商、分销商、零售商紧密联结在一起,并使之协调优化,使企业产品信息的流通渠道达到最短,从而可以使消费者需求信息沿供应链逆向准确、迅速地反馈至生产厂商,生产厂商据此对产品做出正确的决策,保证供求的良好结合,减少不确定性,以动态的信息代替静态库存,以实现市场响应敏捷化,增强企业在市场中的竞争能力。

(2)实现供应链的整体效益最大化

供应链是由两个或两个以上的独立的企业(或环节、子系统)所组成。供应链管理战略目标就是通过对供应链中不同企业行为的组织、计划及协调,使整个系统稳定有序地运行,从而在输出优质产品与服务的同时使系统的期望成本总和最小,使每个企业的目标最大化。

(3)满足顾客多样化、个性化的需求

顾客对产品和服务的需求向着个性化、多样化的方向发展,通过标准化、大规模生产来取得优势的时代已经一去不复返了。这样大批量、规模化的生产已经不再可能。通过供应链上企业间的协同运作,降低企业运营的成本,从而使小批量、多批次生产成为可能。

供应链管理战略对企业来说有如下好处:降低成本,变固定成本为可变成本;提高企业效率;减少资本投入密集程度;防范经营风险;及时交货,满足客户订单等。因此企业应该认真研究供应链管理战略并根据自身特点加以逐步实施。

## 任务 2.2 理解供应链管理战略规划

### 2.2.1 供应链管理战略规划的内容

#### 2.2.1.1 定义企业的目的

企业目的形成了与企业业务本质有关问题的答案,包括它的目标、客户基础以及企业应当到达的目的地。定义企业的目的是一个相互作用的过程,企业的管理者通过这个过程提出有关企业正常运转的基本问题,并改变企业的运作策略,以迎接突然出现的挑战。

2.2.1.2 明确企业的战略性竞争任务

战略性竞争任务的关注点面向未来,而不是现有的能力和市场。战略任务是寻找公司所面临的问题:谁是明天的行业领导者?将有什么样的技术会对市场产生重大影响?什么样的产品或服务组合可以赢得市场?哪一家公司将形成企业的关键伙伴或联盟?企业的技能和变革性精神如何能被重塑,才能形成未来的新市场?等等。

2.2.1.3 形成公司的核心运作策略

企业的核心运作策略关系到企业在现有的行业结构中,如何对现有的产品、市场和业务进行定位与衡量。核心运作计划的关键活动应包括:对企业在某一时间内可能的增长,资产、投资回收和全部净收入目标等内容的预测,决定支持业务预测中详述的财务和市场目标所必需的现有资产和竞争力,将预测和资产计划分配到公司的业务单位中。

### 2.2.2 企业发展过程中的供应链战略规划

2.2.2.1 企业创业阶段

在企业成长的第一阶段,企业刚刚从无到有,规模还比较小。企业现阶段的供应链管理系统只要满足企业“供、销、存”的基本需求就可以了,企业供应链系统建设应该以能实现简单的关键性事务的处理为目标。企业在这个阶段的供应链管理的战略规划应该将重心放在将供应链管理的目标和企业的战略目标相统一上;企业在选择供应链管理系统时,关注的重点应该是一个兼容性较强的供应链管理系统,该系统应该具有较强的融合能力,为将来升级、改造供应链系统打下坚实的基础。

2.2.2.2 企业聚合阶段

在企业成长的第二阶段,企业规模扩大、管理层次增加。企业的供应链管理系统不应该只满足于及时发货,还应该将企业的整个生产过程加入自动化处理系统中以保证产品的高质量;除此之外,由于企业业务的发展,供应商和客户的数量逐渐增加,企业为了准时发货和进货消耗了不少时间和精力,货物的发送和运输成了阻碍企业发展的关键因素。因此,企业在现阶段进行供应链系统的战略规划时就应该将这些影响企业经营的因素考虑进去,将产品的运输渠道纳入企业管理的范围之中,争取以最短的时间、最少的支出、最高的效率去满足客户的需求。企业现阶段的供应链系统应该增加如下几个基本的系统功能模块,即质量控制、生产管理、运输管理等。

2.2.2.3 企业规范化阶段

在企业发展的第三阶段,企业呈现高速成长的态势。销售地域和销售网络极端分散,企业开始明白不仅要充分授权,还要在充分授权的基础上积极优化企业运作流程。在这个阶段,企业在进行供应链的战略规划时就应该突出“高效率”。为此,企业需要大力改进之前的供应链系统功能,思考如何才能让这些功能更加协调地工作。在这个阶段,为了更好地管理企业纷繁复杂的销售渠道,企业应该增加一个全新的供应链管理模块,即分销管理(有的也称为分销资源计划 DRP)。分销管理可以使企业能够及时掌握分布在渠道中各个结点上的货物状态,并在此基础上实现对渠道中货物的均衡处理。

2.2.2.4 企业精细化阶段

在企业发展的第四阶段,企业需要通过更规范、更全面的管理体系和管理流程来支撑企业的发展。企业现在需要的是一条“灵敏反应”的供应链。这条供应链强调的是在供应链的某些环节做必要的储备以应付突然出现的需求变化;注重在灵活性和对市场的波动做出及时的反应,尤其需要对市场需求做出比较准确的预测。因此,企业现阶段供应链系统战略规划的重点应该放在"敏捷反应"上。企业需要在供应链系统中加入更多的功能,把客户、供应商和企业紧密地联结起来,真正形成一个统一的供应链系统。现阶段,企业应该加入市场管理、售后服务管理这两个重要的供应链系统功能模块。市场管理可以对市场信息资料和活动方案、市场费用、市场计划实施进行管理和控制,并对产品市场进行各种分析和预测。售后服务管理则主要对从客户处得到的产品或服务的反馈信息进行收集和处理,跟踪和监督客户反馈信息的处理执行情况,以提高对客户需求的响应速度,特别是提高企业的售后服务水平。

在这个阶段,企业不仅有了完善的企业内部供应链系统,还有了具有一定规模的外部的供应链结构。企业外部供应链结构如图 2—3 所示。

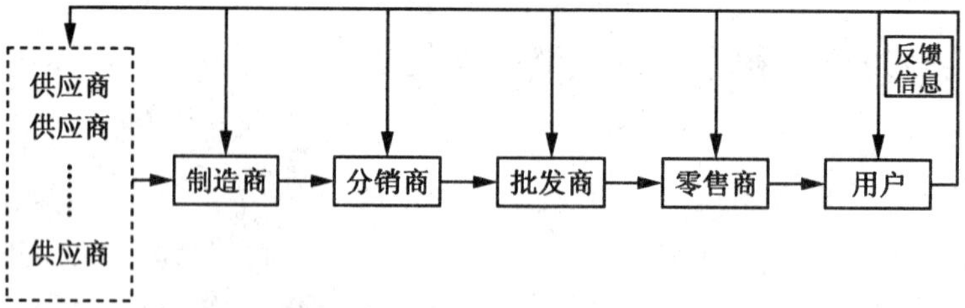


**图 2—3 企业外部供应链结构**

在这种外部供应链结构中,实际上是整个行业建立了一个环环相扣的供应链,使多个企业能够在一个整体的管理环境下实现协作经营和协调运作。

#### 2.2.2.5 企业成熟阶段

在企业发展的成熟期,企业规模迅速壮大,开始进入国际市场,成为一个全球性的公司。企业除了要有一个功能强大的供应链系统以外,还需要在进行供应链管理的战略规划时,将供应链系统和日益发展的网络、电子商务结合在一起,对企业内外部的环境进行综合分析。

在这个阶段,企业将电子商务与供应链系统联系在一起。电子商务模式的引入弥补了传统供应链的不足,因为电子商务不再局限于企业内部,而是延伸到供应商和客户,甚至供应商的供应商和客户的客户,建立的是一种跨企业的协作,覆盖了从产品设计、需求预测、外协和外购、制造、分销、储运和客户服务等全过程。处于同一供应链的厂商之间不再是竞争关系,而是双赢。电子商务模式带来了供应链管理的变革。它运用供应链管理思想,整合企业的上下游产业,以中心制造厂商为核心,将产业上游供应商、产业下游经销商(客户)、物流运输商及服务商、零售商以及往来银行进行垂直一体化的整合,构成一个电子商务供应链网络。

在这个供应链网络中,人员可以采用远程移动设备对活动进行计划、执行与监控。在这个战略规划过程中,企业应该将重点放在"协同"上,与供应商、主要客户、制造商之间的协同计划、协同生产、协同采购、协同执行等是企业供应链网络取得成效的关键。

**【案例分析 2—2】**

**宝钢供应链管理分析**

2004 年 7 月,宝钢被《财富》杂志评为 2003 年度世界 500 强企业第 372 位,成为中国竞争性行业和制造业中首批跻身世界 500 强的企业。

宝钢供应链管理的实施开始于2000年7月，其直接原因是其交货周期长、效率低，其中管理周期是造成交货期过长的主要瓶颈。例如，宝钢对于合同处理需要1个月左右的时间，而同时客户需要及时了解产品生产的进度、质量的控制、货运等信息，这就制约了宝钢的进一步发展。为此，宝钢制定了一系列供应链管理措施，加强供应商的管理：

(1)战略合作伙伴关系甚至控股

在对供应商的管理方面，宝钢供应商的特点采取的是"让市场，不让价格"的供应策略。对于燃料这样的供应商，采取了股权控制的形式，对于一些重要的矿产进行直接投资，将其直接纳入自己资源体系中。

(2)与煤炭企业建立战略合作关系

为了保证生产所需煤炭资源的供给，集团公司党政领导多次走访多家重点煤炭资源供应企业，与他们开展多层面合作，建立起中长期战略合作关系，与煤炭企业实现双赢，保证了煤炭供应渠道的稳定畅通。

与此同时，供销管理部派遣精干人员长期驻守相关煤炭企业，保证双方信息及时沟通，还根据宝钢生产所需积极开拓供货新矿点，确保煤炭资源及时供应。

（资料来源：http://wenku.baidu.com/view/c93ba6fb04a1b0717fd5ddd8.html）

**分析：**供应链上的信息透明和合作，是管理好供应链的重要保证。具体体现为：提高供应链的可视性(透明度)；能够纵观整个供应链；能够得到准确的数据；能够减少物流成本；能够强化落实运输计划；能够提供综合的供应链中的异常信息，能使企业集中精力解决客户服务的关键问题。

# 任务2.3　熟知供应链管理战略的一体化

## 2.3.1　供应链一体化的概念

供应链一体化，是指成员企业围绕一个核心企业的一种或多种产品，通过物流一体化、流程标准化、信息透明化和组织结构柔性化，提升供应链的整体绩效，形成上游与下游企业的战略联盟。

供应链一体化能力是实施供应链一体化程度的总体表现，是供应链成员之间有效合作伙伴关系的体现。即一种在构建供应链合作伙伴关系过程中，依托先进的信息技术、创新的管理思想、降低产品的最终成本、提高对市场的反应速度和实施供应链整体有效协调的综合能力。

## 2.3.2　供应链一体化的要素及原则

### 2.3.2.1　供应链一体化要素

在供应链一体化的构成要素中，核心企业、顾客关系、供应链伙伴关系是核心三要素，供应链结构、产品设计与制造、物流管理、营销渠道、信息技术和决策支持系统则是围绕核心三要素展开的供应链运行的必要条件。

(1)核心企业：核心企业是供应链的信息集散中心和资源整合中心，是供应链运行的调节器，是供应链核心动力的表现。

(2)顾客关系:顾客是供应链的终端和目标,顾客关系是实现供应链价值的关键。

(3)供应链伙伴关系:包括核心企业与供应商的伙伴关系,与制造商的伙伴关系,与销售商、零售商的伙伴关系,是供应链运行的基础。

(4)供应链结构:核心企业或者企业核心竞争力是供应链设计以及构建供应链结构的核心和方向。

(5)产品设计与制造:是供应链运行的实体,是供应链中伙伴关系进行资源交换的主体。现代工业设计已成为企业核心竞争力的焦点之一。

(6)物流管理:敏捷物流是供应链一体化的保障,它的价值在于通过供应链网络,实现将合适的产品或服务以合适的质量、合适的数量、合适的价格按合适的时间、送达合适的地点及时满足合适顾客需求,使顾客价值最大化。

(7)营销渠道:渠道是实现企业市场目标的资源,是供应链一体化的毛细管和神经末梢,是企业实现物流配送和顾客服务的通道,是顾客获得产品和服务的途径。

(8)信息技术和决策支持系统:信息技术是供应链一体化得以正常有效运行的纽带,同时又是企业决策的支持系统。供应链管理的基本问题不在于获得了多少数据,而在于数据能够在供应链中高效流动,实现共享,形成共同的决策的一致性,产生效益。

2.3.2.2 实现供应链一体化的原则

(1)设计和实施有效的销售渠道和网络原则:公司必须积极地寻找降低成本分销产品和服务的方法。

(2)合作进行计划和预测原则:供应链合伙者的合作对顾客需求进行跨功能预测,是管理全球化库存水平和供需状况的根本方法。必须同外部例如零售商和批发商组织合作才能得到关键顾客的水平数据。内部部门之间的合作和国内与国外的合作使预测更加准确。对于库存水平而言,跨功能的方法使得库存集中在地区和跨市场的基础上,提高了库存平衡供需的能力。合作预测和计划可以产生更好的上游供应链活动计划。

(3)利用第三方管理非核心活动和供应链成本原则:在全球化的市场上,企业进出市场时,供应链的归属权成为一个大问题,因为每一个国家都需要按照它的监管、基础设施和物流市场独立地进行评估。

## 2.3.3 供应链管理一体化战略

2.3.3.1 联盟战略

全球化市场竞争的日趋激烈,使得以往那种企业与企业之间单打独斗的形式已不复存在,取而代之的是协同商务、协同竞争和双赢原则的商业运作模式,由客户、供应商、研发中心、制造商、经销商和服务商等合作伙伴组成的供应链与供应链之间的竞争。一个企业所参与的供应链规模越大,运作效率越高,这个企业的竞争力和生命力就越强。

新时期的供应链管理模式是以市场需求为导向、以客户需求为中心,整条供应链使合作伙伴联结成一个完整的网链结构,形成一个极具竞争力的战略联盟。供应链网络中的合作伙伴必须彼此信任以确保数据、信息和知识能够在整个网络中高效、开放和准确地传输,我们把这称为“透明性”。提高供应链整体透明度,可以加强贸易伙伴合作的联盟关系,提高对流入物流的监控,加强订单实现过程的监控,更好地履行订货承诺,提高管理整个渠道库存的水平。

供应链的实质就是合作,而随着合作的进一步加深,合作形式也从收集信息到制定决策不断提升。合作程度与信息共享程度的增加,所产生的经济价值也将增加,并最终将以非线性的方式快速增加。

【案例分析 2-3】

关于品牌传播方面的战略合作是近些年才逐渐发展起来的，它的出现是市场竞争的必然产物。随着市场机制的不断完善，竞争的日益激烈，企业自身的营销资源和营销能力也越来越有限，于是企业之间的战略合作便应运而生。

2005 年蒙牛与“超级女声”的合作。蒙牛花费 1 600 万元对湖南卫视“超级女声”进行赞助，最终赢得了新品蒙牛酸酸乳 27 亿元的销售收入，湖南卫视则获得了近 10 亿元的广告收益。但在这 27 亿元和 1 600 万元的背后，蒙牛在全国各地围绕“超级女声”进行的促销、宣传，发放的各式各样的海报、奖品，甚至网站建设花费了 4 亿多元，是其前期赞助费用的 25 倍。从宣传工具上看，蒙牛除了对报纸、电视等传统媒体的应用外，对网络、手机短信等新兴媒体也使用得淋漓尽致。从人员参与上看，上到企业下到销售终端，前到市场宣传后到产品物流，都做到了最大限度的整合。这使蒙牛为“超级女声”的宣传创建了一个巨大的舞台，可以说除了湖南卫视对自身节目的市场运作外，“超级女声”的成功跟蒙牛的巨大投入也是密不可分的。

（资料来源：http://wenku.baidu.com/view/cb6a06d6b9f3f90f76c61b68.html）

**分析：**战略合作不仅仅是一种策略的互换，更是对合作双方营销资源的共享与整合。资源的充分利用为企业节省了大量的营销费用，起到了事半功倍的作用。两个品牌的战略合作已分不出你我，他们完全将彼此的资源及宣传平台进行了充分的利用，通过对方的产品、服务平台来宣传和销售自身产品或服务。

#### 2.3.3.2 外包战略

通俗地说，外包是把自己做不了、做不好或别人做得更好、更便宜的事交由别人去做，即把不属于自己核心竞争力的业务外包出去。外包这种新经营理念的兴起将导致企业对现有模式进行重组，增强核心竞争力，外包非核心业务又有可能形成新的商机。

传统“纵向一体化”的管理模式已经不能适应目前技术更新快、投资成本高、竞争全球化的制造环境，现代企业应更注重高价值的生产模式，更强调速度、专门知识、灵活性和革新。实行业务外包的企业更强调集中企业资源于经过仔细挑选的少数具有竞争力的核心业务，也就是集中在那些使他们真正区别于竞争对手的技能和知识上，而把其他一些重要的但不是核心的业务职能外包给世界范围内的“专家”企业，并与这些企业保持紧密合作的关系。这些企业就可以把自己企业的整个运作提高到世界级水平，与此同时还往往可以省去一些巨额投资。最重要的是，实行业务外包的公司出现财务麻烦的可能性仅为没有实行业务外包公司的 1/3。

【案例分析 2-4】

**战略外包给微软带来什么**

微软虽然是全球数一数二的大公司，但和大多数公司一样，仍不可避免地面临成本的压力，特别是技术服务支持这一块。在其全球 4 万名员工中，共有 1 万名员工从事技术服务工作，可是即便投入了那么多的人力，该部门还是年年亏损。不但如此，客户满意率还只有 40%。2002 年 4 月，微软联合上海市政府组建了微创软件有限公司，进行外包领域的实践。微软撤销了技术服务部门，其业务全部由微创接手，原来该部门的员工也都转到了微创。新公司成立后，内部立即开展了大规模的变革。

(1)成本降低。外包的效果很快就显现了。以前每进行一项技术服务，在美国，平均成本是90美元，到加拿大可以降低10%，在中国则是60美元，而外包给微创，成本还不到30美元。为什么有那么大的变化？这主要是因为微创不仅仅给微软一家公司提供服务，规模效应使它所产生的成本更低廉。

(2)时间更短。有了微创以后，微软专门负责开发，售后服务全部交给了微创。据统计，以前微软为WindowsXP的用户解决一个问题的平均时间为70分钟，而现在只需要40分钟。之所以能在时间上有大幅度的缩短，主要是微创专注于一个领域，所以员工更加熟悉业务。

(3)客户满意率更高。虽然时间缩短了，但服务并没有因此而下降，反而是更加优质了。"专业化"经营的微创，在自己的领域里不断攀升，先后通过了COPC标准、ISO标准，外包供应商必须在自己的专业领域持续改进，不断优化，而专业化的经营，更有可能促进服务的优化。而且，微软在中国做技术服务的时候，效仿者颇多，但交给微创以后，由于标准更高，效仿者寥寥，客户满意率也由原来的40%提高到70%，达到同行业中比较高的水准，相对不满意率则降低至不足5%。

(4)资源配置更加灵活。在微软那么大的公司，不可能因为业务量的增减而随时增减员工，所以资源并不能得到有效调配。而在微创，虽然人员也不可能随时增减，但由于他们服务的是多家公司，每一家的旺季和淡季不同，所以对人力资源的需求总体很平均，很少出现"吃不饱"和"吃不了"的情况。

(资料来源：http://tech.163.com/05/0315/07/1ESBHGS4000915BD.html)

**分析：**战略外包(BPO)是企业将一些重复性的非核心或核心业务流程外包给供应商，以降低成本，同时提高服务质量。在一个典型的BPO合同中，外包服务供应商将承担公司的某个特定职能。BPO为企业带来的第一个好处就是规模经济效应下的成本降低。流程外包的另一个好处是公司能够将资金用到刀刃上。另外，BPO供应商都是专注于某一领域，所以通常具备相当丰富的实战经验，因此风险也相对降低了许多。

**【知识链接2-1】**

### 供应链一体化的一些做法

(1)零库存管理。零库存是指物料(包括原材料、半成品和产成品等)在采购、生产、销售、配送等一个或几个经营环节中，不以仓库存储的形式存在，而均是处于周转的状态。零库存有诸多优点，如：库存占用资金的减少、优化应收和应付账款、加快资金周转、库存管理成本的降低，以及规避市场变化和产品升级换代而产生的降价，减少滞销的风险，等等。

零库存管理的实施更强调企业间的联盟关系，增强了系统对信号的反应能力。它的实施必须要有一个能够准确、即时反映市场需求的系统(包括软件和管理)；必须要有一个能根据市场信息进行迅速调节的采购和柔性生产系统；必须要有一个协同一致的物流配送系统。

(2)延迟供应。延迟供应是让产品在供应链的终端，即客户附近最后成型。处于供应链前端的工厂生产基础样式、模块化的产品，运送到客户附近的存储设施，最后根据客户的订单加工为最终产品，使产品的组装和成型延迟到最后环节。延迟供应策略的优点是：削减了总库存量，提高了大量生产基础样式的经济性；存货时间短，提高了客户响应度。

(3)转载直拨。转载直拨是货物(一般是成品)是流经仓库或配送中心而不是储存起来。

配送系统接收一些卡车装运的某个产品种类后，进货被卸下、分拣并立即再组配发往商店。或可解释为“仓库成为一个编组场所而非一个保管场所”。合理的路径安排和货物的再组合是策略的关键。转载直拨实现了低库存、高价值、高利润。

(4)供应商管理库存。供应商管理库存(vendor management inventory，VMI)，是供货方代替用户(需求方)管理库存，库存的管理职能转由供应商负责。这是以掌握零售商销售资料和库存量作为市场需求预测和库存补货的解决办法，经由销售资料得到消费需求信息，供应商可以更有效地计划生产、减少反馈环节、更快速地反映市场变化和消费者的需求，行使对库存的控制权。

# 任务 2.4　掌握供应链战略联盟

## 2.4.1　供应链战略联盟的内涵及特点

### 2.4.1.1　供应链战略联盟的内涵

供应链战略联盟，是指由供应链上企业组成的战略联盟，由供应商、制造商、分销商、零售商等一些互相独立的实体(企业或企业内部业务相对独立的部门)为实现快速响应市场、共同拥有市场、共同使用资源等战略目标而组成的动态联盟，每个伙伴企业在各自优势领域(如设计、制造、分销等)为联盟贡献自己的核心能力，相互联合起来实现优势互补、风险共担和利益共享。

从上述定义中，可以看出供应链战略联盟的内涵主要包括以下三点：第一，供应链战略联盟的前提是合作企业拥有互补的资产和技术。第二，供应链战略联盟的根本目的是通过持续的能力深化和能力开发以保持竞争优势，最大限度地获取和引导适应性预期价值；它是一种动态的战略性联盟，当共同的能力和利益相对变化所导致战略目标的调整超过一定程度时，既促进原联盟的巩固，也会使联盟企业寻找替代伙伴以结束旧联盟、建立新联盟。第三，供应链战略联盟的企业之间是基于价值链的竞争性合作关系，联盟的形成以信息技术与管理相结合发展到一定程度为前提，企业在开放的信息网络环境下，实现整条价值链上信息的交换与共享，建立群体决策模式，最终达到企业同步化、集成化计划与控制的目的。

### 2.4.1.2　供应链战略联盟的特点

供应链战略联盟最突出的特点在于，供应链各节点企业突破传统企业组织的有形界限，彼此之间建立合作伙伴关系，通过有效整合企业内、外部资源，最终实现企业的战略目标。具体而言，供应链战略联盟具有如下特点：

(1)目标性：供应链联盟都是围绕着一个共同的目标而建立的。

(2)虚拟性：它不具备实体形态，而是依靠网络实现信息共享。

(3)独立性：联盟中的每个企业都是独立实体，相互间不存在隶属关系。

(4)互补性：成员企业都拥有自身的核心竞争力，优势互补产生协同效应。

(5)共赢性：强强联合产生大于独立行动所获得的收益。

(6)复杂性：联盟中的各个企业既竞争又合作，因竞争而合作，靠合作来竞争，合作与竞争并存，从而增加了管理协调的难度。

(7)风险性:供应链联盟蕴涵着一定的风险,如联盟管理和合作风险、投资与战略“套牢”风险、技术与知识产权风险,等等。

【小思考2—2】

普通的企业间关系与供应链战略联盟有哪些区别?

表2—1 普通的企业间关系与供应链战略联盟的比较

| | 普通的企业间关系 | 供应链战略联盟 |
|---|---|---|
| 买方/卖方的关系 | 敌对关系 | 伙伴关系 |
| 关系的长短 | 短期 | 长期 |
| 合同的长短 | 短期 | 长期 |
| 订货数量 | 大 | 小 |
| 运输策略 | 一种商品整车装运 | 即时制/ECR/QR |
| 质量保证 | 需要验货 | 不用验货 |
| 同供应商的交流方式 | 采购单 | 电子数据交换EDI |
| 交流的频率 | 零星 | 连续 |
| 对库存的影响 | 是企业资产 | 是企业负债 |
| 供应商的数目 | 很多,越多越好 | 少数或只有一个 |
| 产品设计过程 | 先设计,再采购 | 先征询供应商意见,再设计 |
| 生产数量 | 大批量 | 大批量 |
| 配送计划 | 每月 | 每周或每天 |
| 供应商位置 | 分布很分散 | 尽可能集中 |
| 仓库 | 大型仓库 | 小型仓库,灵活性高 |

2.4.1.3 供应链战略联盟的优势

(1)供应链通过重组现存价值链结构,优化存量资源配置。

(2)供应链实现产品、客户、技术、物流、信息等资源的重新组合和优化。

(3)供应链通过信息管理、数据呈现、工作流实现企业群的协同价值最大化。

(4)企业间依赖供应链管理信息技术保持高度的协调性,使得供应链具有较强的创新能力和市场适应能力。

(5)缩短配送前置时间,提高配送可靠性,提高及时配送率,降低库存水平,减少产品质量问题,具有竞争性的价格和优先供应等。

### 2.4.2 供应链战略联盟的作用

供应链战略联盟作为一种新型的企业合作模式,打破了现存价值链的结构。供应链战略联盟的形成,可以降低供应链总成本、降低供应链上的库存水平,增强信息共享水平、改善相互之间的交流,保持战略伙伴相互之间操作的一贯性、提升企业的核心竞争力、产生更大的竞争优势,对于实现供应链节点企业的财务状况、质量、产量、交货、用户满意度及业绩的改善和提高等均有重要作用。

2.4.2.1 实现快速有效地响应市场

无论是供应链还是战略联盟，各种合作组织的存在，其最终目的都是应对快速变化的市场环境。供应链战略联盟也不例外，通过建立战略联盟，供应链上企业之间的合作关系大大加强，形成了更加统一的整体。各企业并行协调工作，能大大缩短产品开发周期，可以快速及时地响应市场需求。而且，为顾客提供的“个性化解决方案”，也是对需求变化的有效反应。

2.4.2.2 实现优势互补

由于资源的稀缺性，每个企业所拥有的资源和能力都是有限的，而且企业均想获取企业以外的资源。要解决资源问题，一个明智的做法就是建立战略联盟，以通过外取的方式将其他企业的优势资源为我所用。联盟伙伴间互通有无，既实现了内外资源的优势互补，又实现了资源的合理利用。这种优势互补突出表现在企业的核心能力方面，供应链企业间建立一种合作竞争的战略伙伴关系，最大限度地培育和发挥各自核心能力，通过优势互补获得集体竞争优势，提高整条供应链的竞争力。

2.4.2.3 促进企业之间的相互学习

一般情况下，企业是从外部模仿竞争对手的资源，但由于许多有价值的资源往往是非交易的，又难以为外部识别和轻易模仿，而通过联盟可以从资源拥有方学习获得。联盟增加了成员企业间的边界渗透力，将模仿由外部转移到内部，使模仿变得更加容易，成本也较低。此外，联盟成员企业通过信息共享及其他的交流方式互相学习、相互促进，也会进一步强化各自的核心能力。在每个企业拥有自己的核心竞争优势的同时，尽可能地掌握更多的信息和技术。

2.4.2.4 促进企业达到规模经济

所谓规模经济(economics of scale)，是指随着企业生产和经营规模的扩大而使单位成本不断下降。传统上实现规模经济的方式主要是依靠单体企业规模的自我扩大或借助并购而使企业规模不断扩大。但是，由于企业规模扩大有其自身的内部边界，传统的模式在企业规模过大而内外受阻的双重约束下，没法达到应有的效果，而组建供应链联盟为企业实现规模经济开辟了新的道路。企业之间通过缔结联盟，可在更大范围内实现专业分工化，有效降低各类成本，无需扩大企业自身的规模就能实现规模经济，从而在行业内占据较强的竞争地位。

2.4.2.5 有效分散经营风险

复杂多变的外部环境对企业的研究开发提出了新的要求，如缩短时间、降低成本。因此，任何一个企业想独立承担一种新产品或新技术的研究开发，必定要付出很大的代价，面临巨额的研究开发投入、错失市场机遇、运营失败等各种风险。在这种情况下，企业可以通过寻求合作，建立联盟来分散经营风险。虽然由于市场不确定性而导致的总体市场风险依然存在，但市场风险在各个供应链联盟伙伴之间得到了重新分配，使各个企业承担的风险降到最低，这在一定程度上可以分散企业的经营风险。

**【知识链接 2－2】**

**零售企业供应链战略联盟的类型**

(1)研究开发型战略联盟。即在产品和技术服务层次上，零售企业通过与相关利益者，比如物流、信息技术服务商，建立战略联盟，从而可以在低成本条件下得到实用性和可操作性都相对优良的软件或技术。同时，这种联盟也可以让零售企业通过借助第三方力量而实现软硬件的快速更新换代、提升企业的竞争力并缩短与跨国零售巨头的差距。另一方面，对于技术服务商而言，与零售商结成战略联盟也不失为提高对市场的反应速度、稳定利润源的合理选择。当然，这种双赢的结果也是建立战略联盟的初衷。

(2)生产供应型战略联盟。就我国市场目前的形势而言，买方市场初步形成，业绩良好的外资大型零售商在供应链中有很强的发言权，对于一般的供应商而言，苛刻的接货和退货条件让许多供应商怨声载道。如果零售企业通过采取与供应商结成战略联盟的方式而实现供应链集成，从而削减交易费用的话，一方面可以提升自身的竞争力，另一方面也可以形成对外商供应链的有力冲击。

(3)联合销售型战略联盟。销售战略联盟是零售业中广泛采用的形式。最富有代表意义的就是特许经营，它是当前国际流行的一种经营理念，有利于企业销售网点快速低成本增长，所以被认为是一种既安全又收益快的战略联盟形式。这种联合形式强大的生命力已在零售企业中有所体现。比如，上海华联超市实施战略联盟战略，先后在较短时间内发展了几百家加盟店，与沪上多家外资超市展开竞争，效果显著。这种联盟形式也是我国零售企业在短时间内打造“航母”的有力武器。

(4)市场拓展型战略联盟。对于零售企业而言，在资金、人力、信息的资源相对不足的条件下，与房地产商、供应商携手建立市场拓展战略联盟来共同开发新市场，既可以弥补零售企业自身的不足之处，提高开拓市场的速度，同时也可以大大分散风险并降低投资的不确定性，真正发挥协作者之间的协同效应，是联盟各方都乐而为之的策略选择。

### 2.4.3 供应链联盟成功的关键因素

影响供应链联盟成功的关键因素有：供应链战略目标、合作伙伴选择、信任机制、信息共享、利益分配、联盟绩效评估。

#### 2.4.3.1 供应链战略目标的一致性

当联盟的最初目标实现后，各成员企业的内外部条件和战略目标都有了新的变化，原先的战略组合就容易被打破，联盟趋于不稳定。为此，必须保持联盟的灵活性和适应性，以便及时调整目标，保持联盟战略目标的一致性。

#### 2.4.3.2 恰当选择合作伙伴

合作伙伴的选择是供应链联盟成功的关键。供应链联盟必须考虑如何选择最优的供应链合作伙伴，同时将选好的供应商、制造商、分销商、零售商等有机地集合起来，使之成为相互关联的整体。为此，企业要根据实际情况确定恰当的合作伙伴选择标准，而不能孤立地、片面地考虑某种优势，犯“以点代面”的错误。

【知识链接2—3】

**合作伙伴的选择原则**

选择合作伙伴的一般性原则有：

(1)核心能力原则：伙伴企业必须具有核心能力，且能贡献给联盟。

(2)总成本核算原则：实现供应链总成本最小化，实现多赢的战略目标。

(3)敏捷性原则：各伙伴企业需具有较高的敏捷性，能快速响应。

(4)风险最小化原则：认真考虑风险问题，尽量减少供应链整体运行风险。

2.4.3.3　建立健全的信任机制

健全的信用可以给合作双方带来长期而可观的收益。建立信任机制主要注意以下几个方面：

(1)建立对机会主义的防范机制。建立相应的监督与惩罚机制，对机会主义行为进行防范及事后惩罚。

(2)提高长期合作期望，减少短期行为发生。

(3)构筑便捷的信息沟通渠道，以便信息能够在联盟企业间及时传递。

(4)持续的团队学习。

2.4.3.4　建立信息共享机制

信息是整个供应链运作的关键因素，为供应链的决策和战略制定提供依据，要使信息为供应链中各节点的企业所获得和利用，需要企业做到以下几点：

(1)为系统功能和结构建立统一的业务标准；

(2)对信息系统定义、设计和实施建立连续的试验和检测方法；

(3)实现供应商和制造商之间的计划信息的集成；

(4)运用合适的技术和方法，提高系统运作的可靠性，降低运行的总成本；

(5)确保信息的获得是有效的且与关键业务指标相一致。

2.4.3.5　联盟企业间合理的利益分配机制

企业通过供应链战略合作实现双赢以后，就存在着一个利益分配问题，供应链企业间的利益分配公平性将直接影响到合作企业各方的积极性。不合理的分配机制有可能导致供应链上企业合作关系的破裂。因此，供应链联盟要在坚持风险与利益相平衡原则、个体合理原则、结构利益最优化原则、多劳多得原则及民主决策原则的前提下，建立公平、合理的利益分配机制来平衡各个成员的利益。

2.4.3.6　建立供应链联盟绩效评估体系

供应链联盟绩效，是指供应链联盟中各成员通过信息共享和协调运作，在供应链的硬件设施、人力资源和技术开发能力等内外资源的支持下，通过研究开发、制造、物流管理、市场营销、顾客服务等活动来创造或增加价值的总和。供应链联盟绩效评价，是指建立供应链的评价指标体系，运用数量统计和运筹学方法，通过定量和定性分析，对供应链联盟在一定时期内的绩效，做出客观、公正和准确的综合评判。

**【案例分析 2－5】**

### 莱德(Ryder)公司为惠而浦(Whirlpool)公司提供物流服务

1990 年以前，惠而浦公司在美国有十几家工厂，当时经营模式的经营利润很低。通过分析，其原因是惠而浦公司在美国 11 家工厂各自处理自己的物流工作，结果使原材料供应线路十分混乱，物流成本得不到控制。管理者意识到，节省物流开支的一个有效途径就是把各自工厂的物流集成起来，统一规划运作。

惠而浦公司经与莱德综合物流公司合作，莱德公司很快就在克利夫兰建立了专为惠而浦公司服务的物流中心，对惠而浦公司的运输企业进行改组，精简了仓库和货车运输业务，调整了物流信息沟通等方面的计算机信息系统。

1994 年，惠而浦公司的原料运送费用支出减少了 10%以上。莱德公司为惠尔浦提供从物流硬件服务到软件服务，使双方取得"双赢"的结果。惠而浦公司与莱德公司建立了长期合作联盟关系。

（资料来源：http://wenku.baidu.com/view/b73b5bdb7f1922791688e826.html）

**分析：**供应链联盟作为一种新型的企业合作模式，打破了现存价值链的结构。供应链战略联盟的形成，对于降低供应链总成本、降低供应链上的库存水平、增强信息共享水平、改善相互之间的交流、保持战略伙伴相互之间操作的一贯性、提升企业的核心竞争力、产生更大的竞争优势，以实现供应链节点企业的财务状况、质量、产量、交货、用户满意度及业绩的改善和提高具有重要作用。

# 任务 2.5　如何选择供应链合作伙伴

## 2.5.1　供应链合作关系的定义及特征

### 2.5.1.1　供应链合作关系的定义

供应链合作关系(supply chain partnership，SCP)也称供应链伙伴关系或称供应商—制造商关系，或卖主/供应商—买主关系，可定义为供应商与制造商之间、制造商与销售商之间在一定时期内共享信息、共担风险、共同获利的协作关系，如新产品/技术的共同开发、数据和信息的交换、研究和开发的共同投资。

供应链上的合作伙伴通过相互之间的战略合作来实现供应链整体成本最优化、价值最大化，各合作伙伴可以从中获利，实现自身效用最大化。

### 2.5.1.2　供应链战略合作伙伴关系的特征

在供应链战略合作伙伴关系下，企业与供应商、分销商以及零售商的关系不再仅仅是单纯的买卖交易关系、对手关系，而是一种更为紧密的合作关系。企业间保持长期直接的合作关系，达成一致观念、建立相互间的信任，确定共同目标和行动计划，强调资源共享，共同制定决策，共同努力解决问题。供应链战略合作伙伴关系与传统企业关系相比发生了根本性变化，在众多方面存在着明显的差异。表 2—2 仅对部分特征的区别加以比较。

表 2—2　传统企业关系与供应链战略合作伙伴关系的比较

| 区别点 | 传统企业关系 | 供应链战略合作伙伴关系 |
|---|---|---|
| 供应商数量 | 很多 | 小，一般为一个或几个 |
| 可靠性 | 不确定 | 高 |
| 信息公开程度 | 单向的封闭的递阶传递 | 共享，各个方向的成本透明 |
| 柔性 | 低 | 高 |
| 质量保证 | 制造商不信任的质量检查 | 为实现零缺陷而共同努力 |
| 选择供应商基准 | 基于价格的竞价 | 各项综合且为长期绩效 |
| 地理位置 | 非常分散 | 尽可能集中 |
| 交流方式 | 采购单 | 电子数据交换 EDI 系统 |

续表

| 区别点 | 传统企业关系 | 供应链战略合作伙伴关系 |
| --- | --- | --- |
| 交易频率 | 低、零星 | 高、连续 |
| 交易长短 | 短 | 长 |
| 研发 | 设计再采购 | 供应商介入共同研发 |
| 配送计划 | 每月 | 每周或每天 |
| 对库存的影响 | 作为企业资产 | 作为企业负债 |
| 业务量 | 大、形成存货资产 | 小、适时供应、减少库存 |

【知识链接 2－4】

**建立供应链合作关系的意义**

通过建立供应商与制造商之间的战略合作关系，可以达到以下目标：

对于制造商：降低成本；实现数量折扣；提高产品质量；降低库存水平；改善时间管理；更好的产品设计和对产品变化更快的反应速度。

对于供应商：对用户需求更好地了解；保证有稳定的市场需求；提高零部件及整机质量；降低生产成本；提高对买主交货期改变的反应速度及柔性。

对于双方：增强相互之间的交流；实现共同的期望和目标；共担风险和共享利益；实现相互之间的工艺集成、技术和物理集成；减少外在因素的影响及其造成的风险；增强矛盾冲突解决能力；订单、生产、运输上实现规模效益以降低成本。

## 2.5.2　供应链战略合作伙伴关系的建立

建立供应链战略合作伙伴关系的基础包括相互信任，有利于促进供应链运作的信息共享，高于各自独立经营时的水平的具体目标，各合作伙伴都要遵循基本的操作章程，以及退出战略合作伙伴关系的规定等。

2.5.2.1　建立供应链战略合作伙伴关系的原则

(1)达成一致观念原则：供应链中核心企业应将供应链的理念传达给未来的合作伙伴，使各方都能领会供应链管理的内容和实质，从而主动参与供应链管理。

(2)建立相互的信任原则：为了增进相互的信任度，供应链成员企业应表达自己的诚意，开诚布公地交换各自的情况，告诉对方本企业开展什么业务、生产什么产品、实力如何、希望同对方在哪些方面合作、希望达到什么目标等。

(3)确定行动共同目标和行动计划原则：供应链战略联盟必须有明确的目标和行动计划，作为各企业共同努力的方向，目标可以是降低成本，提高顾客满意度，也可以是提高服务水平，扩大市场份额。

2.5.2.2　建立供应链战略合作伙伴关系的策略

供应链企业之间的合作策略根据其合作的时间长短和关系密切程度可以分为以下几种：长期战略性合作、中期策略性合作、短期临时性合作。

长期战略性合作是供应链中的各节点企业根据发展战略的需要，通过与合作伙伴的战略合作,使得合作各方把自己的资源投入到共同的任务中以寻求各方"共赢"的一种合作策略。它不仅可以使企业分散开发新产品的风险,同时也使企业可以获得比单个企业更高的创造性和柔性,最终实现合作各方在产品、资本、研发、营销等方面的优势互补。

中期策略性合作是供应链企业基于一定项目的合作,主要用以应对急剧变化的市场机会。这种合作规模较小,但相对灵活,通常只考虑企业的中期战略。

短期临时性合作是指企业在完全控制其主导产品生产过程的同时,会外包一些非核心业务。这种合作的规模更小,灵活性更强,它可以使企业缩减过量的经常性开支,降低固定成本,同时提高劳动力的柔性,提高劳动生产率。

对以上三种合作策略的选择应该是动态的,而非静止不变的,企业应根据市场需求、自身发展战略以及生产经营的变化,做出相应的调整。在实施合作策略时,企业应根据自身条件及环境特点,尽可能做到以长期战略性合作为主,中期策略性合作与短期临时性合作为辅,取长补短,充分发挥三种合作策略各自的优势并努力实现整体效应。建立战略伙伴关系的反馈模型如图 2—4 所示。

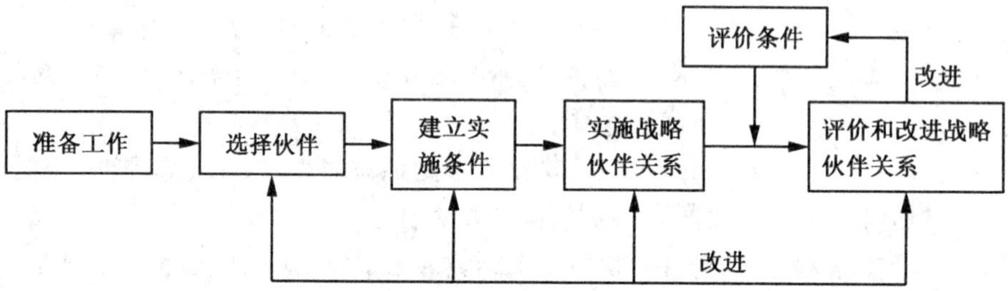


**图 2—4　建立战略伙伴关系的反馈模型**

【小思考 2—3】

**如何选择供应链合作伙伴**

企业在选择供应链战略联盟伙伴时,需要对潜在合作伙伴的以下各个方面有明确的了解:

(1)潜在合作伙伴的竞争地位如何?它进入联盟网络的方法是什么?合作双方的能力是否协调?

(2)潜在合作伙伴的技术资源和创新潜力如何?

(3)潜在合作伙伴加入这一合作关系双方各自的最主要原因是什么?其目标是否匹配?

(4)潜在合作伙伴的企业文化(国家文化)和价值观的基础是什么?有无文化冲突?如何解决文化冲突?

(5)怎样才能使双方和睦相处从而获得一个融洽的合作关系?

(6)潜在合作伙伴的联盟记录怎样?它以前的合作过程中发生过什么问题?

(7)什么事情和环境(主要针对合作关系)是合作双方不能控制的?能否容忍这种情况?

(8)合作双方对未来的预期是否相适应?

(9)当环境发生变化时,如何应付?

(10)获得最好的合作关系所需要的管理和经营方式是什么?

## ● 基本训练

### 一、知识题

(一)阅读理解

(1)简述供应链管理战略的含义及特征。

(2)如何定义核心竞争力？你认为公司应该在供应链领域具备什么样的核心竞争力？

(3)供应链战略联盟的内涵是什么？

(4)企业如何进行业务外包活动？

(5)你是如何理解供应链管理的基本思想的？

(二)知识应用

1. 判断题

(1)供应链合作关系的主要特征是从以产品/物流为核心转向以集成/合作为核心。(　　)

(2)在零部件及原材料供应链管理中，强调企业要与所有的供应商结成战略合作伙伴。(　　)

(3)战略伙伴关系是以交易为基础的。(　　)

(4)如果根据产品的客户需求模式分类，则可以分为功能性产品和周期性产品两类。(　　)

(5)供应链管理一体化战略包括联盟战略和外包战略。(　　)

2. 选择题

(1)供应链战略管理就是要从企业发展战略的高度考虑供应链管理的事关全局的核心问题，但它不包括(　　)。

A. 实施战略的制定问题　　B. 运作方式的选择问题

C. 物流信息平台的建立问题　　D. 绩效测量与评价问题

(2)下列对拉动式供应链优势的叙述中，不正确的是(　　)。

A. 支持产品的不断变化　　B. 延长交货周期，提高经营效率

C. 改进质量，降低单位成本　　D. 能够全面衡量业绩，更易于实施控制

(3)关于供应链战略联盟的形成及运作方式叙述不正确的是(　　)。

A. 供应链战略联盟是企业为共同利益所形成的联合体

B. 战略联盟的提出是基于资源集成的思想

C. 供应链战略联盟不能按模块的分解来招标，选择合适的合作伙伴，形成动态的战略联盟

D. 供应链战略联盟有效实施的关键因素就在于模块化，包括组织的模块化和产品的模块化

(4)(　　)不是供应链战略联盟的形式。

A. 合同项目　　B. 第三方物流

C. 零售商—供应商伙伴关系　　D. 经销商一体化

(5)供应链合作伙伴关系的驱动力之一是(　　)，它是企业自身的优势保持和发展的内在驱动力。

A. 不断变化的顾客期望　　B. 核心竞争力

C. 外包战略　　D. 市场变化

**二、技能题(小项目)**

(1)参观 1～2 家企业后,要求学生写一份参观报告。报告内容包括企业供应链结构模式、供应链战略管理的类型与策略、供应链战略管理的规划与实施方法等情况。

实训目的:要求学生了解典型企业的供应链战略管理的策略规划与实施方法。

实训要求:仔细观察,认真听讲解;结合所学知识。

(2)查阅供应链战略联盟的知名网站,写出 3～4 个网址,对某一自己感兴趣的网页栏目的话题写一篇关于供应链战略联盟的体会(1 000 字左右)。

实训目的:对供应链战略联盟的重要性有进一步认识。掌握一些企业建立供应链战略合作伙伴关系的经验。

实训要求:认真思考,结合所学知识,用通俗语言写出自己关于供应链战略联盟的体会。

## ● 综合案例

### 宝洁公司的供应链管理战略

宝洁公司是全球著名的日用品制造厂商。下面以宝洁公司的香波产品供应链优化为例,剖析宝洁供应链管理战略。

第一,材料不同、制定的时间不同

香波生产原材料供应最长时间 105 天,最短 7 天,平均 68 天。根据原材料的特点,宝洁公司将其分为 ABC 三类分别进行管理:A 类品种占总数 5%～20%,资金占 60%～70%;C 类品种占总数 60%～70%,资金占不到 15%;B 类介于两者之间。对不同的材料管理策略分为全面合作、压缩时间和库存管理三类。对材料供应部分的供应链进行优化,将时间减少和库存管理结合起来。比如,原材料 A 供应提前期 105 天,但是订货价值只占总价值 0.07%,不值得花费很多精力讨论缩短提前期。而原材料 B 虽然提前期只有 50 天,但是年用量却高达总价值的 24%,因此对这样的材料应该重点考虑。

第二,原材料的库存由供应商管理

以广州黄埔工厂为例,黄埔工厂将后面 6 个月的销售预测和生产计划周期性地和供应商分享。供应商根据宝洁的计划制订自己的材料采购计划,并根据宝洁生产计划要求提前 12 天送到宝洁工厂。宝洁使用材料之后付款。对供应商来说,不必为宝洁生产多余的安全库存,自己内部计划安排更有灵活性;对宝洁来说,节省了材料的下单和采购成本。实际的材料采购提前期只是检测周期,至于原材料 A,采购提前期由 81 天缩短到 11 天,库存由 30 天减少到 0。

第三,压缩材料库存的时间

对于价值不高、用量大且占用存储空间很大的材料,适合采用压缩供应链时间的方法来管理。这类材料大概占所有材料的 15%。对这类材料,不能只采取传统的库存方法,因为对于高频率、小批量、多变的生产方式,对材料供应的要求更高。如果供应时间长,则要求工厂备有很大的安全库存。通过考察供应商的质量方面的日常表现,对材料实施免检放行。结合对存储时间和运输时间的一些改变,结合延迟时间和检测时间的减少,总体时间最后减少了 18 天。材料库存从 30 天减少到 20 天,库存价值每个月减少了 2 万美元。

第四,与供应商进行全面合作

在香波供应链中,总会有一两个供应商供应用量大、材料占据空间大、价值高的 A 类材料。比如,在黄埔工厂主要是香波瓶供应商。这类供应商供应提前期已经很短,已经找不到时间压缩空间,所以宝洁和供应商一起同步进行供应链优化,寻找在操作和管理系统中存在的机会。首先，供应商内部改进。瓶形之间转产时间 1 小时，为不同品种的香波瓶制定不同的生产周期。对于个别品种，以建立少量库存的方式保证供货，在生产能力有闲暇的时候生产这些品种以补充库存。其次，供应商和宝洁合作改进。将 100 多种印刷版面合并成 80 多种，减少了转产频率。在材料送货方面，为适应多品种、小批量的要求，宝洁雇佣专门的运输商每天将同一区域的材料收集运送到宝洁。与供应商各自做运输相比，运输成本明显降低，更好地满足了客户要求。

第五，用产品标准化设计压缩时间

摒弃原来不同品牌香波使用不同形状的包装设计，改为所有香波品牌对于同一种规格采用性质完全一样的瓶盖，不同的产品由不同的瓶盖颜色和印刷图案区分。这样一来，减少了包装车间转产次数。例如，旧的设计方案，海飞丝 200ml 转产到飘柔 200ml，转线操作需要 25 分钟。统一包装设计之后，包装车间无需机器转线，只需要进行 5 分钟的包装材料清理转换即可。这项改进减少了包装车间 20%的转线操作，转线时间从原来的 112 小时/月减少到 90 小时/月。

第六，优化仓储管理，缩减货物存取时间

以黄埔工厂管理为例，黄埔工厂的仓储在开始实施每日计划时也同步进行了改进。原来的情况是有两种货架：一是叉车可以从提货通道提取任何一个地台板的选择式货架，这适合产量不大的品种；二是叉车开入式的 3 层货架集中设计，每次出货入货的最小单位都是 12 个地台板，大约相当于 6 吨香波产品，即一个最小的生产批量。宝洁公司做了如下改进：增加一个货架设计，仍然是 3 层开入式提取和存放货物。但是通过改进，每一层是一个单独的产品品种，即每次出货入货的最小单位是 4 个地台板，相当于最小批量为 2 吨的香波成品，使得产品能够根据规模在合适的货架进行存放和提取。

第七，供应链下游优化

运输环节的优化与管理：采用第三方物流运送产品从工厂到全国仓库；与物流供应商签订详细的运输协议；衡量运输商的可靠性和灵活性。每天跟踪运输业绩，考察由供应商造成的货物损坏率，以及由于运输不及时造成的客户订单损失。利用统计模型分析不同类型产品的运输调货频率，进行最优化设计，找到保留库存、卡车利用率和满载率的平衡点。与客户之间的订单处理与信息共享：与大客户建立电子订单处理系统，比传统的电话传真更快捷；与个别客户统一产品订货收货平台，及时了解客户的销售活动信息，如开店促销等，并反馈回工厂，保证客户有新的市场活动时，宝洁有充足的产品供应。

宝洁公司通过对供应链上下游伙伴的合作，不断挖掘自身生产过程中的时间压缩机会，以实现对客户需求的快速响应，不断夯实作为公司竞争力的供应链反应速度。

（资料来源：http://doc.mbalib.com/view/c51fc54129571d75435411dd30533b83.html）

**问题：**

（1）宝洁供应链管理战略的目标是什么？

（2）宝洁公司是否构筑了供应链管理联盟？

（3）宝洁公司是否有外包行为？

## 综合实训

### 供应链管理软件的使用

一、实训目的与要求

通过一个具体的供应链管理软件的使用,使学生加深对供应链管理的理解。以供应链管理软件实例的应用,了解并掌握供应链管理的一些优化策略。

二、实训环境及系统的安装配置

(1)服务器端的计算机上需安装 jdk 1.5 或以上版本,并且安装 tomcat 应用服务器 5.5 或以上版本。应用服务器的端口选择默认端口号:8080。

(2)数据库服务器采用 sql server 2000 数据库软件,并且需打上该数据库的 sp4 补丁。补丁安装方法:①下载补丁文件。②双击该补丁文件(后缀为 .exe)选择安装路径,此处以 d:\sp4 为例。之后一路 next 就可以了,此次安装实际是解压。③到刚刚安装 sp4 的路径下有个 setup.exe,双击该文件,补丁安装正式开始,如果数据库有密码,输入密码或者选择 windows 认证,安装继续。安装结束后需重启 sql server 2000。

(3)打开 sql server 2000 的企业管理器,新建数据库,数据库名为:供应链管理系统。然后,在此数据库上还原数据库,还原时选择从设备;然后选择项目根目录中的"数据库备份"文件来还原。如果顺利,即可查看该数据库。

(4)在目录 SupplyChain\WEB-INF\classes\com\constant 下有个 config.properties 文件,用记事本打开该文件,修改其中的 conn_user=sa 和 conn_pwd=123456 两行(如果您的数据库的 sa 账号密码为 123456,则该文件不用修改)。如果您有权限登录 sql server 2000 的 sa 账号,则 conn_user=sa 项不用改,直接修改 conn_pwd=123456 项等号右边的值。如您的数据库密码为 123,则该项修改后为 conn_pwd=123。如果您需要用其他用户名登录 sql server 2000,则需要把 conn_user=sa 项的 sa 改为您登录 sql server 2000 的用户名。config.properties 文件其他内容无需修改。修改后保存文件。注:文件如果是只读属性的,需要修改属性才能修改保存。

(5)把 SupplyChain 文件夹拷贝到安装 tomcat 的目录下的 webapps 目录。重启 tomcat 服务器。

(6)在浏览器中输入 http://localhost:8080/SupplyChain。如果您修改了 tomcat 的端口号,则将 8080 修改为您的 tomcat 端口号即可。本地运行成功。其他机器要访问,则将 http://localhost:1000/SupplyChain/中的"localhost"修改为您的 ip。如您的计算机 ip 为 202.193.75.38,则其他计算机访问该网站的地址为 http://202.193.75.138:8080/SupplyChain。

另外,要保证运行了 comcat 安装目录下 bin 文件夹下的 comcat 可执行程序。

三、实训准备

请回顾理论课授课内容,回答以下问题:

(1)什么是"横向一体化"的经营理念?

(2)供应链管理的目标有哪些?

四、实训内容和步骤

(1)系统安装配置。

(2)学生根据角色分配来轮流对系统各个功能模块进行操作。这些模块分别包括供应商、采购管理系统、仓库管理系统、客户关系管理系统、运输、分销管理系统等。

(3)根据实训操作,发现新的问题,并且提出解决方法,如供应链需求放大效应。

五、实训要求

(1)回答实训准备中的问题。

(2)根据实训要求,进行操作,写出详细步骤。

(3)谈谈如何通过本系统,实现供应链管理的目标。

(4)谈谈你认为本系统有何优越性,以及本系统是如何实现集成化的。

(5)针对在操作中发现存在的新问题,提出自己的看法及对策。

# 项 目 3

# 供应链管理方法

## 知识目标

◎ 了解快速反应及有效客户反应的背景和内涵。

◎ 明确有效客户反应的构建、协同规划、预测和连续补货方法的关键因素。

◎ 熟知价值链分析的特征、企业资源计划的核心功能。

◎ 掌握有效客户反应战略基于活动的成本控制方法的步骤。

## 技能目标

◎ 能够根据企业实际情况拟定 QR 的实施步骤。

◎ 能够拟定 ECR 的构建方案。

◎ 能够制定 CPFR 的实施步骤。

## 【引例】

### 沃尔玛的供应链管理方法

销售店商品的进货和库存管理的职能转移给供应方(生产厂家),由生产厂家对沃尔玛的流通库存进行管理和控制。即采用生产厂家管理的库存方式(vendor-managed inventories,VMI)。沃尔玛让供应方与之共同管理运营沃尔玛的流通中心。在流通中心保管的商品所有权属于供应方。供应方对 POS 信息和 ASN 信息进行分析,把握商品的销售和沃尔玛的库存方向。在此基础上,决定什么时间,把什么类型商品,以什么方式向什么店铺发货。发货的信息预先以 ASN 形式传送给沃尔玛,以多频度、小数量进行连续库存补充,即采用连续补充库存方式(continuous replenishment program,CRP)。由于采用 VMI 和 CRP,供应方不仅能减少本企业的库存,还能减少沃尔玛的库存,实现整个供应链的库存水平最小化。另外,对沃尔玛来说,省去了商品进货的业务,节约了成本,同时能集中精力于销售活动。并且,事先能得知供应方的商品促销计划和商品生产计划,能够以较低的价格进货。这些为沃尔玛进行价格竞争提供了条件。

(资料来源:http://www.doc88.com/p—6445937610594.html)

**分析:**这一案例说明快速反应法的效用。沃尔玛的实践显示,快速反应是一个零售商和生产厂家建立(战略)伙伴关系,利用EDI等信息技术,进行销售时点的信息交换以及订货补充等其他经营信息的交换,用多频度、小数量配送方式连续补充商品,以实现缩短交纳周期,减少库存,提高顾客服务水平和企业竞争力为目的的供应链管理。

快速反应法是供应链管理方法之一,另外还有ECR、VCA、CPFR、ERP等供应链管理方法,本项目中将对这些方法逐一进行介绍,VCA在项目1中已介绍。

# 任务3.1 快速反应法的实施

## 3.1.1 快速反应法的含义

### 3.1.1.1 快速反应法产生的背景

从20世纪70年代后期开始,美国纺织服装的进口急剧增加。针对这种情况,美国纺织服装企业一方面要求国会和政府采取措施阻止纺织品的大量进口;另一方面进行设备投资来提高企业的生产率。但是,即使这样,廉价进口纺织品的市场占有率仍在不断上升,而本地生产的纺织品市场占有率却在连续下降。为此,一些主要的经销商在通过媒体宣传国产纺织品的优点,采取共同的销售促进活动的同时,委托零售业咨询公司嘉思明(Kurt Salmon)从事提高竞争力的调查。

嘉思明公司在经过了大量充分的调查后指出,虽然纺织品产业供应链系统的各个部分运作效率高,但整个系统的效率却十分低。为此,嘉思明公司建议零售业者和纺织服装生产厂家合作,共享信息资源,建立一个快速反应系统来实现销售额增长。

### 3.1.1.2 快速反应法的含义

快速反应(quick response,QR)是指通过共享信息资源建立一个快速供应体系来实现销售额增长,以达到顾客服务的最大化及库存量、商品缺货、商品风险和减价最小化的目的。QR要求零售商和供应商一起工作,通过共享POS信息来预测商品的未来补货需求,以及不断地监视市场趋势以探索新产品的机会,以便对消费者的需求能更快地做出反应。QR的着重点是对消费者需求做出快速反应。

## 3.1.2 QR成功的条件

在对美国纺织服装业研究的基础上,布莱克·伯恩(Black Burn)认为QR成功的五项条件是:

### 3.1.2.1 改变传统的经营方式,革新经营意识和组织

(1)企业必须改变只依靠独自的力量来提高经营效率的传统经营意识,要树立通过与供应链各方建立合作伙伴关系,努力利用各方资源来提高经营效率的现代经营意识。

(2)零售商在垂直型QR系统中起主导作用,零售店铺是垂直型QR系统的起始点。

(3)通过POS数据等销售信息和成本信息的相互公开和交换来提高各个企业的经营效率。

(4)明确垂直型QR系统内各个企业之间的分工协作范围和形式,消除重复作业,建立有效的分工协作框架。

(5)通过利用信息技术实现事务作业的无纸化和自动化,改变传统的事务作业的方式。

3.1.2.2 开发和应用现代信息处理技术

这些信息技术有商品条形码技术、物流条形码(SCM)技术、电子订货系统(EOS)、POS数据读取系统、EDI系统、预先发货清单(ASN)技术、电子资金支付(EFT)系统、生产厂家管理的库存方式(VMI)、连续库存补充方式(CRP)等。

3.1.2.3 与供应链相关方建立战略伙伴关系

具体内容包括以下两个方面:一是积极寻找和发现战略合作伙伴;二是在合作伙伴之间建立分工和协作关系。合作的目标既要削减库存,又要避免缺货现象的发生,降低商品风险,避免大幅度降价现象发生,减少作业人员和简化事务性作业等。

3.1.2.4 改变传统的对企业商业信息保密的做法

将销售信息、库存信息、生产信息、成本信息等与合作伙伴交流分享,并在此基础上,要求各方一起发现问题、分析问题和解决问题。

3.1.2.5 供应方必须缩短生产周期和商品库存

缩短商品的生产周期,进行多品种、少批量生产和多频度、小数量配送,降低零售商的库存水平,提高顾客服务水平,在商品实际需要将要发生时采用JIT生产方式组织生产,减少供应商的库存水平。

**【案例分析3－1】**

### 沃尔玛的快速响应系统

沃尔玛公司1983年开始采用POS系统,1985年开始建立EDI系统,这两大信息系统的建设为沃尔玛实施QR奠定了技术条件。1986年它与西门诺尔(Seminole)公司和美利肯(Milliken)公司在服装商品方面开展合作,开始建立垂直型的QR系统。当时双方合作的领域仅限于订货业务和付款通知业务。通过EDI系统发出订货明细清单和受理付款通知,来提高订货速度和准确性,并节约相关事务的作业成本。

为了促进零售业内电子商务的发展,沃尔玛与其他商家一起成立了VICS委员会来协商确定零售业内统一的EDI标准和商品识别标准。VICS委员会制定了行业统一的EDI标准、并确定商品识别标准采用UPC商品识别码。沃尔玛基于行业统一标准设计出POS数据的输送格式,通过EDI系统向供应商传送POS数据。供应商基于沃尔玛传送过来的POS信息,可及时了解沃尔玛的商品销售情况、把握商品的需求动向,并及时调整生产计划和材料采购计划。

供应商利用EDI系统在发货之前向沃尔玛传送预先发货清单ASN(advanced shipping notice)。这样,沃尔玛事前可以做好进货准备工作,同时可以省去货物数据的输入作业,使商品检验作业效率化。沃尔玛在接收货物时,用扫描器读取包装箱上的物流条码,把扫描读取的信息与预先储存在计算机内的进货清单ASN进行核对,判断到货和发货清单是否一致,从而简化了检验作业。在此基础上,利用电子支付系统EFT向供应商支付货款。同时只要把ASN数据和POS数据比较,就能迅速知道商品库存的信息。这样做的结果是,沃尔玛不仅节约了大量事务性作业成本,而且还能压缩库存,提高商品周转率。在此阶段,沃尔玛公司开始把QR的应用范围扩大至其他商品和供应商。这些都为沃尔玛实施"天天平价"的价格竞争战略提供了有利条件。

(自来来源:http://www.docin.com/p－62586992.html)

**分析:**这是一个典型建立 QR 系统成功的案例。沃尔玛之所以取得巨大的成功,与其不断采用信息技术特别是 QR 系统的使用是分不开的。不过成功使用 QR 系统,主要是沃尔玛公司 1983 年开始采用 POS 系统,1985 年开始建立 EDI 系统,这两大信息系统的建设为沃尔玛实施 QR 奠定了技术条件。

### 3.1.3　QR 的实施步骤

3.1.3.1　采用条形码和 EDI 技术

零售商首先必须安装通用产品代码(UPC 码)、POS 扫描和 EDI 等技术设备,以加快 POS 机收款速度、获得更准确的销售数据并使信息沟通更加通畅。POS 扫描用于数据输入和数据采集,即在收款检查时用光学方式阅读条形码,获取信息。

3.1.3.2　固定周期补货

QR 的自动补货要求供应商更快、更频繁地运输重新订购的商品,以保证店铺不缺货,从而提高销售额。通过对商品实施快速反应并保证这些商品能敞开供应,零售商的商品周转速度更快,消费者可以选择更多的花色品种。

3.1.3.3　先进的补货联盟

这是为了保证补货业务的流畅。零售商和消费品制造商联合起来检查销售数据,制定关于未来需求的计划和预测,在保证有货和减少缺货的情况下降低库存水平。还可以进一步由消费品制造商管理零售商的存货和补货,以加快库存周转速度,提高投资毛利率。

3.1.3.4　零售空间管理

这是指根据每个店铺的需求模式来规定其经营商品的花色品种和补货业务。一般来说,对于花色品种、数量、店内陈列及培训或激励售货员等决策,消费品制造商也可以参与甚至制定决策。

3.1.3.5　联合产品开发

这一步骤的重点不再是一般商品和季节商品,而是像服装等生命周期很短的商品。厂商和零售商联合开发新产品,其关系的密切超过了购买与销售的业务关系,缩短从新产品概念到新产品上市的时间,而且经常在店内对新产品实时试销。

3.1.3.6　快速响应的集成

通过重新设计业务流程,将前五步的工作和公司的整体业务集成起来,以支持公司的整体战略。最后一步即零售商和消费品制造商重新设计其整个组织、绩效评估系统、业务流程和信息系统,设计的重点围绕着消费者而不是传统的公司职能,它们要求集成的是信息技术。

【知识链接 3－1】

QR 的优点

| QR 对厂商的优点 | QR 对零售商的优点 |
| --- | --- |
| ● 更好的顾客服务<br>● 降低了流通费用<br>● 降低了管理费用<br>● 更好的生产计划 | ● 提高了销售额<br>● 减少了削价的损失<br>● 降低了采购成本<br>● 降低了流通费用<br>● 加快了库存周转<br>● 降低了管理成本 |

### 3.1.4 QR 的实施作用

快速反应关系到一个厂商是否能及时满足顾客的服务需求的能力。信息技术提高了在最短的可能时间内完成物流作业和尽快地交付所需存货的能力，由此就可减少传统上按预期的顾客需求过度地储备存货的情况。快速反应的能力把作业的重点从根据预测和对存货储备的预期，转移到以从装运到装运的方式对顾客需求做出反应方面上来。不过，由于在还不知道货主需求和尚未承担任务之前，存货实际上并没有发生移动，因此，必须仔细安排作业，不能存在任何缺陷。

这里需要指出的是，虽然应用 QR 的初衷是为了对抗进口商品，但是实际上并没有出现这样的结果。相反，随着竞争的全球化和企业经营业务全球化，QR 系统管理迅速在各国企业界扩展。航空运输为国际间的快速供应提供了保证。现在，QR 方法成为零售商实现竞争优势的工具。同时，随着零售商和供应商结成战略联盟，竞争方式也从企业与企业间的竞争转变为战略联盟与战略联盟之间的竞争。

【案例分析 3－2】

欧蓓乐公司的供应链管理

欧蓓乐是在美国专门从事体育服装销售的公司，它主要负责设计高档滑雪服并通过美国的大型商店和体育用品商店销售其产品，其供应商遍布全球。

欧蓓乐公司经营的主要特点：滑雪服装的需求受到天气情况、流行服装的趋势、国民经济状况等因素的影响很大，并具有较强的季节性，每年的服装更新率都在95%以上，是典型的时装性产品；该产品的生命周期极短，预测难度较大，一旦有存货过季，产品便极度贬值；而服装产品的种类、半成品及原材料的种类相当多，在原材料的加工和运输以及产品的配送提前期很长；小批量的订货，较少的市场预测，产能相当有限。

因此，如何确定该公司未来不同产品的生产量，原材料及半成品的库存量和采购量是公司管理经营的首要问题；但缺乏市场信息，决策风险较大，要获取信息很可能推迟决策从而降低了零售商的交货效率，大大影响产品的销售。公司经常出现部分款式或颜色没有被零售商采购，有些产品由于不畅销而降价销售(有时甚至低于成本价格)，而畅销品又经常缺货。因此，有效且准确地预测各种类产品的销售能力是企业成功的关键。

为解决该问题，采用了诸如提前期的缩短、预测方式的改变等有助于改进预测准确性的一系列方法，如：总部使用了计算机来缩短订单的处理时间；在远东建立仓库来应付原材料需求的提前期，一旦出现需求紧急的情况可采用空运代替海运，到了2010年，欧蓓乐公司的总提前期缩短了1个月；在市场信息缺乏的情况下，欧蓓乐公司成立了采购小组来共同进行需求的预测但事实证明这种方式对预测误差的改进并没有很大作用。

欧蓓乐公司的问题引起了哈佛商学院和沃顿商学院教授们的重视，经过调查与研究提出了一种称为"精确响应"的解决策略：

一是将决策小组的集体预测的方式改为决策小组的个人预测方式，据此进行产品需求的概率型预测，预测方差表明了产品风险。当各自的预测值比较接近时，其平均值预测精度较高；反之，各自的预测值不接近时，平均值的预测精度较低。根据预测分析情况，可将产品划分成高预测精度产品与低预测精度产品。

二是初步估计生产过量和生产不足以及库存过量和库存不足导致的费用。

三是将生产（订购）量分成预计性生产量与反应性生产量。预计性生产量是指在观测到任何市场需求之前所确定的生产量；反应性生产量是指在观测到一些市场需求之后所确定的生产量。

四是提出了一种基于风险的生产计划方法，即用预计性生产量生产低风险性的产品；将高风险的产品用反应性生产量来生产，即将高风险的产品推迟到获得更多的市场信息之后，根据用于适时反应的生产能力以及最新的市场信息修改需求预测，从而降低需求不确定性程度，确定最终的生产预测。

"精确响应"的方法在欧蓓乐公司实施之后，因供需不匹配导致的费用下降了一半，总成本下降2%，而利润增加了2/3。

（资料来源：http://www.71p.net/c6571826.html）

**分析**：在企业的生产经营活动中，建立一个快速供应体系来实现销售额增长，以达到顾客服务的最大化及库存量、商品缺货、商品风险和减价最小化的目的，是每个企业都面临和急需解决的问题。案例中提到的公司采用了快速反应方法来协调需求预测与生产之间的关系，收到了良好的效果。

# 任务3.2　有效顾客响应法的系统构建

## 3.2.1　有效顾客响应法产生的背景

有效顾客响应法（ECR）是1993年初由食品业发起的，一些制造商、经纪人、批发商和零售商组成了有共同目标的联合业务小组，其目标是通过降低和消除供应链上的无谓浪费来提高消费者价值。

3.2.1.1　销售增长放慢

20世纪七八十年代，日杂百货行业的增长率放慢了，主要是因为消费者的食品支出降低了，这就迫使零售商为维持市场份额而展开激烈的竞争，竞争的中心集中在增加商品的花色品种上。这种做法进一步降低了存货的周转率和售价，对利润造成了更大压力。

3.2.1.2　权力的转移

另一个主要的变化，是厂商和零售商之间的权力转移。过去，零售商是很分散的地区性行业，现在这种情况发生了很大的变化，因为零售商借助通信技术和信息技术组建了一些全国性的大公司。零售行业的这种整合导致了交易的权力从供应商逐渐转向购买方。

3.2.1.3 敌对关系的产生

由于交易权力的转换，再加上行业增长率的下降引起的激烈竞争，厂商和零售商之间的关系恶化了，甚至到了相互不信任的地步；同时还由于组织效率的低下以及绩效衡量系统的过时，使这种情况进一步恶化。

3.2.1.4 组织职能的紊乱

食品日杂百货行业各个部门和其他部门都是隔绝的，他们只是努力提高自己的效率。由于各部门的激励体系不同，这种隔绝状况持续加深了，有时各部门的工作目标甚至是针锋相对的。厂商和零售商之间的关系也是如此。例如，厂商衡量业绩的一个主要指标是送货的效率，而零售商衡量业绩的主要指标是利润。

3.2.1.5 远期购买和转移购买

为了同时满足零售商和厂商的目标，双方增加了一些新的业务，最终增加了经营成本。厂商采用了促销策略，即报价很高，然后利用节日或为了满足季节送货目标而对高价进行打折，而采购者则通过大量低价购进，在厂商促销期结束后高价卖出的办法获利。这些业务带来了额外的库存、运输和其他成本，但获得额外收益远远抵消了这些成本。

现在这些额外的收益要大打折扣了，为保持竞争优势，现在所有的零售商和批发商都开展了远期购买和转移购买的业务。传统的竞争优势没有了，但额外的成本却仍然存在。

3.2.1.6 附加折扣

为获得更大的竞争优势，大的零售商要求厂商提供其他的好处，如减免费用、返款、减价和特别的促销资金等，结果厂商只好提高他们的价格来弥补附加折扣的成本。

3.2.1.7 自有品牌商品

20 世纪 80 年代末以来自有品牌商品大量涌现。由于日杂百货业的厂商把价格提得很高，以弥补给零售商的所有附加折扣，自有品牌商品对消费者越来越有吸引力。直接从制造商那里进货可大大提高零售商的收益，同时这些商品使用的是零售商的自有品牌，在别处买不到。目前美国自有品牌商品占商品总量的 22%，某些公司的自有品牌商品的比重甚至超过 30%。

3.2.1.8 新的零售形式

在 20 世纪 80 年代末，日杂百货行业又出现了一些新的零售形式，向传统的零售形式发出了挑战。这些新形式包括批发俱乐部、大型综合超市和折扣商店，他们成功的原因是因为强调每日低价、绝对低价进货及快速的存货流转。在 1987 年，76%的食品杂货是通过超市销售的，到 1992 年这一数字跌至 56%，相当于销售额减少了 27 亿美元。这个例子很有代表性，其他商品也都表现出了同样的趋势。

### 3.2.2 ECR 的含义、基本框架及特征

3.2.2.1 ECR 的定义

ECR(efficient consumer response)即“有效客户反应”，它是在杂货分销系统中，分销商和供应商为消除系统中不必要的成本和费用，给客户带来更大效益而进行密切合作的一种供应链管理战略。具体地说，实施 ECR 需要将条码、扫描技术、POS 系统和 EDI 结合起来，在供应链之间建立一个无纸系统，以确保产品能不间断地由供应商流向最终客户，同时信息流能够

在开放的供应链中循环流动。

3.2.2.2 ECR的实施要素

ECR的战略主要集中在以下4个领域，也称为ECR的四大“支柱”，见图3—1。

(1)高效的店内空间安排

实施高效的店内空间安排是指运用ECR系统提高货物的分销效率，使库存和商店的空间使用率最优化。即在有限的店铺空间内，选择最佳的陈列方式，增加畅销商品，减少滞销商品。卡恩(Kahn)和麦卡利斯特(Macalister)的调查发现，通过高效的店内空间安排可以降低物流费用、提高客户满意度，并且确保货架空间最充分的利用，从而提高了生产厂商、分销商和零售商的利润。

(2)高效的商品补充

高效的商品补充是支持整个ECR战略的基础。它运用包括电子数据交换(EDI)、以需求为导向的自动连续补货和计算机辅助订货系统，使补货系统的时间和成本最优化。一份美国杂货业的报告表明，通过执行ECR获得的收益的一大半都来自于高效的商品补充。高效的商品补充开始于准确的POS数据，重点在于在缩短订单周期，并且消除在此过程中的费用，通过努力降低系统的成本，从而降低商品的售价。

(3)高效的促销

高效的促销是指通过运用ECR系统可以提高仓库、运输和生产效率，减少预先购买、供应商库存及仓储费用，使贸易和促销的整个系统效益最高。高效的促销战略主要内容是简化贸易关系，将经营重点从采购转移到销售。快速周转消费品行业现在把更多的时间和金钱用于对促销活动的影响进行评价。消费者则可以从这些新型的促销活动所带来的低成本中获利。

(4)高效的新品开发与市场投入

高效的新品开发与市场投入能正确分析和把握消费者的需求，是ECR的核心。它能够帮助供应商和零售商最有效地开发新产品，更好地满足现有的和潜在的客户需求，进行产品的生产计划，以降低成本。

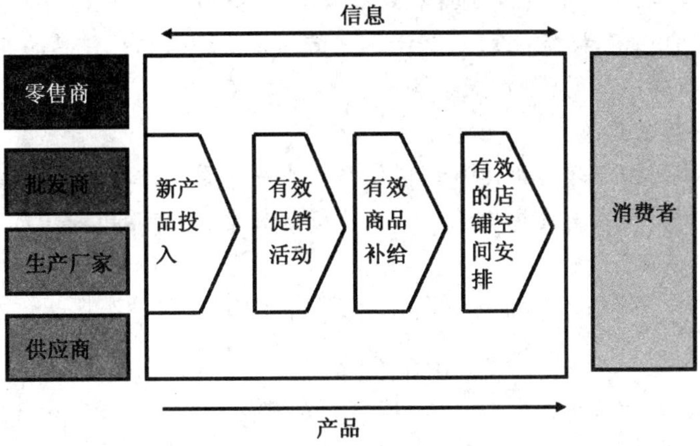


**图3—1 实施ECR的四大要素**

3.2.2.3 ECR的特征

(1)管理意识的创新

传统的产销双方的交易关系是此消彼长的对立型关系，即交易各方以对自己有利的买卖条件进行交易。简单地说，是一种输赢型关系。ECR 要求产销双方的交易关系是一种合作伙伴关系。即交易各方通过相互协调合作，实现以低成本向消费者提供更高价值服务的目标，在此基础上追求双方的利益。简单地说，是一种双赢型(win-win)关系。

(2)供应链整体协调

传统流通活动缺乏效率的主要原因在于厂家、批发商和零售商之间存在企业间联系的非效率性和企业内采购、生产、销售和物流等部门或职能之间联系的非效率性。传统的组织是以部门或职能为中心进行经营活动，以各个部门或职能的效益最大化为目标。这样，虽然能够提高各个部门或职能的效率，但容易引起部门或职能间的摩擦。同样，传统的业务流程中各个企业以各自企业的效益最大化为目标，这样虽然能够提高各个企业的经营效率，但容易引起企业间的利益摩擦。ECR 要求对各部门、各职能以及各企业之间的隔阂，进行跨部门、跨职能和跨企业的管理和协调，使商品流和信息流在企业内和供应链内顺畅地流动。

(3)涉及范围广

既然 ECR 要求对供应链整体进行管理和协调，ECR 所涉及的范围必然包括零售业、批发业和制造业等相关的多个行业。为了最大限度地发挥 ECR 的作用，必须对关联的行业进行分析研究，对组成供应链的各类企业进行管理和协调。

【知识链接 3－2】

**ECR 的应用原则**

应用 ECR 时必须遵守以下 5 个基本原则：

(1)以较少的成本，不断致力于向食品杂货供应链顾客提供更优的产品、更高的质量、更好的分类、更好的库存服务以及更多的便利服务。

(2)ECR 必须由相关的商业带头人启动。该商业带头人应决心通过代表共同利益的商业联盟取代旧式的贸易关系而达到获利之目的。

(3)必须利用准确、适时的信息支持有效的市场、生产及后勤决策。这些信息将以 EDI 的方式在贸易伙伴间自由流动，它将影响以计算机信息为基础的系统信息的有效利用。

(4)产品必须随其不断增值的过程，从生产至包装，直至流动至最终顾客的购物篮中，以确保顾客能随时获得所需产品。

(5)必须建立共同的成果评价体系。该体系注重整个系统的有效性(即通过降低成本与库存以及更好的资产利用，实现更优价值)，清晰地标识出潜在的回报(即增加的总值和利润)，促进对回报的公平分享。

总之，ECR 是供应链各方推进真诚合作来实现消费者满意和实现基于各方利益的整体效益最大化的过程。

### 3.2.3 ECR 系统的构建

ECR 作为一个供应链管理系统，需要把市场营销、物流管理、信息技术和组织革新技术有机结合起来作为一个整体使用，以实现 ECR 的目标。构筑 ECR 系统的具体目标是实现低成本的流通、基础关联设施建设、消除组织间的隔阂、协调合作满足消费者需要。组成 ECR 系统的技术要素主要有营销技术、物流技术、信息技术和组织革新技术。

3.2.3.1 营销技术

在 ECR 系统中采用的营销技术主要是商品类别管理(CM)和店铺货架空间管理(SM)。

商品类别管理是以商品类别为管理单位,寻求整个商品类别全体收益最大化。具体来说,企业对经营的所有商品按类别进行分类,确定或评价每一个类别商品的功能、收益性、成长性等指标。在此基础上,结合考虑各类商品的库存水平和货架展示等因素,制定商品品种计划,对整个商品类别进行管理,以便在提高消费者服务水平的同时增加企业的销售额和收益水平。例如,企业把某类商品设定为吸引顾客的商品,把另一类商品设定为增加企业收益的商品,努力做到在满足顾客需要的同时兼顾企业的利益。商品类别管理的基础是对商品进行分类。分类的标准、各类商品功能和作用的设定依企业的使命和目标不同而不同。但是原则上,商品不应该以是否方便企业来进行分类,而应该以顾客的需要和顾客的购买方法来进行分类。

店铺空间管理是对店铺的空间安排、各类商品的展示比例、商品在货架上的布置等进行最优化管理。在 ECR 系统中,店铺空间管理和商品类别管理同时进行,相互作用。在综合店铺管理中,对于该店铺的所有类别的商品进行货架展示面积的分配,对于每个类别下的不同品种的商品进行货架展示面积分配和展示布置,以便提高单位营业面积的销售额和单位营业面积的收益率。

3.2.3.2 物流技术

ECR 系统要求及时配送(JIT)和顺畅流动。实现这一要求的方法有连续库存补充计划(CRP)、自动订货(CAO)、预先发货通知(ASN)、供应商管理用户库存(VMI)、交叉配送、店铺直送(DSD)等。

连续库存补充计划(CRP)利用及时准确的 POS 数据确定销售出去的商品数量,根据零售商或批发商的库存信息和预先规定的库存补充程序确定发货补充数量和发送时间。以小批量、高频率方式进行连续配送,补充零售店铺的库存,提高库存周转率,缩短周期。

自动订货(CAO)是基于库存和需要信息利用计算机进行自动订货的系统。

预先发货通知(ASN)是生产厂家或者批发商在发货时利用电子通信网络提前向零售商传送货物的明细清单。这样,零售商事前可以做好货物进货准备工作,同时可以省去货物数据的输入作业,使商品检验作业效率化。

供应商管理用户库存(VMI)是生产厂家等上游企业对零售商等下游企业的流通库存进行管理和控制。具体地说,生产厂家基于零售商的销售、库存等信息,判断零售商的库存是否需要补充。如果需要补充的话,自动地向本企业的物流中心发出发货指令,补充零售商的库存。VMI 方法包括 POS、CAO、ASN 和 CRP 等技术。在采用 VMI 的情况下,虽然零售商的商品库存决策主导权由作为供应商的生产厂家把握,但是,在店铺的空间安排、商品货架布置等店铺空间管理决策方面仍然由零售商主导。

交叉配送是在零售商的流通中心,把来自各个供应商的货物按发送店铺迅速进行分拣装车,向各个店铺发货。在交叉配送的情况下,流通中心便是一个具有分拣装运功能的中转型中心,有利于缩短交货周期、减少库存、提高库存周转率,从而节约成本。

店铺直送(DSD)方式是指商品不经过流通配送中心,直接由生产厂家运送到店铺的运送方式。采用店铺直送方式可以保持商品的新鲜度,减少商品运输破损,缩短周期。

3.2.3.3 信息技术

ECR 系统应用的信息技术主要有电子数据交换(EDI)和 POS 销售时点信息。

ECR 系统的一个重要信息技术是 EDI。信息技术最大的作用之一是实现事务作业的无纸化或电子化。利用EDI在供应链企业间传送交换订货发货清单、价格变化信息、付款通知单等文书单据。例如，厂家在发货的同时预先把产品清单发送给零售商，这样零售商在商品到货时，用扫描仪自动读取商品包装上的物流条形码获得进货的实际数据，并自动地与预先到达的商品清单进行比较。因此，使用EDI可以提高事务作业效率。另一方面，利用EDI在供应链企业间传送交换销售时点信息、库存信息、新产品开发信息和市场预测信息等直接与经营有关的信息。例如，生产厂家可利用销售时点信息把握消费者的动向，安排好生产计划；零售商可利用新产品开发信息预先做好销售计划。因此使用EDI可以提高整个企业，乃至整个供应链的效率。

ECR系统的另一个重要信息技术是POS。对零售商来说，通过对在店铺收银台自动读取的POS数据进行整理分析，可以掌握消费者的购买动向，找出畅销商品和滞销商品，做好商品类别管理。可以通过利用POS数据做好库存管理、订货管理等工作。对生产厂家来说，通过EDI利用及时准确的POS数据，可以把握消费者需要，制定生产计划、开发新产品，还可以把POS数据和EOS数据结合起来分析把握零售商的库存水平，进行供应商管理用户库存(VMI)的库存管理。

现在，许多零售企业把POS数据和顾客卡、点数卡等结合起来使用。通过顾客卡可以知道某个顾客每次在什么时间、购买了什么商品、金额多少，到目前为止总共购买了哪些商品、总金额是多少。这样可以分析顾客的购买行为，发现顾客不同层次的需要，做好商品促销等方面的工作。

#### 3.2.3.4 组织革新技术

应用ECR系统不仅需要组成供应链的每一个成员紧密协调和合作，还需要每个企业内部各个部门间紧密协调和合作，因此，成功地应用ECR需要对企业的组织体系进行革新。

在企业内部的组织革新方面，需要把采购、生产、物流、销售等按职能划分的组织形式改变为以商品流程为基本职能的横向组织形式。也就是把企业经营的所有商品按类别划分，对应于每一个商品类别设立一个管理团队，由这些管理团队为核心构成新的组织形式。在这种组织形式中，给每一个商品类别管理设定经营目标(如顾客满意度、收益水平、成长率等)，同时在采购、品种选择、库存补充、价格设定、促销等方面赋予相应的权限。每个管理团队由一个负总责的商品类别管理人和6～7个负责各个职能领域的成员组成。由于商品类别管理团队规模小，内部容易交流，各职能间易于协调。

在组成供应链的企业间需要建立双赢型的合作伙伴关系。具体来讲，厂家和零售商都需要在各自企业内部建立以商品类别为管理单位的组织。这样，双方相同商品类别的管理就可聚集在一起，讨论从材料采购、生产计划到销售状况、消费者动向的有关该商品类别的全盘管理问题。另外，需要在企业间进行信息交换和信息分享。当然，这种合作伙伴关系的建立有赖于企业最高决策层的支持。

#### 3.2.3.4 有效的新产品导入

不管哪一个行业，新产品导入都是一项重要的创造价值的业务。它们能够为消费者带来新的兴趣、快乐，为企业创造新的业务机会。特别是食品工业在这个方面表现得更加活跃。

有效的产品导入包括让消费者和零售商尽早接触到这种产品。首要的策略就是零售商和厂商应为了双方的共同利益而密切合作。这个业务包括把新产品放在一些店铺内进行试销，然后再按照消费者的类型分析试销的结果。根据这个信息决定怎样处理这种新产品，处理办法包括淘汰该产品、改进该产品、改进营销技术、采用不同的分销策略等。

### 3.2.5　QR 与 ECR 的比较

ECR 主要以食品行业为对象，其主要目标是降低供应链各环节的成本，提高效率。而 QR 主要集中在一般商品和纺织行业，其主要目标是对客户的需求做出快速反应，并快速补货。这是因为食品杂货行业与纺织服装行业经营的产品的特点不同：杂货业经营的产品多数是一些功能型产品，每一种产品的寿命相对较长（生鲜食品除外），因此，订购数量的过多（或过少）的损失相对较少；纺织服装业经营的产品多属创新型产品，每一种产品的寿命相对较短，因此，订购数量过多（过少）造成的损失相对较大。

两者共同特征表现为超越企业之间的界限，通过合作追求物流效率变化。具体表现在如下三个方面：

#### 3.2.5.1　贸易伙伴间商业信息的效率

即零售商将原来不公开的 POS 系统单品管理数据提供给制造商或分销商，制造商或分销商通过对这些数据的分析来实现高精度的商品进货、调达计划，降低产品库存，防止出现次品，进一步使制造商能制定、实施所需对应款型的生产计划。

#### 3.2.5.2　商品供应方进一步涉足零售业，提供高质量的物流服务

作为商品供应方的分销商或制造商比以前更接近位于流通最后环节的零售商，特别是零售业的店铺，从而保障物流的高效运作。当然，这一点与零售商销售、库存等信息的公开是紧密相连的，即分销商或制造商所从事的零售补货机能是在对零售店铺销售及在库情况迅速了解的基础上开展的。

#### 3.2.5.3　企业间订货、发货业务全部通过 EDI 来进行

企业间通过积极、灵活运用这种信息通信系统，来促进相互间订货、发货业务的高效化。计算机辅助订货（CAO）、供应商管理库存（VMI）、连续补货（CRP）以及建立产品与促销数据库等策略，打破了传统的各自为政的信息管理、库存管理模式，体现了供应链的集成化管理思想，适应市场变化的要求。

从具体实施情况来看，建立世界通用的唯一的标识系统以及用计算机连接的能够反映物流、信息流的综合系统，是供应链管理必不可少的条件，即在 POS 信息系统基础上确立各种计划和进货流程。也正因为如此，EDI 的导入，从而达到最终顾客全过程的货物追踪系统和贸易伙伴的沟通系统的建立，成为供应链管理的重要因素。

**【知识链接 3－3】**

**ECR 带来哪些方面的利益**

根据欧洲供应链管理委员会的调查报告，接受调查的 392 家公司，其中制造商实施 ECR 后，预期销售额增加 5.3%、制造费减少 2.3%、销售费用减少 1.1%、货仓费用减少 1.3%及总盈利增加 5.5%。而批发商与零售商也有相似的获益：销售额增加 5.4%、毛利增加 3.4%、货仓费用减少 5.9%、存货量减少 13.1%及每平方米的销售额增加 5.3%。由于在流通环节中缩减了不必要的成本，零售商和批发商之间的价格差异也随之降低。这些节约了的成本，最终使消费者受益，各贸易商也在激烈的市场竞争中赢得一定的市场份额。

【案例分析 3－3】

## 雀巢公司和家乐福公司在 ECR 方面的合作

雀巢公司是世界最大的食品公司，总部位于瑞士威伟市（Vevey），由亨利·雀巢（Henri Nestle）于 1867 年创立，目前在全球范围内拥有 200 多家子公司，500 多家工厂，员工总数约有 22 万名，其产品行销 80 多个国家或地区，主要产品涵盖婴幼儿食品、乳制品及营养品、饮料、冰淇淋、冷冻食品及厨房调理食品、巧克力及糖果、宠物食品与药品等。雀巢公司自 1983 年进入台湾地区，1987 年开始进入中国大陆以来，业务发展迅速。

家乐福公司是世界第二大的零售连锁集团，于 1959 年在法国设立，全球有 9 061 家店，24 万名员工。截至 2003 年 3 月，在中国大陆拥有 33 家店，台湾地区家乐福拥有 28 家店，业绩也在不断攀升。

雀巢公司和家乐福公司均在 ECR 方面的推动上下了很大的力气。从 1999 年开始，两家公司在 ECR 方面计划进行更密切的合作，于是在各地的分公司开始进行供应商管理库存（vender management inventory，VMI）示范计划，并希望将相关成果在各自的公司内推广。

台湾地区雀巢公司从 1999 年 10 月开始，积极与家乐福公司合作，建立 VMI 示范计划的整体运作机制，总目标是增加商品的供应率，降低家乐福库存天数，缩短订货前置时间以及降低双方物流作业成本。具体指标包括：雀巢公司对家乐福物流中心的产品到货率达 90%，家乐福物流中心对零售店面的产品到货率达 95%，家乐福物流中心库存天数下降至预设标准，以及家乐福对雀巢公司的建议订货单修改率下降至 10%等具体目标。另外，雀巢公司也希望将新建立的模式扩展至其他销售渠道上加以运用，以加强掌控能力并获得更大规模效益，而家乐福也会与更多的重点供应商进行相关合作。

整个计划是在一年之内，建立一套 VMI 的运作环境，并且可以循环执行。具体而言，分为两个阶段：

第一个阶段包括确立双方投入资源，建立评估指标，就所需条件进行谈判，确定整个运作方式以及系统配置。时间约半年。

第二个阶段为后续的半年，修正系统与运作方式，使之趋于稳定，并根据评估指标不断进行问题寻找与改善，直至自动运行为止。

在人力投入方面，雀巢公司与家乐福双方均设置了一个协调机构，其他部门如物流、采购、信息等部门则是以协助的方式参与。在经费的投入上，家乐福公司主要是在 EDI 系统建设的花费，雀巢公司除了 EDI 系统建设外，还引进了一套 VMI 系统。

在计划的实际执行上，还可细分为以下五个子阶段：

(1)评估双方的运作方式与系统在合作上的可行性；

(2)一把手的推动与团队建立；

(3)沟通协调系统的建立；

(4)同步化系统与自动化流程；

(5)持续性训练与改进。

在系统建设方面，雀巢公司与家乐福双方均采用 EDI 网络的方式来进行资料传输，而在雀巢公司的 VMI 管理系统部分，则采取外购产品的方式来建设。雀巢公司在家乐福、法国及其他国家雀巢公司的建议下，充分考虑系统需求特性后，最后选用了 Infule 的 EWR 的产品。

经过近一年的推进实施，雀巢公司和家乐福公司整个 VMI 运作方式逐渐形成了如下五个步骤的运作模式：每日9:30以前，家乐福用EDI方式传送结余库存与出货资料等信息到雀巢公司；9:30～10:30，雀巢公司将收到的资料合并至EWR的销售资料库系统中，并产生预估的补货需求，系统将预估的需求量写入后端的BPCS ERP系统，依实际库存量计算出可行的订货量，产生建议订单；10:30前，雀巢公司以EDI方式传送建议订单给家乐福公司；10:30～11:00，家乐福公司在确认订单并进行必要的修改后回传至雀巢公司；11:00～11:30雀巢公司依据确认后的订单进行拣货与出货。

除了建设一套VMI运作系统与方式外，在具体目标方面也达成了显著成果：雀巢公司对家乐福物流中心的产品到货率由原来的80%左右提升到95%；家乐福物流中心对零售店面的产品到货率也由70%左右提升至90%左右，而且仍在继续改善中；库存天数由原来的25天左右下降至目标值以下；在订单修改率方面也由60%～70%的修改率下降至10%以下。

而对雀巢公司来说最大的收获却是在与家乐福合作的关系上。过去与家乐福是单向的买卖关系，家乐福享受着大客户的种种优惠，雀巢公司则尽力推出自己的产品，这样，彼此都忽略了真正的市场需求，从而导致卖得好的商品经常缺货，而不畅销的商品却库存积压。经过这次合作，双方有了更多的相互了解，也有了共同解决问题的意愿，并使原本各项问题的症结点一一浮现，这对从根本上改进供应链的整体效率非常有利。而同时，雀巢公司也开始考虑将VMI系统运用到其他销售渠道。

（资料来源：http://www.docin.com/p－467557825.html）

**分析：**要推动ECR的落实，需要把握以下几个关键点才能有预期成效。

(1)首先是经营理念的转变。在ECR的推动过程中，如果没自上而下的发动和督促，在供应商和零售商之间长期以来形成的惯性无法打破，ECR的理念再好，也将使得ECR成为一个不可实现的目标。

(2)团队精神不可或缺。在ECR的实施与运用过程中，往往因供应商与零售商的价格对立关系以及系统和运作方式的不同，而很难有具体的合作运用。供应商和零售商彼此的执行人员均习惯于过去的买卖关系，难以产生对等和互相信任的态度，并且由于参与VMI示范计划的大部分人员没有完整的相关知识与实务经验，再加上彼此既有的运用方式的显著差异，大大增加了VMI示范计划执行的复杂与困难程度。在这个漫长的发展过程中，双方参与人员的团队精神便成了ECR实施过程中至关重要的一个因素。雀巢公司和家乐福公司的VMI示范计划参与人员同样经历了一个团队的形成过程，在历经了沉默、争吵与对立等等过程之后，直到彼此有共同的认知与分享意愿，参与人员彼此互相学习。正是由于逐步发挥作用的团队精神，才使得雀巢公司和家乐福公司最终能从该项目中获益。

(3)信息技术的运用要面向经营核心。如果信息技术的运用和电子商务只是将既有的作业电子化与自动化，它能带来的意义只限于作业成本的减少，唯有面向经营的本质发挥作用，才能使公司产生较大幅度的效益提升。对流通业而言，这种本质改善就是ECR。雀巢公司与家乐福公司的VMI示范计划就是其中的一种应用，透过经营模式的改变而逐步改善库存和供货效率。从供应链的角度看，ECR更可能影响整个后端的工厂制造与前端店面之间生产与库存效率的提升。然而，所有这些工作中最难的是创造合作的氛围，唯有上下游双方均有宏观的思考，愿意共同合作，才会有进步和成功的可能。雀巢公司与家乐福公司的合作计划虽然还有很长的路要走，但是却给我们一个很好的示范。

# 任务3.3 协同规划、预测和连续补货的方法

## 3.3.1 协同规划、预测和连续补货的方法产生的背景

随着经济环境的变迁、信息技术的进一步发展以及供应链管理逐渐为全球所认同和推广，供应链管理开始更进一步地向无缝连接转化，促使供应链的整合程度进一步提高。

高度供应链整合的项目就是沃尔玛所推动的CFAR和CPFR，这种新型系统不仅是对企业本身或合作企业的经营管理情况给予指导和监控，更是通过信息共享实现联动的经营管理决策。

CFAR(collaborative forecast and replenishment)是利用Internet，通过零售企业与生产企业的合作，共同做出商品预测，并在此基础上实行连续补货的系统。CPFR是在CFAR共同预测和补货的基础上，进一步推动共同计划的制定，即不仅合作企业实行共同预测和补货，同时将原来属于各企业内部事务的计划工作(如生产计划、库存计划、配送计划、销售规划等)也由供应链各企业共同参与。

## 3.3.2 CPFR的定义

CPFR(collaborative planning，forecasting and replenishment)即协同规划、预测与补货。CPFR是一种协同式的供应链库存管理技术，它能同时降低销售商的存货量，增加供应商的销售量。CPFR的最大优势是能及时准确地预测由各项促销措施或异常变化带来的销售高峰和波动，从而使销售商和供应商都能做好充分的准备，赢得主动。CPFR采取了双赢的原则，始终从全局的观点出发，制定统一的管理目标以及实施方案，以库存管理为核心，兼顾供应链上其他方面的管理。因此，CPFR能在合作伙伴之间实现更加深入广泛的合作。

## 3.3.3 CPFR的特点

### 3.3.3.1 协同

CPFR要求双方长期承诺公开沟通、信息分享，从而确立其协同性的经营战略。

协同的第一步就是保密协议的签署、解决纠纷机制的建立、供应链计分卡的确立以及共同激励目标的形成。在确立协同性目标时，不仅要建立起双方的效益目标，更要确立协同的盈利驱动性目标。只有这样，才能使协同性体现在流程控制和价值创造的基础之上。

### 3.3.3.2 规划

CPFR要求有合作规划(品类、品牌、分类、关键品种等)以及合作财务(销量、订单满足率、定价、库存、安全库存、毛利等)。此外，为了实现共同的目标还需要双方协同制定促销计划、库存政策变化计划、产品导入和中止计划以及仓储分类计划。

### 3.3.3.3 预测

CPFR强调买卖双方必须做出最终的协同预测。CPFR所推动的协同预测不仅关注供应链双方共同做出最终预测，同时也强调双方都应参与预测反馈信息的处理和预测模型的制定和修正，特别是如何处理预测数据的波动等问题。最终实现协同促销计划是实现预测精度提高的关键。

3.3.3.4 补货

销售预测必须利用时间序列预测和需求规划系统转化为订单预测，并且供应方约束条件，如订单处理周期、前置时间、订单最小量、商品单元以及零售方长期形成的购买习惯等都需要供应链双方加以协商解决。协同运输计划也被认为是补货的主要因素。

例外状况出现的比率、需要转化为存货的百分比、预测精度、安全库存水准、订单实现的比例、前置时间以及订单批准的比例，这些都需要在双方公认的计分卡基础上定期协同审核。

## 3.3.4 CPFR 供应链的实施

3.3.4.1 CPFR 供应链的体系结构

CPFR 供应链的体系结构包括决策层、运作层、内部管理层和系统管理层。

决策层：主要负责管理合作企业领导层，包括企业联盟的目标和战略的制定、跨企业的业务流程的建立、企业联盟的信息交换和共同决策。

运作层：主要负责合作业务的运作，包括制定联合业务计划、建立单一共享需求信息、共担风险和平衡合作企业能力。

内部管理层：主要负责企业内部的运作和管理，包括商品或分类管理、库存管理、商店运营、物流、顾客服务、市场营销、制造、销售和分销等。

系统管理层：主要负责供应链运营的支撑系统和环境管理及维护。

3.3.4.2 CPFR 实施的框架和步骤

(1)识别可比较的机遇

CPFR 有赖于数据间的比较，这既包括企业间计划的比较，又包括一个组织内部新计划与旧计划以及计划与实际绩效之间的比较，这种比较越详细，CPFR 的潜在收益越大。

在识别可比较的机遇方面，关键在于：

①订单预测的整合：CPFR 为补货订单预测和促销订单提供了整合、比较的平台，CPFR 参与者应该搜集所有的数据资源和拥有者，寻求一对一的比较。

②销售预测的协同：CPFR 要求企业在周计划促销的基础上再做出客户销售预测，并将这种预测与零售商的销售预测相对照，就可能有效地避免销售预测中没有考虑促销、季节因素等产生的差错。

CPFR 的实施，要求 CPFR 与其他供应和需求系统相整合。对于零售商，CPFR 要求整合比较的资源有商品销售规划、分销系统、店铺运作系统；对于供应商而言，CPFR 需要整合比较的资源有 CRM、APS 以及 ERP；CPFR 的资源整合和比较，不一定都要求 CPFR 系统与其他应用系统的直接相连，但是这种比较的基础至少是形成共同的企业数据库，即这种数据库的形成是来源于不同企业计划系统在时间整合以及共同的数据处理基础上产生的。

(2)数据资源的整合运用

①不同层面的预测比较。不同类型的企业由于自身的利益所驱使，计划的关注点各不相同，造成信息的来源不同，不同来源的信息常常产生不一致。CPFR 要求协同团队寻求到不同层面的信息，并确定可比较的层次。例如，一个供应商提供四种不同水果香味的香水，但是零售商不可能对每一种香味的香水进行预测。这时供应商可以输入每种香味的预测数据。CPFR 解决方案将这些数据搜集起来，并与零售商的品类预测相比较。

②商品展示与促销包装的计划。CPFR 系统在数据整合运用方面一个最大的突破在于它对每一个产品进行追踪，直到店铺，并且销售报告以包含展示信息的形式反映出来，因而预测

和订单的形式不再是需要多少产品，而且包含了不同品类、颜色及形状等特定展示信息的东西。这样数据之间的比较不再是预测与实际绩效的比较，而是建立在单品基础上，包含商品展示信息的比较。

③时间段的规定。CPFR在整合利用数据资源时，非常强调时间段的统一。由于预测、计划等行为都是建立在一定时间段基础上，所以，如果交易双方对时间段的规定不统一，就必然造成交易双方的计划和预测很难协调。

供应链参与者需要就管理时间段的规定进行协商统一，诸如预测周期、计划起始时间、补货周期等。

(3)组织评判

一旦供应链参与方有了可比较的数据资源，他们必须建立一个企业特定的组织框架体系以反映产品和地点层次、分销地区以及其他品类计划的特征。

企业往往在现实中采用多种组织管理方法，CPFR能在企业清楚界定组织管理框架后，支持多体系的并存，体现不同框架的映射关系。

(4)商业规则界定

当所有的业务规范和资源的整合以及组织框架确立后，最后在实施CPFR的过程中需要决定的是供应链参与方的商业行为规则。这种规则主要表现在例外情况的界定和判断。

**表3—1 实施框架和步骤**

| 名称 | 说明 |
| --- | --- |
| 识别可比较的机遇 | 订单预测的整合 |
| | 销售预测的协同 |
| 数据资源的整合运用 | 不同层面的预测比较 |
| | 商品展示与促销包装的计划 |
| | 时间段的规定 |
| 组织评判 | |
| 商业规则界定 | |

# 任务3.4 企业资源计划

## 3.4.1 企业资源计划概述

### 3.4.1.1 企业资源计划的产生

企业资源计划(enterprise resource planning，ERP)的产生可追溯到物料需求计划(MRP)和准时化运作(JIT)。1970年在APICS的学术年会上，首先提出了物料需求计划的概念和基本框架，并得到APICS的大力支持和推广。物料需求计划是根据市场需求预测和顾客订单制定产品的生产计划，然后基于产品生成进度计划，组成产品的材料结构表和库存状况，通过计算机计算所需材料的需求量和需求时间，从而确定材料的加工进度和订货日程的一种实用技术。

在实施MRP时，与市场需求相适应的销售计划是MRP成功的最基本的要素。如果销售领域能准确、及时提供每个时间段的最终产品需求的数量和时间，则企业就能充分发挥MRP的功能，有效地实现MRP的目标。从这一思路出发，人们把MRP的原理应用到流通领域，发展出营销渠道需求计划DRP，即(配送)分销需求计划。

1981年在物料需求计划的基础上，将MRP的领域由生产、材料和库存管理扩大到营销、财务和人事管理等方面，提出了制造资源计划(MRPⅡ)。

随着全球化经济的形成，社会消费水平和消费结构的深刻变革，产品呈多样性、个性化、系统化和国际化的特征，以面向企业内部信息集成为主，单纯强调离散制造环境和流程环境的MRPII系统已不能满足全球化经营管理的要求。因为随着网络通信技术的迅速发展和广泛应用，为了实现柔性制造，迅速占领市场，取得高回报率，生产企业必须转换经营管理模式，改变传统的"面向生产经营"的管理方式，转向"面向市场和顾客生产"，注重产品的研究开发、质量控制、市场营销和售后服务等环节，把经营过程的所有参与者，如供应商、客户、制造工厂、分销商网络纳入一个紧密的供应链中。

企业资源规划ERP就是在MRPⅡ和JIT的基础上，通过前馈的物流和反馈的物流和资金流，把客户需求和企业内部的生产活动，以及供应商的制造资源结合在一起，体现完全按用户需求制造的一种供应链管理思想的功能网链结构模式。

作为一项重要的供应链管理的运作技术，ERP在整个供应链的管理过程中，更注重对信息流和资金流的控制；同时，通过企业员工的工作和业务流程，促进资金、物料的流动和价值的增值，并决定了各种流的流量和流速。ERP已打破了MRPⅡ只局限在传统制造业的格局，并把它的触角伸向各行各业，如金融业、高科技产业、通信业、零售业等，从而使ERP的应用范围大大扩展。

3.4.1.2　ERP的含义

ERP是指建立在信息技术基础上，以系统化的管理思想，为企业决策层及员工提供决策运行手段的管理平台。它是从MRP(物料需求计划)发展而来的新一代集成化管理信息系统，它扩展了MRP的功能，其核心思想是供应链管理。ERP是一个由美国著名管理咨询公司加特纳集团(Gartner Group Inc.)于1990年提出的企业管理概念。企业资源计划最初被定义为应用软件，但迅速为全世界商业企业所接受。现在已经发展成为一个重要的现代企业管理理论，也是一个实施企业流程再造的重要工具。它把企业的物流、人流、资金流、信息流统一起来进行管理，以求最大限度地利用企业现有资源，实现企业经济效益的最大化。

ERP是一种集销售、采购、制造、成本、财务、服务和质量等管理功能为一体，以市场需求为导向，以实现企业内外资源优化配置、消除生产经营中一切无效的劳动和资源，实现信息流、物流、资金流的集成与提高企业竞争力为目标，以计划与控制为主线，以网络和信息技术为平台，面向供应链管理的现代企业管理思想、方法和工具。

可以从管理思想、管理信息系统、软件产品三个层次理解ERP的含义：

(1)从管理思想角度

ERP是由美国著名的IT咨询和评估公司加特纳集团提出的一整套企业管理系统体系标准，实质是在制造资源计划(MRPⅡ)基础上进一步发展而成的面向供应链(supply chain)的管理思想。

(2)从管理信息系统的角度

ERP是整合了企业管理理念、业务流程、基础数据、人力物力以及计算机软、硬件于一体的企业资源管理信息系统(information management system,MIS)。

(3)从软件产品角度

ERP是综合应用了C/S或B/S体系结构、大型数据库、面向对象技术(OOP)、图形用户界面(GCI)、第四代语言(4GL)、网络通信等信息技术成果,面向企业信息化管理的软件产品。

3.4.1.3 ERP系统的管理思想

ERP的核心思想是实现整个供应链和企业内部业务流程的有效管理。ERP系统的总流程图如图3—2所示。

(1)体现了对整个供应链资料进行有效管理的思想,实现了对整个企业供应链上的人财物等所有资源及其流程的管理。

(2)体现了精益生产、同步工程和敏捷制造的思想。面对激烈的竞争,企业需要运用同步工程组织生产和敏捷制造,保持产品高质量、多样化、灵活性,实现精益生产。

(3)体现事先计划与事中控制的思想。ERP系统中的计划体系主要包括生产计划、物料需求计划、能力需求计划等。

(4)体现业务流程管理的思想。为提高企业供应链的竞争优势,必然带来企业业务流程的改革,而系统应用程序的使用也必须随业务流程的变化而做相应调整。

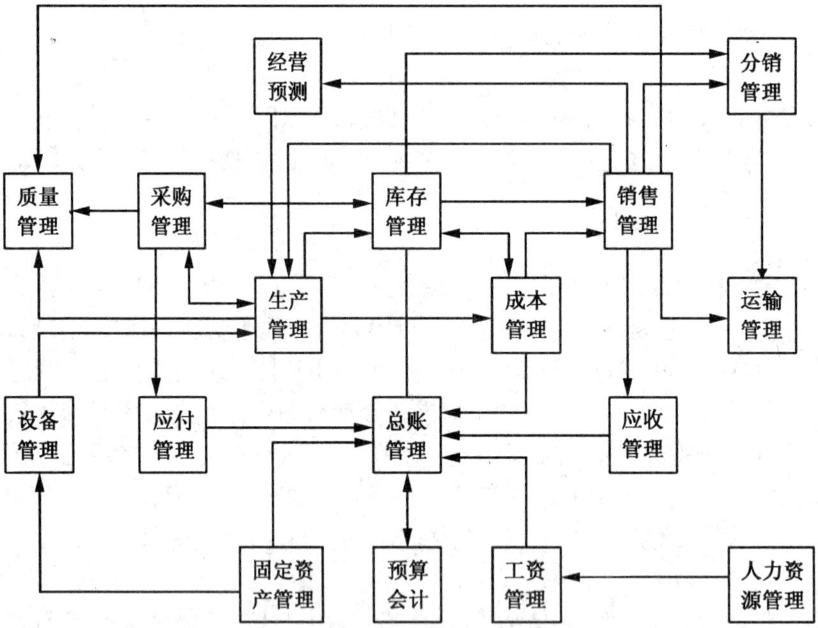


图3—2 ERP系统的总流程图

3.4.1.4 ERP的计划层次

ERP的计划层次如图3—3所示,是由计划驱动的。它有五个层次:

(1)经营计划(宏观层次):企业的战略规划,总目标的具体体现。

(2)销售与运作计划S&OP(宏观层次):根据经营计划目标,确定企业一类产品在1～3年内,每年每月生产多少及需要哪些资源。

(3)主生产计划MPS(宏观向微观过渡层次):以生产计划大纲为依据,按时间段计划企业应生产的最终产品的数量和交货期，并在生产需求与可用资源之间做出平衡。

(4)物料需求计划(MRP)(微观层次开始)：根据主生产计划对最终产品的需求数量和交货期，推导出构成产品的零部件及材料的需求量和需求日期，直至导出自制零部件的制造订单下达日期和采购件的采购订单发放日期，并进行需求资源和可用能力资源之间的进一步平衡。

(5)车间作业计划和采购作业计划(微观层次)：车间作业计划也叫车间作业控制，其任务就是根据MRP生成的零部件生产计划编制工序排产计划。对于采购件，则编制出物料采购计划，但采购作业计划不涉及企业本身的能力资源。

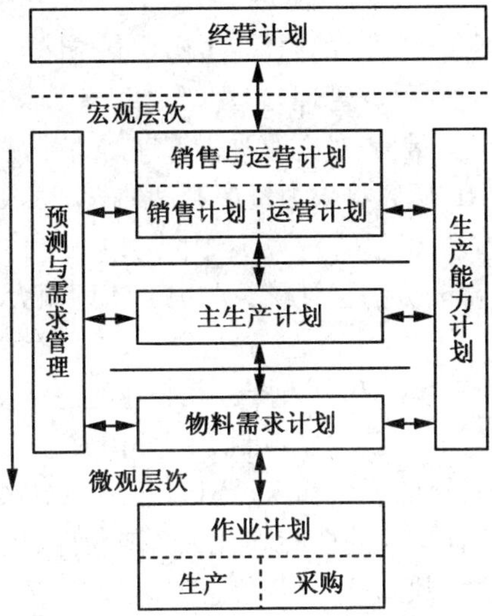


图3—3 ERP的计划层次

【知识链接3—4】

## 基于信息系统的业务流程再造

企业应从物流、生产、营销、财务、新产品开发等一体化经营角度进行企业发展战略定位。经过战略的调整，突出信息系统管理再造的重要性。企业的信息系统就像一个人的神经系统，信息系统通畅了，企业运作才能良好。信息系统的建设主要应做好两方面的工作：一是优化、升级原有的MRPⅡ系统，面向制造生产，解决物料相关需求的问题，通过MPS、MRP、RCCP、CRP等系统的优化来达到生产物流的畅通；二是新建企业分销资源计划(DRP)系统，实现动态、多级库存管理，动态销售管理，客户订单管理，动态信用控制，物商分流及动态财务管理等。

为此，应从以下几个方面先期进行管理变革和流程再造：

(1)建立全新的信息系统。一个典型的、设备先进的流程型制造企业的信息系统模型包括6个部分：ERP系统(企业资源计划)、CRM系统(客户关系管理)、SCM系统(供应链管理)、PDM系统(产品数据管理)、MES系统(制造执行系统)、T&L系统(运输与后勤)。

(2)实现数据的统一编码。如在基础数据管理方面实行统一编码，如物品代码、客户代码、仓库代码、业务作业员代码等；在单据管理方面，取消原物品借用单、原送货计划单、手工发货计划单，新建客户提货单、客户退货单、移库申请单、直发客户送货清单、其他出库单等单据；通过信用额度控制、回款时间控制等建立客户提/发货信用管理机制，并且统一客户销售类型。

(3)生产流程再造。企业所有的业务都通过MRPII、DRP系统进行管理，包括销售公司生产订单的下达，生产部门生产计划、原材料/配件请购单的制定，采购部门采购订单的生成制定和物流部门收发货计划制定，等等。

(4)销售流程再造。针对DRP系统进行销售流程再造，包括销售公司各机构和VIP客户销售预测、月销售计划的制定、客户订单管理、经销商销售终端记录管理，物流部客户提货管理、发货计划/送货计划管理、库存业务管理、向第三方物流公司或企业自营库发出的物流作业指令管理及财务部门的财务管理等。

### 3.4.2 ERP系统的核心内容

在ERP系统中，一般包括三个方面的内容：生产控制(计划、制造)、物流管理(分销、采购、库存管理)和财务管理(会计核算、财务管理)。这三大系统本身就是集成体，它们互相之间有相应的接口，能够很好地整合在一起来对企业进行管理。另外，随着企业对人力资源管理重视的加强，已经有越来越多的ERP厂商将人力资源管理纳入了ERP系统。

3.4.2.1 财务管理模块

一般的ERP软件的财务部分分为会计核算与财务管理两大块。

(1)会计核算

会计核算主要是记录、核算、反映和分析资金在企业经济活动中的变动过程及其结果。它由总账、应收账、应付账、现金、固定资产、多币制等部分构成。

总账模块：它的功能是处理记账凭证输入、登记，输出日记账、一般明细账及总分类账，编制主要会计报表。它是整个会计核算的核心，应收账、应付账、固定资产核算、现金管理、工资核算、多币制等各模块都以其为中心进行互相信息传递。

应收账模块：是指企业应收的由于商品赊欠而产生的正常客户欠款账。它包括发票管理、客户管理、付款管理、账龄分析等功能。它和客户订单、发票处理业务相联系，同时将各项事件自动生成记账凭证，导入总账。

应付账模块：会计里的应付账是企业应付购货款等账，包括发票管理、供应商管理、支票管理、账龄分析等。它能够和采购模块、库存模块完全集成以替代过去繁琐的手工操作。

现金管理模块：它主要是对现金流入流出的控制以及零用现金及银行存款的核算。它包括对硬币、纸币、支票、汇票和银行存款的管理。在ERP中提供票据维护、票据打印、付款维护、银行清单打印、付款查询、银行查询和支票查询等与现金有关的功能。此外，它还和应收账、应付账、总账等模块集成，自动产生凭证，过入总账。

固定资产核算模块：即完成对固定资产的增减变动以及折旧有关基金计提和分配的核算工作。它能够帮助管理者对目前固定资产的现状有所了解，并能通过该模块提供的各种方法来管理资产，以及进行相应的会计处理。它的具体功能有：登录固定资产卡片和明细账，计算折旧，编制报表，以及自动编制转账凭证，并转入总账。它和应付账、成本、总账模块集成。

多币制模块：这是为了适应当今企业的国际化经营，对外币结算业务的要求增多而产生的。多币制将企业整个财务系统的各项功能以各种币制来表示和结算，且客户订单、库存管理及采购管理等也能使用多币制进行交易管理。多币制和应收账、应付账、总账、客户订单、采购等各模块都有接口，可自动生成所需数据。

工资核算模块：自动进行企业员工的工资结算、分配、核算以及各项相关经费的计提。它能够登录工资、打印工资清单及各类汇总报表，计算计提各项与工资有关的费用，自动做出凭证，导入总账。这一模块是和总账、成本模块集成的。

成本模块：它将依据产品结构、工作中心、工序、采购等信息进行产品的各种成本的计算，以便进行成本分析和规划，还能用标准成本或平均成本法按地点维护成本。

(2)财务管理

财务管理的功能主要是基于会计核算的数据，再加以分析，从而进行相应的预测、管理和控制活动。它侧重于财务计划、控制、分析和预测：

财务计划：根据前期财务分析做出下期的财务计划、预算等。

财务分析：提供查询功能和通过用户定义的差异数据的图形显示进行财务绩效评估、账户分析等。

财务决策：财务管理的核心部分，中心内容是做出有关资金的决策，包括资金筹集、投放及资金管理。

3.4.2.2　生产控制管理模块

生产控制管理模块是ERP系统的核心所在，是一个以计划为导向的先进生产、管理方法。首先，企业确定它的一个总生产计划，再经过系统层层细分后，下达到各部门去执行。即生产部门以此生产，采购部门按此采购等。

(1)主生产计划

它是根据生产计划、预测和客户订单的输入来安排将来各周期中提供的产品种类和数量，将生产计划转为产品计划，在平衡了物料和能力的需要后，精确到时间、数量的详细的进度计划。它是企业在一段时期内的总活动的安排，是一个稳定的计划，是以生产计划、实际订单和对历史销售分析得来的预测而产生的。

(2)物料需求计划

在主生产计划决定生产多少最终产品后，再根据物料清单，把整个企业要生产的产品的数量转变为所需生产零部件的数量，并对照现有的库存量，可得到还需采购多少、生产多少、加工多少的最终数量。这才是整个部门真正依照的计划。

(3)能力需求计划

它是在得出初步的物料需求计划之后，将所有工作中心的总工作负荷，在与工作中心的能力平衡后产生的详细工作计划，用以确定生成的物料需求计划是否是企业生产能力上可行的需求计划。能力需求计划是一种短期的、当前实际应用的计划。

(4)车间控制

这是随时间变化的动态作业计划，是将作业排序，再进行作业分配到具体各个车间、作业管理、作业监控。

(5)制造标准

在编制计划中需要许多生产基本信息，这些基本信息就是制造标准，包括零件、产品结构、工序和工作中心，都用唯一的代码在计算机中识别。

3.4.2.3　物流管理模块

(1)分销管理

销售的管理是从产品的销售计划开始，对其销售产品、销售地区、销售客户各种信息的管理和统计，并可对销售数量、单价、金额、利润、绩效、客户服务做出全面的分析。可见，在分销管理模块中大致有以下三方面的功能。

对于客户信息的管理和服务：它能建立一个客户信息档案，对其进行分类管理，进而对其进行针对性的客户服务，以达到最高效率地保留老客户、争取新客户。在这里，要特别提到的就是 CRM 软件，即客户关系管理，ERP 与它的结合必将大大增加企业的效益。

对于销售订单的管理：销售订单是 ERP 的入口，所有的生产计划都是根据它下达并进行排产的。而销售订单的管理贯穿了产品生产的整个流程。

对于销售的统计与分析：这是系统根据销售订单的完成情况，依据各种指标做出统计，比如客户分类统计、销售代理分类统计等，再就这些统计结果来对企业实际销售效果进行评价。

(2)库存控制

用来控制存储物料的数量，以保证稳定的物流支持正常的生产，但又最小限度地占用资本。它是一种相关的、动态的及真实的库存控制系统。它能够结合、满足相关部门的需求，随时间变化动态地调整库存，精确反映库存现状。

(3)采购管理

确定合理的订货量、优秀的供应商和保持最佳的安全储备。能够随时提供订购、验收的信息，跟踪和催促外购或委外加工的物料，保证货物及时到达。建立供应商的档案，用最新的成本信息来调整库存的成本。

3.4.2.4 人力资源管理模块

(1)人力资源规划辅助决策

对于企业人员、组织结构编制的多种方案，进行模拟比较和运行分析，并辅之以图形的直观评估，辅助管理者做出最终决策。

制定职务模型，包括职位要求、升迁路径和培训计划，根据担任该职位员工的资格和条件，系统会提出针对该员工的一系列培训建议，一旦机构改组或职位变动，系统会提出一系列的职位变动或升迁建议。

进行人员成本分析，可以对过去、现在、将来的人员成本做出分析及预测，并通过 ERP 集成环境，为企业成本分析提供依据。

(2)招聘管理

进行招聘过程的管理，优化招聘过程，减少业务工作量。

对招聘的成本进行科学管理，从而降低招聘成本。

为选择聘用人员的岗位提供辅助信息，并有效地帮助企业挖掘人才资源。

(3)工资核算

能根据公司跨地区、跨部门、跨工种的不同薪资结构及处理流程制定与之相适应的薪资核算方法。

与时间管理直接集成，能够及时更新，对员工的薪资核算动态化。

通过和其他模块的集成，自动根据要求调整薪资结构及数据。

(4)工时管理

根据本国或当地的日历，安排企业的运作时间以及劳动力的作息时间表。

运用远端考勤系统，可以将员工的实际出勤状况记录到主系统中，并把与员工薪资、奖金有关的时间数据导入薪资系统和成本核算中。

(5)差旅核算

系统能够自动控制从差旅申请、差旅批准到差旅报销整个流程，并且通过集成环境将核算数据导入财务成本核算模块中。

【案例分析 3－4】

### 实施 ERP 系统给华泰集团带来的变化

华泰集团是拥有总资产 300 亿元、造纸产能 400 万吨、化工产能 200 万吨、全国 10 多个产业、52 个分子公司的全球最大的高档新闻纸生产基地、全国最大的盐化工基地。

为了更好地实现集团管控，2009 年 9 月引进的用友 NC-ERP 系统，目前为止有 52 个法人公司上线，实施了 100 多个业务子模块，梳理了 120 多个业务流程，建立了 260 多个系统电子台账、300 多张系统报表；建立 4 个集中、5 个统一、6 个深化、7 个体系的集团化管理信息和决策支持系统，真正实现了财务业务一体化、订单生产集成化、客户和供应商协同化、生产与管理对接数字化、高层战略决策智能化。

实施的 ERP 系统对于华泰集团各个环节所带来的改变如下：

改变一：规范基础，实现精细化管理。基础物料从 8 万种规范到 3.4 万种；客户档案从 7 994家规范到 2 127 家；供应商从 6 000 余家规范到 3 000 家；会计科目由 11 863 种规范至 389 种；等等。这些数据都是信息化在基础应用层面带来的最直观的改变——基础档案统一分类编码、命名、添加、使用。

改变二：加强协同，实现企业一体化供应链。通过条码与产品出入库集成，大大提高出入库效率和现存量的准确性，出入库时间由 2～4 小时/天减少到 1 分钟/天以内，即实现实时出入库，保管人员压缩 30%～50%。另外还实现了产品发货与销售、物流、计量和财务的协同，整个一体化的集成应用，以避免多发货、发错货、运费多结算的漏洞。发货及结算准确率提高到 100%，效率至少提高 50%。

改变三：加强管控，降低经营风险。通过资金集中监控和收支两条线管理模式，年可节约或降低财务费用、成本达 3 000 万元以上。资金管控能力的加强，一方面是资金的安全性提高，另一方面最显现的结果就是资金利用效果有了明显的提升。

（资料来源：http://www.cbismb.com/casehtml/486.htm）

**分析**：华泰集团实施的 ERP 系统，规范基础，实现精细化管理；加强协同，实现企业一体化供应链；加强管控，降低经营风险，取得了物料规范、发货及时和节省财务等效果。

## ● 基本训练

**一、知识题**

（一）阅读理解

（1）简述 QR 的实施步骤。

（2）ECR 系统的构建包括哪些技术？

（3 什么是 CPFR？CPFR 的特点是什么？

（4）试述 ERP 的核心管理思想。

（二）知识应用

1. 判断题

（1）有效顾客反应（ECR）主要是服装行业的供应链营销战略。（　）

（2）QR 的成功实施离不开现代信息技术的应用。（　）

（3）ERP 只能在制造业得到应用。（　）

（4）CPFR 强调买卖双方各自做出最终的预测。（　）

(5)ERP 是在 MRP 的基础之上发展而来的。 ( )

2. 选择题

(1)QR 要求零售商和供应商一起工作,通过共享( )来预测商品的未来补货需求。

A. 客户信息 B. 市场信息 C. POS 信息 D. 生产信息

(2)CAO 表示( )。

A. 电子收款系统 B. 自动订货系统 C. 财务系统 D. 电子数据系统

(3)ECR 指的是( )。

A. 快速反应 B. 有效顾客响应 C. 企业资源计划 D. 价值链分析

(4)将企业关注点从内部信息扩展到整个供应链的是( )。

A. MRP B. MRPⅡ C. BPR D. ERP

**二、技能题(小项目)**

北京如风达快递有限公司成立于 2008 年 4 月 15 日,原属凡客诚品(Vancl)旗下全资自建的配送公司,专业经营最后一公里(门到门)B2C 配送业务。基于对 B2C 市场的理解和 B2C 配送的长期研究、不断实践,在以客户满意为最高标准的前提下,完善了拥有独特自我风格的业务流程和管理体系。

如果需要在如风达快递公司实施基于活动成本的控制(ABC)方法,请设计一个实施方案。

实训目的:掌握 ABC 方法的实施步骤。

实训要求:上网收集信息并撰写项目报告。

## ● 综合案例

### 德曼公司的供应链管理

德曼公司于 1918 年成立,是美国汽车服务市场零部件供应商巨头之一。公司办事处目前设立在中国大陆及台湾地区、印度等地,价值数亿美元的汽车维修服务的零部件每年都需要进行采购,再由美国、德国、加拿大等数个大型的配送中心向全美及北欧市场的大型汽车零部件销售商、快速修理店以及大型的 4S 店提供上千种的各类售后服务的汽车配件产品。

2010 年后,德曼公司供应链管理遇到一些难题,其他公司的竞争也越演越烈。

(1)公司零配件渠道的中间环节过多。近期,许多经营跨国业务的公司受到成本不断增大和产业链全球转移趋势的影响,像中国等地的生产和采购成本相对较低,以致那些公司在这些地区的采购量逐年递增,规模越来越大。甚至在中国的年采购额已经突升至数千亿美元,所以他们都纷纷到中国建立国际化采购配送中心,把中国作为全球资源配置的中心点。而近几年,中国汽车零部件的出口保持着高速增长,据预测,到 2016 年将超过 5 000 亿美元的采购规模,国际买家的采购数量和项目将大幅增长。当然,作为美国著名的汽车售后服务的供应商德曼公司也不例外。

如果以金额统计,德曼公司每年的 80%以上的零部件采购量都来自美国以外,而其中超过 9 成都来自中国大陆及台湾地区等亚太地区。但是,到 2008 年初,德曼公司在美国本土以外只在韩国设立了一个办事处,只有 5 名员工;而其他地区的跨国采购都是由外贸公司代理的,其中增加了许多中间商环节,导致了采购成本增加、货款支付不及时、产品的质量和交付期都无法保证等问题,其中间环节无法控制,供应链效率极低,采购的潜在风险逐步加大。

(2)缺乏采购与生产信息,订货的提前期非常长。德曼公司产品涉及多种类汽车易损易耗件。汽车型号种类繁多,如果以产品零件型号计量每年都有超过两万种零部件在库销售,每次发给每个供应商的订单又数以百计。因此,客户的需求数量和订单信息以及公司对产品的预测信息能够准确及时地传送到供应链的每个端点,这对公司来说至关重要。但是在亚太地区,公司基本上是通过这些外贸代理商与零部件生产商打交道,这样公司根本就无法获得这些生产商的库存、产能以及生产计划、到货提前期等信息;而供应链的另一端——上游顾客的需求信息也无法准确地从外贸代理商获取,采购与生产信息极度不对称使得订货提前期无法预测,供应链风险较大,供应链绩效降低。

(3)库存和配送管理较混乱。德曼公司主要经营汽车售后维修的各种零部件,型号和种类众多,上游顾客的需求又多变,2010 年以前,库存主要采用原始的手工方式管理,电子计算机技术的应用严重不足,库存流通不畅,造成积压,周转率极低。在北美分布的 12 个配送中心的管理混乱无序,采购回的各类零部件产品存贮无序,配送网络没有合理规划,物流成本较高。

**问题:**根据以上描述,应用所学的供应链管理的方法给德曼公司提供一个全面的供应链优化方案。

## ● 综合实训

### 供应链管理方法

一、实训目的

利用本章供应链管理方法的相关知识,让学生分析目标企业所用的供应链管理的方法,并讨论供应链管理方法是如何在目标企业中实施的。

二、实训内容

收集目标企业的信息(包括企业的环境、特征),分析该企业产品的类型、上下游企业的关系,并根据分析撰写实训报告。

三、实训资料

相关企业实地调研,上网收集。

四、实训准备

学生分组:每 6 人一组,每组选出一名小组长。

五、实训步骤

(1)根据要求了解目标企业相关背景。

(2)实地调研和上网收集企业供应链管理的相关资料,了解企业供应链管理的基本现状。

(3)整理资料,确保所获取资料详实、准确和具体。

(4)在调研的基础上,利用所学理论知识初选出 5 家企业,制作企业供应链管理卡片资料。

(5)在初选的 5 家企业中,对其供应链管理方法进行考核。

六、实训考核

根据任务解决方案的规范性和准确性评定任务完成情况。

## 项目 4

# 供应链管理环境下的企业运营

## 知识目标

◎ 掌握供应链环境下如何进行生产计划与控制。

◎ 了解供应链环境下的采购管理与传统采购的区别。

◎ 熟悉联合采购。

◎ 掌握供应链环境下的库存管理方式的含义及内容。

◎ 了解供应链管理环境下的配送。

## 技能目标

◎ 能用所学知识对供应链环境下的企业营运状况进行分析。

◎ 能结合企业具体情况提出库存管理、采购和配送方面的措施。

## 【引例】

### 跨国公司的供应链管理

有家跨国公司，总部在美国，在世界主要工业地区有分部，如日本、韩国、新加坡、欧共体、中国大陆及台湾地区。分部不但要为客户及时提供技术支持，而且要提供零配件，因为缺零配件会导致客户机台停转，损失动辄几十万元。该公司的零配件的储备是典型的多阶段仓储模式，即在美国有主仓库，各地区有分仓库，在一些重要客户处有寄售点(VMI)。零配件体积小，价值高，客户对时效性要求高，国际货运都采取空运。几年来，该公司推行外包战略，整条供应链从仓库到运输，到报关、清关，都由第三方物流公司负责。最近日本分部发现，总部从发出配货命令到配货完毕待运，原来在 24 小时内即可完成，现在却动辄得两天，有时候甚至更长；别的地区也发现类似的问题：原本应该已经在飞机上的货，现在却经常还待在总部。空运又不是天天有，因为货量较低，为节省运费，公司的航运只定在每星期一、三、五。这意味着总部迟配货一天，分部可能迟 3 天拿到货。如果适逢周末，便是 5 天。难怪分部怨声载道。

**分析**:这一案例表明,不按时发货、质量问题、断货、运输延迟、清关延误等因素一起导致供应链库存居高不下。供应链管理问题非常重要。实行供应链管理后,企业的营运必须符合供应链管理的规律,从计划、采购、库存到仓储配送必须适应供应链的要求。

# 任务 4.1　供应链环境下如何进行生产计划与控制

进入 21 世纪,发达国家企业已将供应链管理作为企业适应全球竞争的有效管理手段。随着信息技术的发展与管理思维的创新,有效的供应链管理正取而代之成为公司赢得竞争优势的重要源泉。供应链管理的实践如今已经广泛应用到全球各个产业,企业迅速意识到供应链管理所带来的好处。在制造业中,供应链管理主要涉及到四个领域:供应(Supply)、生产计划(Planning)、物流(Logistics)、需求(Demand)。生产计划和控制是供应链管理的核心组成部分之一,是供应链上各个环节和各个企业联系的纽带。可以说,供应链管理思想对企业来说影响最大的就是生产计划与控制。

## 4.1.1　生产计划概述

生产计划是企业经营计划的重要组成部分,是企业对生产任务做出的统筹安排,是企业组织生产运作活动的依据。编制生产计划是生产与运作管理的一项基本任务,其最主要的目标就是达到生产的能力平衡。它是根据国家和市场的需求和企业的技术、设备、人力、物资、动力等资源能力条件,合理地安排计划期内应当生产的品种、产量和出产进度,以满足社会和用户的需要。从系统的观点来看,生产计划是一个系统,不仅可以从时限上把生产计划分成长期计划、中期计划和短期计划,而且还可从组织结构的对应关系上,将生产计划分成战略层、管理层和作业层,每一层次都有特定的内容。图 4－1 表示了这三层计划的组成及各种计划之间的关系。

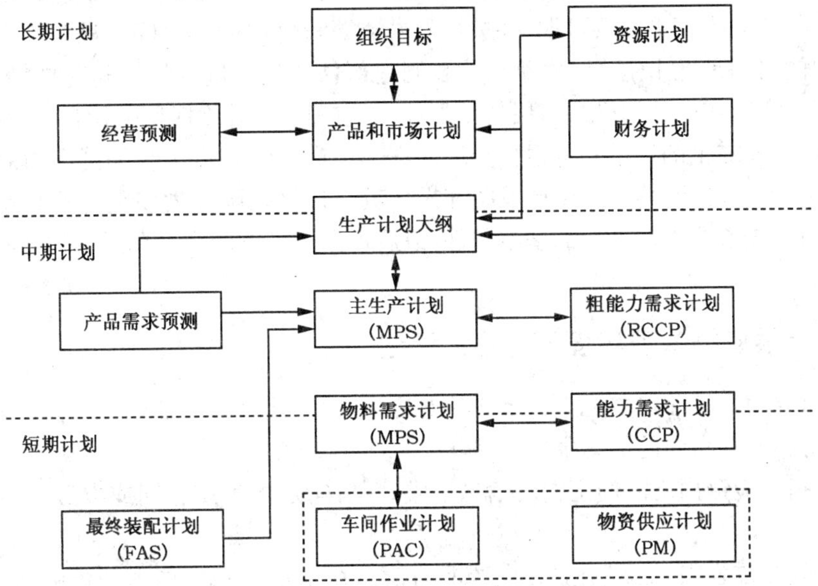


图 4－1　计划管理层次

长期计划是企业战略计划的重要组成部分，是由企业最高决策层制定的计划，计划期一般为3～5年。它是根据企业经营发展战略的要求，对有关产品发展方向、生产发展规模、技术发展水平、生产能力水平、新设施的建造和生产组织结构的改革等方面所做出的规划与决策。长期计划的计划功能主要涉及的是企业及其产品的发展方向、规模、战略方案的制定、选择与评价等，其特点是整体性、未来性、方向性与动态性。长期计划是企业在生产、技术、财务等方面重大问题的规划。长期计划中有关企业的战略方案类型、战略目标、产品规划、战略性资源的供给与分配等决策结果对战术计划和作业计划以及生产控制有重大影响。长期计划中主要包括产品与市场发展计划、资源发展计划、生产战略计划和财务计划等。

中期生产计划又称年度生产计划，是企业中层管理部门制定的计划。它是根据企业的经营目标、利润计划、销售计划的要求，确定在现有条件下在计划年度内实现的生产目标，如品种、产量、质量、产值、利润、交货期等。中期计划的时间期一般为一年，或更长一些时间。中期计划主要包括生产计划大纲和主生产计划。生产计划大纲也称生产规划，它是考虑企业的经营规划、期末预计库存目标或期末未完成订单目标，以及资源能力的限制，对产品大类或产品组编制的生产计划大纲。生产计划大纲确定了企业未来的一年内，每月各产品类的制造数量和资源需求，并规定了企业在计划年度内的生产目标。它用一系列指标来表示，以规定企业在品种、质量、产量和产值等方面应达到的水平。生产计划大纲的编制依据是对产品需求的预测，以及长期计划对当年提出的任务要求。主生产计划是根据生产计划大纲、预测和客户订单，来安排将来的各周期中提供的产品种类和数量。它将生产计划转为产品计划，在平衡了物料和能力后，精确到时间、数量的详细进度计划。

短期生产计划是年度生产计划的继续和具体化，是由执行部门编制的作业计划，确定日常生产运作活动的具体安排。短期计划的计划期长度在6个月内，一般为月或跨月计划，它主要包括物料需求计划、能力需求计划、最终装配计划以及在这些计划实施过程中的车间内的作业进度计划和控制工作。物料需求计划是根据主生产计划对最终产品的需求数量和交货期，推导出构成产品的零部件及材料的需求数量和需求日期，直至导出自制零部件的制造订单下达日期和采购件的采购订单发放日期，并进行需求资源和可用能力之间的进一步平衡。编制物料需求计划的目的是把主生产计划细化为自制零部件的生产进度计划和原材料、外购件的采购进度计划。车间作业计划是最基层的计划环节，它确定在什么时间使用什么设备，加工完成什么零部件，以及加工的批量等。根据分周的零部件进度计划进一步编制周内的零件工序进度计划，把生产任务按天落实到生产设备和操作者。最终装配计划使企业不必预测确切的最终产品的配置，先预测生产可选的基本部件，最后根据特定的用户订单对成品装配制定短期的生产计划。

## 4.1.2 供应链管理环境下的生产计划

### 4.1.2.1 供应链管理环境下的生产计划的特点

(1)具有纵向和横向的信息集成过程

纵向是指供应链由下游向上游的信息集成，而横向是指生产相同或类似产品的企业之间的信息共享。

在生产计划过程中，上游企业的生产能力信息在生产计划的能力分析中独立发挥作用。通过在主生产计划和投入产出计划中分别进行的粗细能力平衡，上游企业承接订单的能力和意愿都反映到了下游企业的生产计划中；同时，上游企业的生产进度信息也和下游企业的生产进度信息一道作为滚动编制计划的依据，其目的在于保持上下游企业间生产活动的同步。

(2)丰富了能力平衡在计划中的作用

在通常概念中，能力平衡只是一种分析生产任务与生产能力之间差距的手段，再根据能力平衡的结果对计划进行修正。在供应链管理下的生产计划过程中，能力平衡发挥了以下作用：

①为主生产计划和投入产出计划进行修正提供依据。

②能力平衡是进行外包决策和零部件(原材料)急件外购的决策依据。

③在主生产计划和投入产出计划中所使用的上游企业能力数据，反映了其在合作中所愿意承担的生产负荷，可以为供应链管理的高效运作提供保证。

④在信息技术的支持下，对本企业和上游企业的能力状态的实时更新，使生产计划具有较高的可行性。

(3)计划的循环过程突破了企业的限制

在企业独立运行生产计划系统时，一般有三个信息流的闭环，而且都在企业内部：①主生产计划—粗能力平衡—主生产计划；②投入产出计划—能力需求分析(细能力平衡)—投入产出计划；③投入产出计划—车间作业计划—生产进度状态—投入产出计划。

(4)在供应链管理下生产计划的信息流跨越了企业，从而增添了新的内容

①主生产计划—供应链企业粗能力平衡—主生产计划；②主生产计划—外包工程计划—外包工程进度—主生产计划；③外包工程计划—主生产计划—供应链企业生产能力平衡—外包工程计划；④投入产出计划—供应链企业能力需求分析(细能力平衡)—投入产出计划；⑤投入产出计划—上游企业生产进度分析—投入产出计划；⑥投入产出计划—车间作业计划—生产进度状态—投入产出计划。

需要说明的是，以上各循环中的信息流都只是各自循环所必需的信息流的一部分，但可对计划的某个方面起决定性的作用。

供应链企业生产计划信息流的跟踪机制运行环境如图4—2所示。

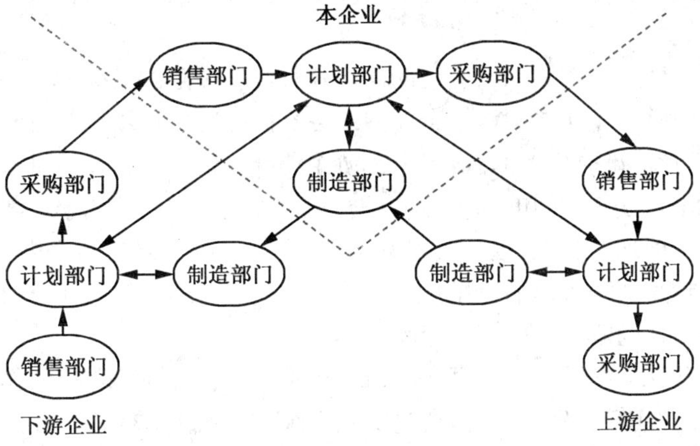


图4—2 跟踪机制运行环境

4.1.2.2 供应链管理环境下的生产计划的制定

供应链管理环境下的生产计划与传统生产计划有显著不同，是因为在供应链管理下，与企业具有战略伙伴关系的企业的资源通过物资流、信息流和资金流的紧密合作而成为企业制造

资源的拓展。在制定生产计划的过程中，主要面临以下三方面的问题。

(1)柔性约束。柔性实际上是对承诺的一种完善。承诺是企业对合作伙伴的保证，只有在这基础上企业间才能具有基本的信任，合作伙伴也因此获得了相对稳定的需求信息。然而，由于承诺的下达在时间上超前于承诺本身付诸实施的时间，因此，尽管承诺方一般来讲都尽力使承诺与未来的实际情况接近，但误差却是难以避免。柔性的提出为承诺方缓解了这一矛盾，使承诺方有可能修正原有的承诺。可见，承诺与柔性是供应合同签订的关键要素。

(2)生产进度。生产进度信息是企业检查生产计划执行状况的重要依据，也是滚动制定生产计划过程中用于修正原有计划和制定新计划的重要信息。在供应链管理环境下，生产进度计划属于可共享的信息。

(3)生产能力。企业完成一份订单不能脱离上游企业的支持，因此在编制生产计划时要尽可能借助外部资源，有必要考虑如何利用上游企业的生产能力。任何企业在现有的技术水平和组织条件下都具有一个最大的生产能力，但最大的生产能力并不等于最优生产负荷。在上下游企业间稳定的供应关系形成后，上游企业从自身利益出发，更希望所有与之相关的下游企业在同一时期的总需求与自身的生产能力相匹配。上游企业的这种对生产负荷量的期望可以通过合同、协议等形式反映出来，即上游企业提供给每一个相关下游企业一定的生产能力，并允许一定程度上的浮动。这样，在下游企业编制生产计划时就必须考虑上游企业的这一能力上的约束。

## 4.1.3 供应链管理环境下的生产控制系统

### 4.1.3.1 供应链管理环境下的生产控制特点

(1)生产进度控制。生产进度控制的目的在于依据生产作业计划，检查零部件的投入和产出数量、产出时间和配套性，保证产品能准时装配出厂。供应链环境下的进度控制与传统生产模式的进度控制不同，因为许多产品是协作生产的和转包的业务，和传统的企业内部的进度控制比较而言，其控制的难度更大，必须建立一种有效的跟踪机制来进行生产进度信息的跟踪和反馈。

(2)供应链的生产节奏控制。供应链的同步化计划需要解决供应链企业之间的生产同步化问题，只有各供应链上企业之间以及企业内部各部门之间保持步调一致时，供应链的同步化才能实现。供应链形成准时生产系统，要求上游企业准时为下游企业提供必需的零部件。

(3)提前期管理。基于时间的竞争是20世纪90年代一种新的竞争策略，具体到企业的运作层，主要体现为提前期的管理，这是实现QR、ECR策略的重要内容。供应链环境下的生产控制中，提前期管理是实现快速响应用户需求的有效途径。缩小提前期，提高交货期的准时性是保证供应链获得柔性和敏捷性的关键。

(4)库存控制和在制品管理。库存在应付需求不确定性方面有积极的作用，但是库存又是一种资源浪费。在供应链管理模式下，通过实施多级、多点、多方管理库存的策略，对提高供应链环境下的库存管理水平、降低制造成本有着重要意义。这种库存管理模式涉及的部门不仅仅是企业内部。基于JIT的供应与采购、供应商管理库存、联合库存管理等是供应链库存管理的新方法，对降低库存有重要作用。

### 4.1.3.2 供应链管理环境下的生产控制系统

供应链管理思想对企业的生产计划与控制模式提出了巨大挑战，因为其要求企业决策者进行思维方式的转变，即从传统的、封闭的纵向思维方式转为横向的、开放的思维方式。因此，供应链环境下的生产计划与控制必然不同于传统的生产计划与控制。供应链是一个跨越多厂家、多部门的网络化组织，一个有效的供应链企业生产计划系统必须保证企业能快速响应市场需求。

(1)需求信息和服务需求应该是以最小的变形传递给上游并共享。供应链管理系统应通过计划的平衡需求、供应、约束，同时看到发生的供应链问题。由于实时、双方向的计划能力，计划员有能力执行各种模拟以满足优化计划。这些模拟提供实时响应。如安全库存水平应是多少？这是最低成本计划吗？使用的资源已经优化了吗？这个计划满足了客户服务水平了吗？已经是最大化利润了吗？可以承诺什么？

在供应链里的每一个阶段，把最终用户的需求(实际)传递回去。因此，一旦实际需求变化，所有地点都知道，并实时产生适当的行动。

(2)同步化供需是对服务和成本的一个重要目标。有几个因素影响这种匹配：大批量；生产上维持高效率，而不是满足客户需求；缺少同步，使得库存水平高，以及变化频繁的库存水平。

(3)可靠的、灵活的运作是同步化的关键。可靠、灵活的运作应该主要集中于生产、物流管理、库存控制、分销。销售与市场的角色是揭示需求。

(4)与供应商集成。大部分经营引起生产的失败，除了内部的不稳定性，就是供应的不稳定性。应鼓励供应商去寻求减少供应链总成本的方法，和供应商共享利益。

(5)供应链的能力必须战略的管理。必须直接控制关键能力来达到需求到供应的震动减弱。要考虑库存存放地点、运输的路径。一旦产品需求发生变化，可以并发考虑所有供应链约束。当每一次改变出现时，就要同时检查能力约束、原料约束、需求约束。这就保证了供应链计划在任何时候都有效，就能实时优化供应地点，或分销地、运输路线，避免库存超储、给工厂供应的震动过大。

为此，要通过企业信息化建设逐步实现对供应链的优化管理。优化所有供应链的活动，如图 4—3 所示。

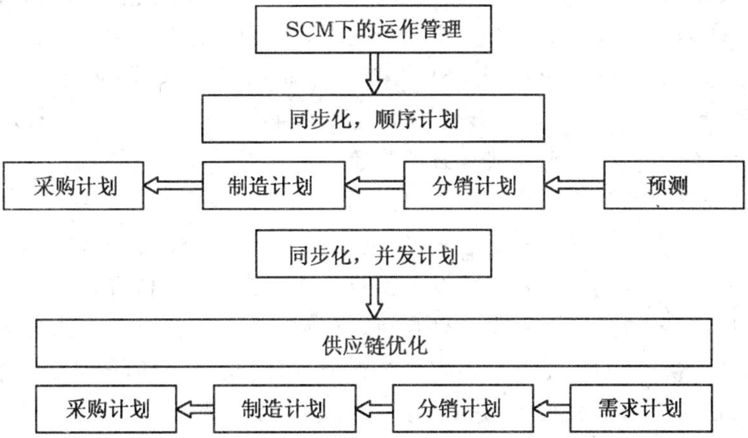


**图 4—3　优化所有的供应链**

【知识链接 4－1】

## SCM 环境下生产计划与控制的特征

一是协同合作。供应链上企业生产计划决策信息的来源不再限于一个企业内部，还有来自供应链上不同的企业。在这样一个开放的环境中，各企业围绕客户需求这个主线，彼此之间进行信息交换和数据共享，保证彼此计划之间的一致性，使同一供应链上的企业间有效地协同合作与控制。这主要是通过供应链上的信息共享平台实现的。在这个平台上将来自整个供应链上企业的信息集成，对各个企业的生产计划进行合作式调整，而且这个信息平台是围绕客户需求实时变动的，企业可以根据这个信息平台不断更新自己的生产计划；并且，这个信息平台在企业遇到特殊情况时，能够为企业进行协商式处理。

二是信息实时反馈。企业之间进行协同合作，围绕客户需求进行生产，离不开信息的实时反馈。信息的实时反馈使企业生产与供求关系同步进行，消除不确定性对供应链的影响，保证上下游企业生产的协调一致。

企业将客户的需求信息转化为企业的订单信息，企业内部以及供应链上其他企业的一切经营活动就都围绕这个订单进行。信息的实时反馈，贯穿供应链上各个企业的各个生产环节，通过信息的实时反馈让企业在生产计划与控制过程中对自己的订单进行全面监督与协调检查，有效地确定订单的完成日期和完成工作量度，并对订单进行跟踪监控。企业将各个环节中得到的信息随时随地地传送到网络中，集成到公共的信息平台与其他企业进行共享，相关企业则可以根据波动的信息进行一定范围内的生产计划调整。事后分析订单完成情况，对计划进行比较分析，并进行有效的、切实可行的改进措施。

【案例分析 4－1】

## SCM 环境下戴尔的生产计划与控制体系

近年来，在全球电脑市场不景气的大环境下，戴尔却始终保持着较高的收益，并且不断增加市场份额。戴尔的成功源于其在企业中实施先进的管理思想及信息技术。

戴尔有一套较完善的管理模块，包括供应商关系管理、供应链管理、客户关系管理等特殊应用模块，而供应链管理中的工厂生产计划更是发挥了很大的作用，它使戴尔的市场反应很快，能够每 3 天就做一个计划，并能实现自己基于直销方式的及时生产(JIT)。

戴尔公司在进行供应链管理中，体现了协调合作的思想，他们几乎每天都要与上游主要供应商分别交互一次或多次。在生产运营中，客户的需求有所变动时，戴尔也能很快反应，通过与供应商的协调合作进行调整。由于戴尔与供应商之间没有中间商的阻隔，所有来自客户的最新消息都被以最快的速度及时反馈给供应商，以便供应商据此调整自己的生产计划。从接到订单开始，戴尔就快速反应，根据订单制定生产进度计划，并将物料需求信息传达给自己的供应商或者是自己的后勤供应中心，并给工厂下达基于供应商的生产进度计划表，而供应商和后勤供应中心在指定的时间内准时将材料运送到工厂，从而实现自己的实时生产。

戴尔的生产计划信息模块在最初就集成了几个方面的应用，并体现了企业对信息的实时跟踪与反馈。通过企业的工程材料加工和成本跟踪(EMPACT)的应用，跟踪企业的小批量订单，并将信息传入企业的运行数据仓库(ODS)，它实时地支持生产决策，这主要是因为库中汇集了各种数据，并集成了历史数据用以预测分析。而同时，企业的订单管理系统将订单信息发给加工工厂，而加工进度跟踪编码系统会创建一个唯一的标签号，用以对订单的完成情况进行实时追踪。运行数据仓库与加工进度跟踪系统之间也不断进行信息数据的交换，两者也将生产的报告传至工厂的管理部，而他们同时会将调整的生产计划传回加工进度跟踪系统中。在整个信息系统中能够实现对订单的实时跟踪反馈，使企业的生产更符合最终客户的需要，从而使生产更加有效。

**分析**：生产流程的规范性与信息技术的有效使用，使得戴尔的生产计划更贴近市场的需求，从而减少库存，提高企业的竞争力。

# 任务 4.2　基于供应链的采购管理

采购管理是物流管理的重点内容之一，它在供应链企业之间原材料和半成品生产合作交流方面架起一座桥梁，沟通生产需求与物资供应的联系。为使供应链系统能够实现无缝连接，并提高供应链企业的同步化运作效率，就必须加强采购管理。在供应链管理模式下，采购工作要做到五个恰当：恰当的数量、恰当的时间、恰当的地点、恰当的价格、恰当的来源。采购部门负责对整个采购过程进行组织、控制、协调，它是企业与供应商联系的纽带。生产和技术部门通过企业内部的管理信息系统根据订单编制生产计划和物资需求计划。供应商通过信息交流，处理来自企业的信息，预测企业需求以便备货，当订单到达时按时发货，货物质量由供应商自己控制。图 4—4 是基于供应链的采购管理模型。

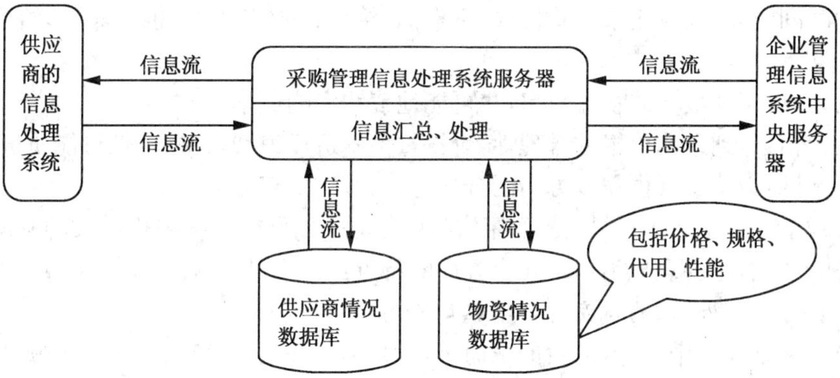


图 4—4　基于供应链的采购管理模型

## 4.2.1　传统采购与基于供应链采购的比较

传统采购的重点放在如何和供应商进行商业交易的活动上，特点是比较重视交易过程的供应商的价格比较，通过供应商的多头竞争，从中选择价格最低的作为合作者。虽然质量、交货期也是采购过程中的重要考虑因素，但在传统的采购方式下，质量、交货期等都是通过事后把关的办法进行控制，如到货验收等，交易过程的重点放在价格的谈判上。因此在供应商与采购部门之间经常要进行报价、询价、还价等来回的谈判，并且多头进行，最后从多个供应商中选择一个价格最低的供应商签订合同，订单才决定下来。传统采购和基于供应链采购的区别如表 4—1 所示。

**表 4—1　　供应链采购与传统采购的区别**

| 类别 | 供应链采购 | 传统采购 |
|---|---|---|
| 基本性质 | 基于需求的采购 | 基于库存的采购 |
| | 供应方主动型，需求方无采购操作的采购方式 | 需求方主动型，需求方有采购操作的采购方式 |
| | 合作型采购 | 对抗型采购 |
| 采购环境 | 友好合作 | 对抗竞争 |
| 信息关系 | 信息传送畅通、信息共享 | 信息不通、隐瞒信息 |
| 库存关系 | 供应商掌控库存 | 需求方掌控库存 |
| | 需求方可以不设仓库，零库存 | 需求方可以设立仓库，高库存 |
| 送货方式 | 小批量多频次连续送货 | 大批量少频次非连续送货 |
| 双方关系 | 供需双方关系友好 | 供需双方关系敌对 |
| | 责任共担、利益共享、协调性配合 | 责任自负、利益独享、互斥性竞争 |
| 验货工作 | 免检 | 严格检查 |

### 4.2.2　供应链管理环境下采购的特点

在供应链管理模式下，采购工作要做到 5 个恰当，即“5R”：

恰当的数量：实现采购的经济批量，既不积压又不会造成短缺。

恰当的时间：实现及时化采购管理，既不提前，给库存带来压力；也不滞后，给生产带来压力。

恰当的地点：实现最佳的物流效率，尽可能地节约采购成本。

恰当的价格：达到采购价格的合理性，价格过高则造成浪费，价格过低可能质量难以保证。

恰当的来源：力争实现供需双方间的合作与协调，达到双赢效果。

为了实现上述 5 个恰当，供应链管理下的采购模式必须在传统采购模式的基础上做出扬弃式的调整和改变，主要表现为以下几个方面的特点：

#### 4.2.2.1　库存驱动采购转变为订单驱动采购

在传统的采购模式中，采购的目的很简单，就是为了补充库存，防止生产停顿，即为库存而采购，可以说传统的采购是由库存驱动的。在供应链管理模式下，采购活动是以订单驱动的。制造订单驱动采购订单，采购订单再驱动供应商，如图 4—5 所示。

**图 4—5　订单驱动采购**

#### 4.2.2.2　从采购管理转变为外部资源管理

所谓在供应链管理中应用外部资源管理，是指把供应商的生产制造过程看作采购企业的一个延伸部分，采购企业可以“直接”参与供应商的生产和制造流程，从而确保采购商品的质量的一种做法。应当注意的是，外部资源管理并不是采购方单方面努力就能够实现的，还需要供应商的配合与支持。

4.2.2.3 从买卖关系转变为战略伙伴关系

在传统的采购模式中,供应商与需求方之间是一种简单的买卖关系,无法解决涉及全局性和战略性的供应链问题,而基于战略伙伴关系的采购方式为解决这些问题创造了条件。这些全局性和战略性的问题主要有:

(1)库存问题:在供应链管理模式下,供应与需求双方可以共享库存数据,采购决策过程变得透明,减少了需求信息的失真现象。

(2)风险问题:供需双方通过战略性合作关系,双方可以降低由于不可预测的需求变化所带来的风险,比如运输过程的风险、信用的风险和产品质量的风险等。

(3)合作伙伴关系问题:通过合作伙伴关系,双方可以为制定战略性的采购供应计划共同协商,不必为日常琐事消耗时间与精力。

(4)降低采购成本问题:由于避免了许多不必要的手续和谈判过程,信息的共享避免了因信息不对称决策可能造成的成本损失。

(5)准时采购问题:战略协作伙伴关系消除了供应过程的组织障碍,为实现准时化采购创造了条件。

4.2.2.4 采购业务外包管理

现代企业经营所需物品越来越多,采购途径和体系也越来越复杂,使得企业采购成本居高不下。为了克服这种状况,越来越多的企业将采购活动外包,即外包给承包商或第三方公司。

4.2.2.5 电子商务采购兴起

传统采购环境下,供应商多头竞争,采购方主要进行价格方面的比较,然后选择价格最低者。在供应链管理模式下,电子商务采购已普遍得到运用。采购方将相关信息发布在采购系统上,利用电子银行结算,并借助现代物流系统来完成物资的采购。主要特点体现在以下几点:

(1)市场竞争更宽松。供应商除报价外,还投报其他附加条件(如对交易的售后服务的要求和承诺),其结果是报价最低者不一定是胜者。

(2)供应商有更多竞争空间。打包贸易时,采购方只需统一开出打包价和各种商品的购买数量,供应商可在各种商品单价中进行多种组合,根据自己优势进行网上竞价。

(3)采购方可节省时间,提高效率,降低成本。多种商品打包采购时,只需一次性启动网上市场。

4.2.2.6 采购方式多元化

在供应链管理环境下,采购已经呈现全球化采购与本地化采购相结合的特点。特别对一些大型企业而言,在采购方面,通常会比较各个国家的区位比较优势,然后进行综合判断,制定采购策略。

【案例分析4-2】

### 通用电气公司(GE)照明产品分部

以前,GE照明产品分部采购代理每天浏览领料请求并处理报价,要准备零部件的工程图纸,还要准备报价表,这样发给供应商的信件才算准备好了。简单地申请一次报价就要花几天时间,一个部门一个星期通过100~150次这样的申请。GE照明产品分部的采购过程要花22天。

创建了一个流水线式的采购系统，该系统把公司55个机器零部件供应商集成在一起，开始使用贸易伙伴网络(TPN)。分布在世界各地的原材料采购部门可以把各种采购信息放入该网络，原材料供应商马上就可以从网上看到这些领料请求，然后用TPN给出初步报价。

GE的领料部门使用一个IBM大型机订单系统，每天一次。领料要求被抽取出来送入一个批处理过程，自动和存储在光盘机中的相对应的工程图纸相匹配。与大型机相接的系统和图纸光盘机把申请的零部件的代码与TIFF格式的工程图相结合，自动装载，并自动把该领料请求通过格式转换后输入网络。零部件供应商看到这个领料请求后，利用他的浏览器在TPN上输入他的报价单。

用上TPN后，GE公司的几个电子分公司，平均使采购周期缩短了一半，降低了30%的采购过程费用，而且由于联机报价降低成本，使原材料供应商也降低了原材料价格。

**分析：**通用电气创建了一个流水线式的采购系统，使用一个IBM大型机订单系统使采购周期缩短，而且降低采购成本。

【案例分析4－3】

**神龙公司的物资采购**

神龙公司的相关部门决定实行部分外协件的JIT采购。第一个被选为批量采购试点的外协件为汽车座椅。这是因为座椅供应商产品质量稳定，服务也较好。双方通过协商谈判，开始了JIT采购的运作。通过实施座椅采购，降低了座椅的平均库存水平，减少了库存资金占用。在此基础上，神龙公司开始逐步扩大了JIT采购物资的范围，取得了明显的经济效益。

**分析：**神龙公司的物资采购打破了传统的采购模式，运用供应链管理的思想，建立起互惠互利的采购模式，重点考虑采购物资的质量、交货期等要素。

### 4.2.3　联合采购

#### 4.2.3.1　联合采购的含义

联合采购是指在同质性企业里，把需要购买同一产品的客户联合起来组成采购联盟，使其产品的数量达到可以取得价格折扣的规模，向供应商提出采购的行为。它是集中采购在外延上的进一步拓展。

采购联盟体大致可分为采购方横向联盟体和供应链纵向联盟体两大类。采购方横向联盟是指由两家或多家企业联合起来共同采购而形成的横向联盟体；供应链纵向联盟是指在供应商与制造商之间，在一定时期内共享信息、共担风险、共同获利的协议关系。

#### 4.2.3.2　联合采购的实施

(1)分析内外环境。在进行联合采购前，企业首先要对内部资源和外部环境进行综合分析，了解企业的优势和劣势是什么？确定联合采购的目标是什么？联合采购的范围是什么？全面考虑以决定是否需要进行联合采购。

(2)选择合作伙伴。选择合作伙伴是成功实施联合采购的基础。建立良好的采购联盟伙伴关系有利于降低成本、缩短反应时间，增加联盟整体利润、联盟各成员利润以及新市场价值的创造等，其核心问题是如何选择理想的合作伙伴。如果合作伙伴选择不当，不仅联合采购策略不能实现，还有可能给企业带来战略机密泄露、客户关系管理失控、解除合作关系等风险。

(3)组建采购联盟。在互补、相容、共赢原则下组建的采购联盟，制定联合采购实现机制，包括联盟的组织结构、会员的权利和义务、信息系统的建立、利益共享和风险分担机制、供应商的选择和管理等。

(4)绩效评估。企业的联合采购是多周期的，通过收集联合采购运行效果的数据对联合采购绩效进行评估，包括对供应商的评估和对成员企业的评估，并把评估结果反馈给各个阶段，以促进联合采购的改进与发展。

(5)改进与发展。通过动态考核并根据上一阶段反馈的信息，确定需改进的指标，分析问题，找出原因，然后改进，促进合作伙伴关系和联合采购绩效的提高。

联合采购包括三个主体部分，即采购方、采购联盟及供应商，三方密切合作，缺一不可。采购联盟处于联合采购过程的核心位置，是联合采购运行的关键。联合采购联盟借助信息平台来实现采购方与供应商的沟通。首先收集各企业的采购需求进行分类、汇总，再根据成员企业内的库存情况进行平衡，若无库存的则向供应商发送采购清单，采取合适的采购方式选择最优的供应商。

#### 4.2.3.3 联合采购的模式

现行的联合采购模式主要有三种，即由行业协会组建的联合采购中心模式、由多家企业共同组建的联合采购联盟模式和由第三方来组建和运行的联合采购模式。

由行业协会组建的联合采购中心模式，即在区域行业协会的协调组织下成立区域性的行业协会采购中心，中小企业自愿参加，管理人员由各企业选聘。采购中心独立运作，不受行业协会的管辖。由多家企业共同组建的联合采购联盟模式，由所有成员单位抽派专业人员共同组成联合采购工作小组或一家企业带头，多家企业响应。由第三方来组建和运行的联合采购模式，从国内外的联合采购案例来看，采购联盟运行到最后都会组建相应的第三方机构来进行日常的采购管理工作。第三方采购组织，可利用其专业化的知识和能力，向中小企业提供从经营决策的建议到采购实施的专业化的服务，比企业的独立采购有不可比拟的优越性。

**【知识链接4－2】**

**联合采购存在的缺点**

联合采购存在诸多优点，但也存在如下缺点：企业需求千差万别，要实现采购条件的统一、标准化困难重重；为与联合采购协调一致需改变企业原有的采购周期，产生额外的成本；为配合联合采购的实施需改变企业采购流程；为实现信息共享，可能泄露企业产品设计重要信息，使企业失去竞争优势；协调成本可能过大，使企业得不偿失；联盟太大、太复杂，以致功能紊乱、效率低下。这些都需要在具体的实施过程中采取针对性的措施，加强协调、监控，以降低联合采购风险。

## 任务4.3 基于供应链的库存管理方式

长期以来，传统的供应链库存控制策略是各自为政，供应商、用户都保持一定的库存并分别实施自己的库存控制策略。这不可避免地造成了需求信息的扭曲，从而产生了“牛鞭效应”。为了消除“牛鞭效应”，不同性质的核心企业采取了许多先进的库存管理技术和方法。这些方法主要有：围绕处于供应链上游、实力较雄厚的制造商（或分销商）建立的供应商管理库存系统（VMI），围绕零售业以及连锁经营业中的地区分销中心（或在供应链上占据核心位置的大型企业）建立的联合库存管理系统（JMI），围绕大规模生产组装型制造商建立多级库存管理系统和可适用于围绕各类核心企业建立的协同规划、预测与补给系统（CPFR）。

## 4.3.1 供应商管理库存系统（VMI）

### 4.3.1.1 供应商管理库存的含义及特点

供应商管理库存（vendor managedinventory，VMI）是指供应商等上游企业基于其下游客户的生产经营、库存信息，对下游客户的库存进行管理与控制。供应商管理库存是为了适应供应链一体化而出现的一种全新的库存管理模式。VMI 是指由供应商监控用户库存水平，并周期性地执行包含订货数量、出货及相关作业的补货决策。VMI 作为供应链集成管理思想的一种新型库存管理模式，如图 4－6 所示。

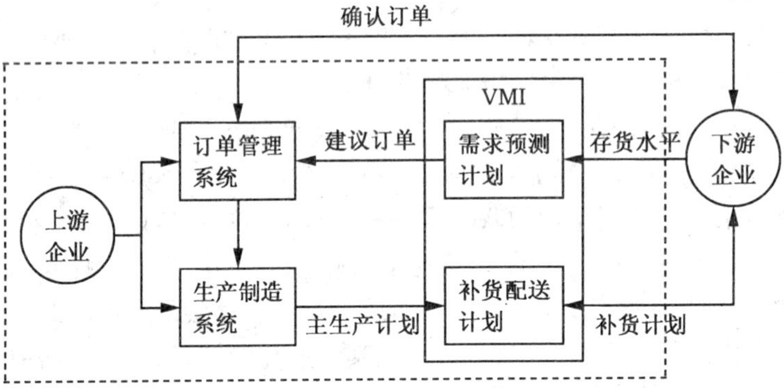


图 4—6 VMI 系统运作流程

VMI 的实施需要有先进的管理理念和管理技术作基础，是优化供应链性能的主要途径，也是今后供应链管理中的重要研究方向之一。引入 VMI 可以更好地实现供应链成员之间的信息交流与合作，加强互信，提高供应链集成化运作的可行性。供应链中常见的“牛鞭效应”也可以通过实施 VMI 策略而得到有效降低。一些著名的零售公司如沃尔玛、凯马特（Kmart）、迪拉德（Dillard）以及杰西潘尼（JCPenney）等，另外很多网站如亚马逊往往也通过 VMI 来管理自己的商品。实施 VMI 使得这些企业可以有效管理好成千上万种商品，并能够与供应商保持一个非常良好的合作关系。VMI 是一种在用户和供应商之间的合作性策略，具体来说，这是一种以用户和供应商双方都获得最低成本为目的，在一个共同的协议下由供应商管理库存，并不断监督协议执行情况，修正协议内容，使库存管理得到持续改进的合作性策略。

同传统的库存控制方法相比，VMI 模式主要有以下几个特点：①合作性。VMI 模式的成功实施，客观上需要供应链上各企业在相互信任的基础上密切合作。其中，信任是基础，合作是保证。②互利性。VMI 模式主要考虑的是如何通过合作降低双方的库存成本，而不是考虑如何就双方的成本负担进行分配的问题。③互动性。VMI 模式要求各节点企业在合作时采取积极响应的态度，以快速的反应努力降低因信息不通畅所引起的库存费用过高的问题。④协议性。VMI 模式的实施，要求企业在观念上达到目标一致，并明确各自的责任和义务。具体的合作事项都通过框架协议明确规定，以提高操作的可行性。

这种库存管理策略打破了传统的各自为政的库存管理模式，体现了供应链的集成化管理思想，适应市场变化的要求，是一种新的先进的库存管理思想。

4.3.1.2　VMI 实施方法

首先，供应商和批发商一起确定供应商的订单业务处理过程所需要的信息和库存控制参数；然后建立一种订单的处理标准模式，如 EDI 标准报文；最后把订货、交货和票据处理各个业务功能集成在供应商一边。其实施步骤如下：

第一步，建立顾客情报信息系统。通过建立顾客的信息库，供应商能够掌握需求变化的有关情况，把由批发商（分销商）进行的需求预测与分析功能集成到供应商的系统中。

第二步，建立销售网络管理系统。供应商要很好地管理库存，必须建立起完善的销售网络管理系统，保证自己的产品需求信息和物流畅通。为此，必须保证自己产品条码的可读性和唯一性；解决产品分类、编码的标准化问题；解决商品存储运输过程中的识别问题。

第三步，建立供应商与分销商（批发商）的合作框架协议。供应商和销售商（批发商）一起通过协商，确定处理订单的业务流程以及控制库存的有关参数（如再订货点、最低库存水平等）、库存信息的传递方式等。

第四步，组织机构的变革。过去一般由会计经理处理与用户有关的事情，引入 VMI 策略后，在订货部门产生了一个新的职能，负责用户库存的控制、库存补给和服务水平。

一般来说，在以下情况下适合实施 VMI 策略：零售商或批发商没有 IT 系统或基础设施来有效管理他们的库存；制造商实力雄厚并且比零售商掌握的市场信息量大；有较高的直接存储交货水平，因而制造商能够有效规划运输。

### 4.3.2　联合库存管理系统(JMI)

4.3.2.1　联合库存管理系统(JMI)的含义

联合库存管理是一种上游企业和下游企业权力责任平衡和风险共担的库存管理模式。它把供应链系统管理集成为上游和下游链两个协调管理中心，库存连接的供需双方从供应链整体的观念出发，同时参与、共同制定库存计划，实现了供应链的同步化运作，从而部分消除了由于供应链环节之间的不确定性和需求信息扭曲现象导致的供应链的库存波动。JMI 的流程如图 4—7 所示。

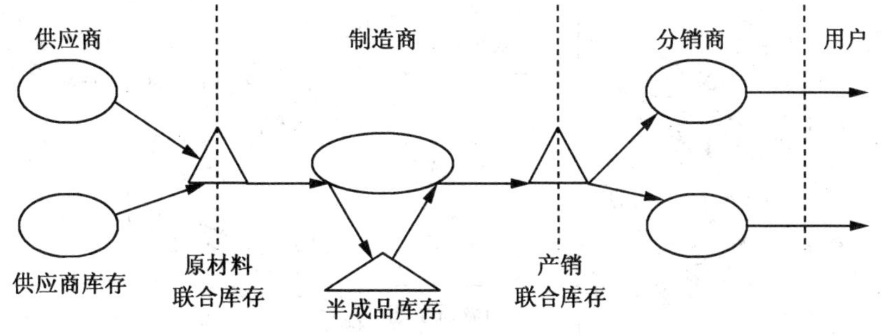


**图 4—7　基于协调中心的 JMI 流程**

4.3.2.2　JMI 的两种模式

第一种模式是集中库存控制模式。各个供应商的零部件都直接存入核心企业的原材料库中，即变各个供应商的分散库存为核心企业的集中库存。在这种模式下，库存管理的重点在于核心企业根据生产的需要，保持合理的库存量，既能满足需要，又要使库存总成本最小。第二种模式是无库存模式。供应商和核心企业都不设立库存，核心企业实行无库存的生产方式。此时供应商直接向核心企业的生产线上进行连续小批量、多频率的补充货物，并与之实行同步生产、同步供货，从而实现"在需要的时候把所需要品种和数量的原材料送到需要的地点"的操作模式。

4.3.2.3 联合库存管理的实施策略

一是建立供需协调管理机制。为了发挥联合库存管理的作用，供需双方应从合作的精神出发，建立供需协调管理机制，明确各自的目标和责任，建立合作沟通的渠道，为供应链的联合库存管理提供有效的机制。

二是发挥两种资源计划系统的作用。为了发挥联合库存管理的作用，在供应链库存管理中应充分利用目前比较成熟的两种资源管理系统：制造资源计划系统（MRP）和配销需求计划系统（DRP）。原材料库存协调管理中心采用 MRP，而在产品联合库存协调管理中心则应采用 DRP。

三是建立快速响应系统。快速响应（QR）系统的目的在于减少供应链中从原材料到用户过程的时间和库存，最大限度地提高供应链的运作效率。

四是发挥第三方物流系统的作用。第三方物流系统（TPL）也叫物流服务提供者（LSP），它为用户提供各种服务，如产品运输、订单选择、库存管理等。把库存管理的部分功能代理给第三方物流系统管理，可以使企业更加集中精力于自己的核心业务。

第三方物流系统起到了联系供应商和用户的桥梁作用，为企业获得诸多好处，如：减少成本；使企业集中于核心业务；获得更多的市场信息；改进服务质量；获得一流的物流咨询；快速进入国际市场。面向协调中心的第三方物流系统使供应与需求双方都取消了各自独立的库存，增加了供应链的敏捷性和协调性，并且能够明显改善供应链的用户服务水平和运作效率。

4.3.2.4 应用第三方物流策略实施联合库存管理

第三方物流系统（3PL）是供应链集成的一种手段，它为客户提供各种服务，如产品运输、订单选择、库存管理等。把库存管理的部分功能委托给第三方物流系统管理，可以使企业更加集中精力于自己的核心业务，第三方物流系统起到了供应商和客户之间联系的桥梁作用（见图4—8）。

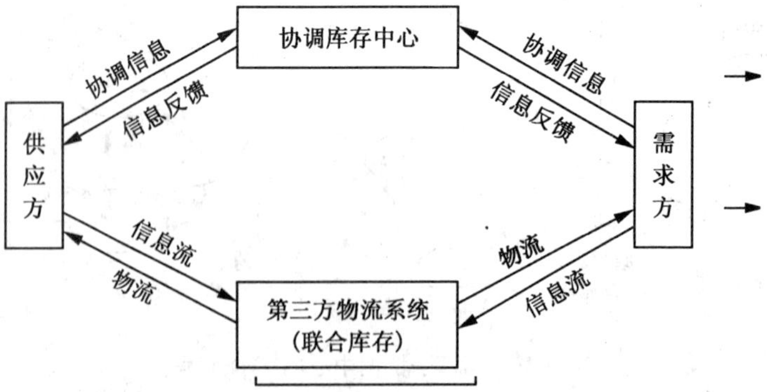


**图 4—8 第三方物流管理库存示意**

协调库存中心的职能是负责供应链协调管理机制的建立。第三方物流企业的职能是首先负责从供方到需方的物流管理，尤其是联合仓库的管理；其次，在第三物流公司和供方、第三物流公司和需求方交流互通信息；再次，就交易规则同协调库存中心进行谈判，并定期和协调库存中心之间进行行为的协调一致。交易规则的内容由协调库存中心负责拟订。

### 4.3.3　多级库存管理系统

4.3.3.1　多级库存管理系统的含义

多级库存的优化与控制是在单级库存控制的基础上形成的。多级库存系统根据不同的配置方式，有串行系统、并行系统、纯组装系统、树形系统、无回路系统和一般系统。

多级库存控制的方法有两种：一种是非中心化（分布式）策略，另一种是中心化（集中式）策略。非中心化策略是各个库存点独立地采取各自的库存策略，这种策略在管理上比较简单，但是并不能保证产生整体的供应链优化，如果信息的共享度低，多数情况产生的是次优的结果，因此非中心化策略需要更多信息共享。采用中心化策略，所有库存点的控制参数是同时决定的，考虑了各个库存点的相互关系，通过协调的办法获得库存的优化。但是中心化策略在管理上协调的难度大，特别是供应链的层次比较多，即供应链的长度增加时，更增加了协调控制的难度。

4.3.3.2　供应链的多级库存控制应考虑的几个问题

(1)库存优化的目标是什么？成本还是时间？

传统的库存优化问题无不例外地进行库存成本优化，在强调敏捷制造、基于时间的竞争条件下，这种成本优化策略是否适宜？供应链管理的两个基本策略，即 ECR 和 QR，都集中体现了顾客响应能力的基本要求，因此在实施供应链库存优化时要明确库存优化的目标是什么，成本还是时间？成本是库存控制中必须考虑的因素。但是，在现代市场竞争的环境下，仅优化成本这样一个参数显然是不够的，应该把时间（库存周转时间）的优化也作为库存优化的主要目标来考虑。

(2)明确库存优化的边界。供应链库存管理的边界，即供应链的范围。在库存优化中，一定要明确所优化的库存范围是什么。供应链的结构有各种各样的形式，有全局的供应链，包括供应商、制造商、分销商和零售商各个部门；有局部的供应链，分为上游供应链和下游供应链。在传统的所谓多级库存优化模型中，绝大多数的库存优化模型是下游供应链，即关于制造商（产品供应商）—分销中心（批发商）—零售商的三级库存优化。很少有关于零部件供应商—制造商之间的库存优化模型。在上游供应链中，主要考虑的问题是关于供应商的选择问题。

(3)多级库存优化的效率问题。简单的多级库存优化并不能真正产生优化的效果，需要对供应链的组织、管理进行优化，否则多级库存优化策略效率是低下的。

(4)明确采用的库存控制策略。在单库存点的控制策略中，一般采用的是周期性检查与连续性检查策略，这些库存控制策略对于多级库存控制仍然适用。

4.3.3.3　供应链环境下的库存补货

对于单一品种的补货，可以采用拉动式库存管理法进行库存控制，其基本思路就是采用连续检测的补货对策进行补货。连续检测的补货对策目前已被国内外广泛地研究和应用，再订货点法是其中的一项重要内容。基于连续库存检测的再订货点法具有较好的理论研究价值和很好的实践指导意义。其基本思想如图 4—9 所示。

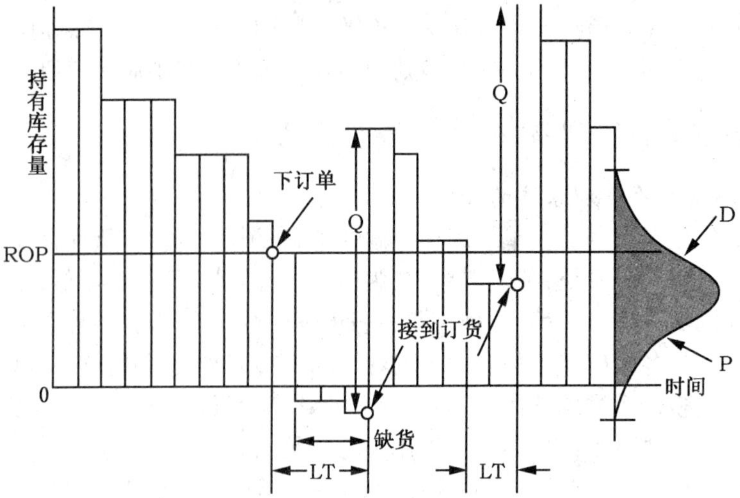


图4—9 产品需求不确定下的再订货点库存

其中：

ROP——再订货点；

Q——订货批量；

LT——平均提前期；

P——提前期内的期望现货供应概率。

目前对于多品种的库存补货方法有以下几种：

(1)联合补货法。联合补货法是通过对多种产品集中补货来降低库存成本的。从传统角度看，它是一个多阶段或多产品补货问题。多阶段的联合补货问题主要解决上下游库存之间补货渠道协同问题，减少整个库存系统成本；多产品联合补货则是协同不同产品之间补货，降低库存成本，实现成本优化。联合补货对策在许多行业已经得到了广泛的应用。

(2)协同规划、预测和补给(CPFR)的补货法。随着供应链库存管理技术的发展，出现了一种新的管理方法——协同规划、预测和补给(CPFR)的补货方法。CPFR既是一种理念，又是一系列活动和流程。它是以提高消费者价值为共同目标，通过供应链上企业的相互协作，共享标准化的信息，制定有的放矢的计划，开展精确的市场预测，有效的库存管理，根据需求动态及时补货，以提高整个供应链的业绩和效率。通过整合供应链上需求和供应两方面的信息，由生产商、零售商等彼此分享，为供应链上各个企业降低库存成本、减少运营费用、创造更多的业务机会、提高销售额、提升满足消费者的需求、形成多方共赢的环境等提供了一定的指导作用。

(3)定期盘点法。对于库存品的存货控制不需要做详细控制的商品，或为了方便快捷、减少库存控制环节、简化程序，常常采用定期盘点法，即在同一时间对多种产品的库存水平进行核查。使用定期盘点法会导致库存水平略有上升，但持有成本的上升可能远远低于管理成本的降低、价格和/或采购成本的下降。因此，它是一种简单实用的库存控制方法，在众多大型企业中有广泛的应用。

对于多品种的季节性商品，应该根据商品自身的特点，以及企业的资产备置、人员结构、组织机能、资金实力和环境等选择以上几种方法之一或多种方法结合起来应用。

### 4.3.5 零库存管理

4.3.5.1 零库存管理的含义

零库存管理(zero inventory management/zero-stock management),并不是指以仓库储存形式的某种或某些物品的储存数量真正为零,而是通过实施特定的库存控制策略,实现库存量的最小化。所以零库存管理的内涵是以仓库储存形式的某些种物品数量为“零”,即不保存经常性库存,它是在物资有充分社会储备保证的前提下,所采取的一种特殊供给方式。

实现零库存管理的目的是为了减少社会劳动占用量(主要表现为减少资金占用量)和提高物流运动的经济效益。如果把零库存仅仅看成是仓库中存储物的数量减少或数量变化趋势而忽视其他物质要素的变化,那么,上述的目的则很难实现。因为在库存结构、库存布局不尽合理的状况下,即使某些企业的库存货物数量趋于零或等于零,不存在库存货物,但是,从全社会来看,由于仓储设施重复存在,用于设置仓库和维护仓库的资金占用量并没有减少。因此,从物流运动合理化的角度来研究,零库存管理应当包含以下两层意义:一是库存货物的数量趋于零或等于零;二是库存设施、设备的数量及库存劳动耗费同时趋于零或等于零。后一层意义上的零库存,实际上是社会库存结构的合理调整和库存集中化的表现。

4.3.5.2 企业实行零库存管理的做法

虽然零库存在美国、日本和欧洲等许多国家里已经普遍推广,但它既充满了诱惑也充满了风险。零库存能否真正实现取决于各方面的具体条件和情况,包括供应商、技术、产品、客户和企业自身决策层的支持,因此,建议企业应做好以下工作:

(1)转变员工观念,树立全员对减少库存的认识。企业在推行零库存管理前,应对全体员工进行广泛宣传教育,对于不同专业的员工进行针对性宣传。做到人人了解推行零库存管理的意义,形成推行零库存管理的良好氛围。

(2)合理选择供应商,与供应商建立合作伙伴关系。由于零库存要求供应商在需要的时间提供高质量的原材料,因此对于原料库存、供应商的距离远近及运输方式的选择是关键因素。同时注重与供应商建立长期的合作伙伴关系,分享信息,共同协作解决问题,保证对订货的及时供应。

(3)建立由销售定生产的观念。销售部门要致力于拓展销售市场,并保证销售渠道的稳定,而生产部门要有灵活的应变能力和以弹性的生产方式全力配合销售部门的工作,使企业能较均衡地进行生产。这对减少存货是十分有利的。

(4)严格奖惩制度。在零库存管理系统中,企业生产经营各环节、各生产工序的相互依存性空前增强。企业内部整条作业环节中的任何一个环节出现差错,都会使整条作业链出现紊乱甚至瘫痪,因而应严格奖惩制度,来保障生产经营活动过程顺利进行。

零库存实现的方式在目前有无库存储备、委托营业仓库存储和保管货物、协作分包方式、采用适时适量生产方式、按订单生产方式、实行合理配送方式等。

【案例分析 4-4】

**奥康的零库存管理**

2004 年以前,奥康在外地加工生产的鞋子必须通过托运部统一托运到温州总部,经质检合格后方可分销到各个省级公司,再由省级公司向各个专店和销售网点进行销售。没有通过质检的鞋子需要重新退回生产厂家，修改合格以后再托运到温州总部。这样一来，既浪费人力、物力，又浪费了大量的时间，加上鞋子是季节性较强的产品，错过上市最佳时机，很可能导致这一季节的鞋子积压。

经过不断探索与实践，奥康运用将别人的工厂变成自己仓库的方法来解决这一问题。在外地生产加工的鞋子，只需总部派出质检人员前往生产厂家进行质量检验，质量合格后生产厂家就可直接从当地向各营销点发货。这样，既节省大量人力、物力、财力，又可以大量减少库存甚至保持零库存。

**分析**：根据企业的现实情况，实时采用零库存管理，可以取得比较好的效果，特别是可以降低库存成本。

# 任务 4.4 供应链配送管理

供应链环境下的物流配送是信息化、现代化、社会化的物流配送，通过采用网络化的计算机技术、现代化设备、软件系统和先进的管理手段，严格守信地按用户的订货要求，进行分类、编配、整理、分工、配货等工作，定时、定点、定量地交给没有范围限度的各类用户，满足其对商品的需求。

## 4.4.1 物流配送对供应链管理的重要作用

物流配送是对整个物流过程实行统一的信息管理和调度，按照用户订货要求，在物流基地进行理货工作，并将配好的货物送交收货人的一种物流方式。配送作为现代物流的一种有效的组织方式对降低物流成本、优化社会库存配置、提高服务质量，从而提高企业的经济效益及社会效益具有重要作用。

### 4.4.1.1 物流配送能有效降低供应链管理的物流成本

从供应链管理的角度看，在整个交易的构成中，实体物品的运输费用占据了很大一部分，因此交易主体通过各种途径努力降低物流费用。信息的及时传递和正确地进行物流规划，可以尽量减少不必要的实物转移，从而降低物流费用；而借助物流配送能有效地降低从一方转移到另一方的实物运输成本。

### 4.4.1.2 物流配送能提高供应链管理对客户需求的快速反应能力

配送中心不仅与生产企业保持紧密的伙伴关系，而且直接与客户保持联系，能及时了解客户的需求信息，并沟通企业和客户双方。在当今信息高速流通、技术进步快、消费需求多样且多变的环境下，消费者要求所选购的商品能快速获得，以便能获取时间效用；而对生产企业来说，为快速满足消费者的需求，同时为了降低生产成本而采用零库存生产、敏捷制造等先进生产方式，更要求加快物流速度。缩短物流周期比缩短制造周期更重要，这就要求在物流整个供应链上，各环节之间信息传递畅通、衔接紧密且传递环节少，强调协作以提高整体协同效用。

### 4.4.1.3 物流配送是实现“以客户为中心”理念的保证

供应链环境下，要求为客户提供全方位的服务，既包括仓储、运输服务，还包括配货、分发以及与各种客户需要的配套服务，因此物流成为连接生产企业与最终用户的重要环节。电子商务的出现最大程度上方便了最终消费者，他们可以在网上方便地搜索、查看、挑选、支付完成购物过程。但一旦网上购买的商品迟迟不能送达，消费者必然会转向更可靠的传统购物方式，我国在1999年轰动一时的“72小时网络生存测试”充分说明了这一点。欧洲的电子商务开展得比日本早，但他们的电子商务公司普遍不如日本好，就因为他们缺乏像日本流通网络中的24小时便利店这类送货网络的支持。面对供应链环境对发达的物流配送的需求，物流业可以说面临着巨大的机遇。

### 4.4.2　供应链物流配送的特征

4.4.2.1　物流配送信息化

具体表现为物流配送信息的商品化、信息收集的数据化和代码化、信息存储的数字化、信息处理的电子化和计算机化、信息传递的标准化和实时化等，并通过条码技术、数据库技术、电子数据交换、电子订货系统、快速反应等技术来实现。没有物流的信息化，任何先进的技术设备都不可能很好地完成物流配送任务。

4.4.2.2　物流配送网络化

网络化的基础是信息化，其一方面是指物流配送系统的计算机通信网络，包括物流配送中心与供应商或制造商的联系、与下游顾客的联系都要通过计算机网络通信；另一方面是指企业内部联成一个整体网络(intranet)，实现组织的网络化，使总部与物流配送中心、各门店之间形成一个有机网络，及时做出反应，提高物流配送效率。

4.4.2.3　物流配送自动化

自动化的基础也是信息化，具体表现在很多工序无需人工操作，节省大量人力，同时扩大了物流作业能力，提高了劳动生产效率，有效减少物流作业的差错。通过条码、语音、射频自动识别系统、自动分拣系统、自动存取系统、货物自动跟踪系统等，可以有效地发挥物流配送中心的功能，形成较好的软件优势。

4.4.2.4　物流配送柔性化

根据消费者需求的变化建立配套的物流配送系统，根据消费者“多品种、小批量、多批次、短周期”的特点，灵活调节进货和存货，组织和实施物流作业，真正做到以顾客为中心。柔性化的物流系统正是为适应这种多样化的需求而发展起来的一种新型物流模式。

4.4.2.5　物流配送智能化

库存水平的确定、运输路径的选择、自动导向车的运行轨迹和作业控制、自动分拣机的运行、配送中心经营管理的决策支持等问题，都需要借助大量的知识来解决。这是物流配送自动化、信息化的一种高层次应用。

### 4.4.3　第三方配送模式

第三方配送模式，是指交易双方把自己需要完成的配送业务委托给第三方来完成的一种配送运作模式，是指专门从事商品运输、库存保管、订单处理、流通加工、包装、配送、物流信息管理等物流活动的社会化物流系统。

4.4.3.1　第三方配送模式的特点

第三方配送模式之所以将成为现代工商企业和电子商务企业进行货物配送的首选模式与方向，是因为第三方配送模式具有优越于其他配送模式的特征。

(1)企业能够集中精力于核心业务。企业把自己的主要资源集中于自己擅长的主业，而把物流配送等辅助功能外包给其他专业的物流配送公司。

(2)灵活运用新技术，实现以信息换库存，降低成本。第三方配送公司能以一种快速、更具成本优势的方式满足更新自己的资源或技能的需求，而这些服务通常都是生产厂商一家难以做到的。

(3)减少固定资产投资，加速资本周转。企业自营配送需要投入大量的资金购买硬件设备、建设仓库和信息网络等专业配送设施，而使用第三方配送公司不仅可以减少设施的投资，还能够免去仓库和车队等方面的资金占用。

4.4.3.2 第三方配送模式的运作方式

(1)企业销售配送模式

企业销售配送模式是工商企业将其销售物流业务外包给独立核算的第三方物流公司或配送企业运作。企业采购和供应物流配送业务仍由供应物流管理部门承担(见图 4－10)。

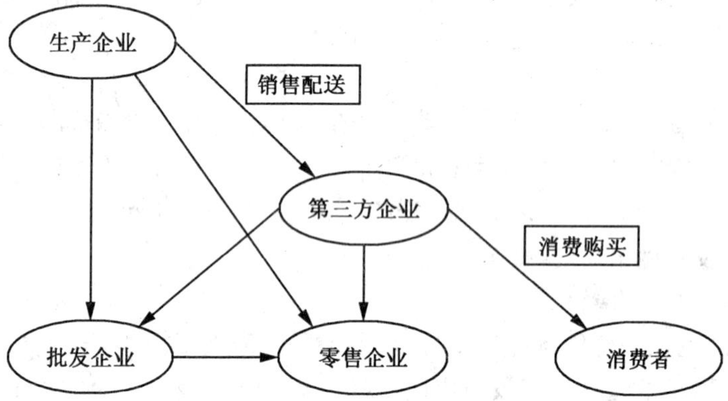


**图 4－10 企业销售配送模式**

(2)企业供应配送模式

企业供应配送模式，是由社会物流服务商对某一企业或者若干企业的供应需求实行统一订货、集中库存、准时配送或采用代存代供等其他配送服务的方式。企业供应配送模式运行情况如图 4－11 所示。这种供应配送按用户送达要求的不同可以分为以下几种形式：

“门到门”配送供应：即由配送企业将用户供应需求配送到用户“门口”，后续工作由用户自己去做。有可能在用户企业内部进一步延伸成企业内的配送。

“门对库”配送供应：由配送企业将用户供应需求直接配送到企业内部各个环节的仓库。

“门到线”配送供应：由配送企业将用户的供应需求直接配送到生产线。显然，这种配送可以实现企业的“零库存”，对配送的准时性和可靠性要求较高。

(3)供应—销售物流一体化配送模式

供应—销售物流一体化配送，是指第三方物流企业承担了用户企业的供应与销售物流(见图 4－12)。

随着物流社会化趋势，企业供应链管理战略的实施，除企业的销售配送业务社会化以外，企业供应配送也将社会化，即由第三方物流公司来完成。特别是工商企业和专职的第三方物流配送企业形成战略同盟关系后，供应销售物流一体化所体现的物流集约化优势更为明显。即第三方物流在完成服务企业销售配送的同时，又承担用户物资商品内部供应的职能。也就是说，第三方物流既是用户企业产品销售的物流提供者，又是用户企业的物资商品供应代理人。这种销售供应一体化的第三方物流配送模式是配送经营中的一种重要形式，它不仅有利于形成稳定的物流供需关系，而且更有利于工商企业专注于生产销售等核心业务的发展。同

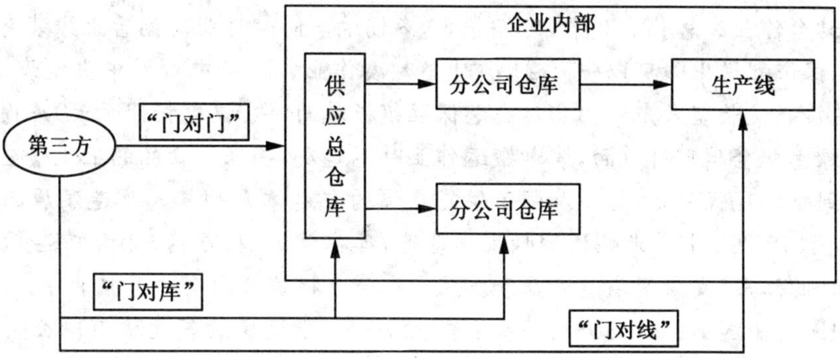


图 4—11　企业供应配送模式

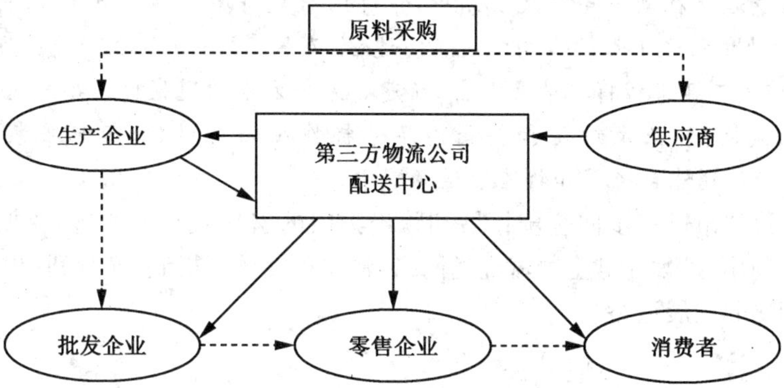


图 4—12　供应—销售物流一体化配送

时，长期稳定的物流供需关系，还有利于实现物流配送业务的配送中心化、配送作业计划化和配送手段的现代化，从而保持物流渠道的畅通稳定和物流配送运作高效率、高效益、低成本。因而，现在的供应销售物流一体化第三方物流服务模式备受人们关注。当然，超大型企业集团也可自己运作供应和销售物流配送，但中小企业物流配送走社会化之路，是绝对有利于企业降低供应成本、提升企业竞争力的。

【案例分析 4－5】

### 某超市配送体系的现代化

某超市新建的现代化配送中心位于上海市普陀区桃浦镇，紧贴外环线，直连沪嘉、沪杭高速公路，南部沪宁铁路南翔编组站，通向市区和向外辐射的能力强。新建的桃浦配送中心的主体建筑物是高站台、大跨度的单层物流设施；为了充分利用理货场上方的空间，配送中心的局部为两层钢筋混凝土框架结构的建筑物。新建配送中心的基地面积 28 000 平方米，总建筑面积 2 000 平方米，日均吞吐能力 14 万箱。

配送中心基地内部的环状主干道路宽 20 米，实行"单向行驶、分门进出"。配送中心的南北两侧，建有 4 米宽的装卸平台，站台高出室外道路 1 米，当厢式卡车尾部停于站台时，车厢的垫板与站台面基本处于同一平面，将商品的装卸作业变成水平移动，大大减少装卸作业环节的劳动强度。站台作业线总长270米，可停靠80多辆卡车同时作业。站台上方装有悬挑8米的钢结构雨篷，保证配送中心可以一天24小时全天候作业。配送中心的中央空调，采用多元网架结构，上盖镶嵌统长型采光带的彩色夹芯保温钢板屋面，白天(包括阴雨天)库内作业不需要人工照明。绿色非金属耐磨地面，装卸搬运作业时不起灰，确保了食品的卫生安全。

为了达到整体现代化，该超市加强了供货系统的配送体系构筑。改造了原南京的中型配送中心，建成了10 000平方米的区域性配送基地，库存量达20万箱、日均配送量8 000箱，为位于南京以外的江苏、安徽两省直营店和加盟店配货。根据公司全力开拓北京大市场的战略，又在北京选址，与中国第三方物流的龙头公司之一——中远集装箱运输有限公司共同开发了华联超市的北京配送中心。北京配送中心拥有4 000平方米的库房、1 000平方米理货场，日均配送能力4 000箱，库存量8万箱。随着公司加大对北京市场的开发力度，已开始第二期扩展计划，库存将扩大到20万箱，承担为北京和天津地区100家门店的供货任务。为了获得更大的发展空间，该超市在新一轮发展规划中，预计门店数将增加到3 000家，总销售额180亿～200亿元。预计年配送中心的日均配送量将达25万箱，库存量300万箱。目前已开始了物流二期工程工作。二期工程将征地200亩，新建8万平方米的现代化大型配送中心，实现仓储立体化、装卸机械化、作业无纸化和整箱商品分拣作业的自动化，车辆安装卫星定位系统(GPS)，把科技融入到连锁经营和物流配送领域中。

**分析**：随着该超市进一步向全国拓展和跨出国门的宏伟规划的实施，要加强管理的科学化、规范化和合理化，扩大和健全物流配送网络，建立独立核算机制，充分利用物流产业化的优势，走社会化配送的发展道路。

## ● 基本训练

**一、知识题**

(一)阅读理解

(1)供应链物流配送的特征有哪些?

(2)企业实行零库存管理的做法有哪些?

(3)供应链管理环境下的生产计划有哪些特点?

(4)什么叫联合采购? 有几种模式?

(5)简述供应商管理库存的含义及特点。

(二)知识应用

1. 判断题

(1)中小企业物流配送走社会化之路，是绝对有利于企业降低供应成本、提升企业竞争力的。 (　　)

(2)实行零库存管理不需要改变员工观念。 (　　)

(3)供应商管理库存是为了适应供应链一体化而出现的一种全新的库存管理模式。 (　　)

(4)在供应链管理环境下，生产进度计划属于可共享的信息。 (　　)

(5)供应销售物流一体化配送，是指企业本身承担了用户企业的供应与销售物流。(　　)

2. 选择题

(1)供应配送按用户送达要求的不同可以分为(　　)。

A. “门到门”配送供应　　B. “门对库”配送供应
C. “门到线”配送供应　　D. “门对户”配送供应
(2)企业实行零库存管理，建议企业做好的工作是(　　)。
A. 转变员工观念　　B. 合理选择供应商
C. 建立由销售定生产的观念　　D. 严格奖惩制度。
(3)供应链管理环境下生产计划的制定过程中，主要面临三方面的问题是(　　)。
A. 柔性约束　　B. 生产进度　　C. 生产能力　　D. 市场需求
(4)VMI 模式主要的特点是(　　)。
A. 合作性　　B. 互利性　　C. 互动性　　D. 协议性
(5)目前对于多品种的库存补货方法有(　　)。
A. 随机补货　　B. 联合补货法
C. 协同规划、预测和补给(CPFR)的补货法　　D. 定期盘点法

**三、实践训练**

参观企业，请企业专家介绍本企业供应链管理情况。

实训目的：结合实际，了解企业在供应链管理环境下的生产运作管理、采购管理、库存管理等方面的具体情况。

实训要求：熟悉实行供应链管理的企业在实际操作过程中的业务流程。

## ● 综合案例

### 希捷公司的库存策略

VMI(供应商管理库存)是建立需求驱动型供应链的关键组成部分，被越来越多的电子制造企业所采用。下面以全球著名的硬盘驱动器制造商希捷公司作为案例，分析 VMI 的主要需求和实施方法，探讨通过成功实施这一策略所获得的潜在收益。

1. 希捷的 VMI 解决方案

希捷的制造策略是只关注给自己带来竞争力的关键技术和器件，而一般元器件和装配等由供应商负责。希捷所面临的挑战是客户拥有广泛的产品线，而且这些产品的功能不断提升，产品生命周期越来越短。每周都有新产品推出，同时也有旧产品在不断淘汰，由此造成的结果是，希捷客户的需求变化越来越快，却很少提前通知，但是他们对希捷即时和准确出货仍抱有较高期望。

在传统按预测驱动的供应链里，这种需求波动导致库存过量、库存转移带来物流成本增加、高流程成本、高设施和相关资产投资成本等一系列问题。为解决这些问题，希捷采取需求驱动型供应链策略，并推行高效率的 VMI 项目。在这条供应链中，希捷设立了两个 VMI 中心，一个设在希捷与客户的供应链之间，成为 JIT 中心，由希捷自己负责管理；另一个设在希捷与其供应商之间，外包给第三方物流提供商管理。

通过推行需求驱动供应链策略，希捷的供应链转变为拉动模式，完全根据客户实际需求制造和交付产品。实施 VMI 项目之后，希捷的信息和物品流动的方式发生了改变。在新的流程下，希捷客户发出提货信号，从 JIT 中心提取硬盘产品，这个中心由希捷代表客户进行运作。当该中心库存量低于需求预测水平时，就会自动产生一个信号，发给希捷工厂；希捷工厂向其 VMI 中心发出元件器件需求信号，而该中心根据这一信号安排出货和向供应商发出新的采购

需求。供应商根据采购需求交货到 VMI 中心库，由 VMI 中心根据实际生产需求送往希捷的工厂生产成品，最后送到希捷 JIT 中心，根据客户订单进行交货。

2. 所获得的收益

由于实现客户订单信息在整条供应链中的实时传递，希捷可以完全根据客户的订单安排生产，从而为生产制造带来更多弹性，并大幅减少库存量。

在流程改善前，希捷需要 30 天的补货周期，包括每周将客户订单手工输入 ERP 系统，然后系统根据已有库存进行评估，手工进行计划安排。更新之后的计划发送到那些需要了解订单最新变化的工厂主管。工厂再对更新信息进行响应，制定一个 13 天交货承诺时间表。最后，工厂根据新的时间表生产、包装和运输产品到库存中心。重新设计流程和实现运作自动化之后，希捷 30 天的补货周期减少一半，而且由于消除了手工操作，供应链团队不仅可以很快获得信息，而且减少了大量人工成本。比如改善以前，当希捷成品仓库收到一个客户订单信号时，希捷需要安排人员在 ERP 系统中输入销售订单，并产生出货副本，为保证及时输入，希捷安排一个全职团队，将每周超过 2 万个客户提货需求输入到 ERP 系统中，而且耗费大量纸张进行确认。借助自动化流程，希捷将人力和相关成本减少到 50%以下。

通过采用需求驱动型供应链策略，希捷获得了令人瞩目的收益：在希捷将产量从每季度 400 万套增加到 2 500 万套的同时，供应链流程上的员工人数缩减一半；年库存次数从 8 次增加到 16 次；很好地消除了关键元器件短缺的状况；客户整体满意度得以大幅改进。

这些收益归结为希捷有效地将供应链策略转变为以拉动式为基础的需求驱动策略，并执行了高效的 VMI 程序，实现了整个供应链端对端流程的自动化。希捷的供应商和客户有效地用信息代替了库存，其团队将关注重点转移到异常管理，并持续优化这一程序，更进一步减少手工作业流程。

问题：

(1)针对上述案例分析希捷公司库存管理策略。

(2)围绕此案例说说学习库存管理的心得体会。

（资料来源：沈莹，《供应链管理》，北京交通大学出版社 2008 年版，第 134～135 页。）

## ● 综合实训

### ERP 沙盘模拟

一、训练目标

(1)对企业经营管理有一个概略性的了解；

(2)理解战略对于企业经营成败的重要性；

(3)对企业的业务活动有明确的认识；

(4)理解财务活动和业务活动之间的关系；

(5)认识到每个职能角色在企业经营中所担负的职能及与其他职能部门间的关系；

(6)作为组织中的一员学会以全局的观点和共同的语言来处理问题。

二、训练方法

以模拟竞争体验为主，辅以引导、案例解析。

(一)有效引导

ERP 沙盘模拟课程的讲授不同于传统的授课形式，整个课程分六个阶段展开，教师的角色随课程展开阶段不断变化，以有效引导教学进程。

（二）控制进程

课程以互动体验方式进行，由于受训知识、素质、性格特点的本身差异，会出现速度不均衡的情况，教师要按照教学进度要求控制企业经营活动的进行。

（三）现场案例解析

课程的精彩在于现场案例的抓取和解析，如果能够点到“痛”处，给受训者的感受是最强烈的。

三、培训设施及工具

（一）培训场地

培训场地：100～200 平方米。

现场部署示意：

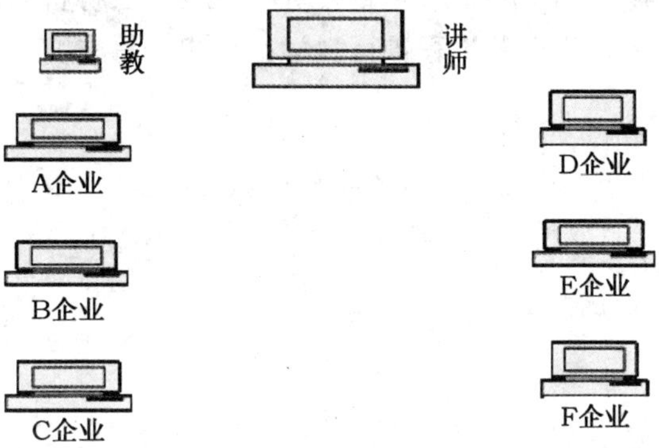


**图 4—13　现场部署示意**

（二）培训用品

培训桌椅：学员用 6 张，110cm×150cm 为宜；教师用 1 张或 2 张，放置电脑和投影仪；外部合作单位 1 张：银行（贷款）、客户（收货），另备茶水桌。教师用的创业者沙盘分析工具、授课用 PPT；学生用的学员手册。另外的工具见表 4—2。

**表 4—2　培训用品**

| 序号 | 品　名 | 数　量 | 序号 | 品　名 | 数　量 |
|---|---|---|---|---|---|
| 1 | 沙盘教具 | 1 套 | 9 | A4 白纸 | 50 张 |
| 2 | 投影仪 | 1 台 | 10 | 签到表 | 1 张 |
| 3 | 电脑 | 最好 7～8 台，最少 2 台 | 11 | 培训效果评估表 | 按学员人数 |
| 4 | 音响设备 | 1 套 | 12 | 沙盘 AV | 1 张 |
| 5 | 白板 | 1 块 | 13 | 学生手册 | 按学员人数 |
| 6 | 白板笔 | 红蓝各 1 支 | 14 | 铅笔 | 按学院人数准备 |
| 7 | 学员用白板笔 | 每组 1 支，共 6 支 | 15 | 演讲伙伴 | 1 人 |
| 8 | 海报纸及铁夹 | 30 张/个 | | | |

说明：电脑最好每组一台，计 6 台，讲师及助教各一台，共 8 台。如果条件不具备，应保证讲师及助教的两台。

三、培训内容大纲

（一）教学准备

(1)组织方预先按要求准备好学员信息；

(2)培训现场初始状态设置1、课程导入：ERP沙盘模拟课程简介。

（二）企业组建

(1)学员分组；

(2)确定角色，明确岗位职责。

（三）模拟企业概况

企业基本情况——产品、市场、生产设施、股东期望、财务状况及经营成果。

（四）企业竞争规则

市场规则、订单竞争规则、产品研发、设备投资、产品加工、材料采购、企业融资、会计核算。

（五）企业运营流程（按企业运营流程进行教学）：年初—每季度—年末—报表编制

企业运营：

(1)企业总体规划；

(2)订货会议；

(3)监控企业运营进程；

(4)企业经营过程记录。

现场案例讲评：

(1)企业经营的本质；

(2)企业生存的基本条件；

(3)利润与现金流。

（六）课程总结

(1)企业经营分析；

(2)课程价值分析。

## 项目 5

# 供应链管理中信息技术的运用

### 知识目标

◎ 了解制造业、零售业供应链管理的特点；
◎ 明确供应链管理信息技术支撑体系；
◎ 熟知企业资源规划、流程再造的基本概念；
◎ 掌握几种常用的供应链管理应用系统。

### 技能目标

◎ 分析供应链管理中的信息技术，构建各种供应链管理应用系统；
◎ 基于供应链管理应用系统，掌握制造业和零售业供应链管理的特点与方法。

### 【引例】

#### 海尔：基于信息技术的一体化供应链管理

作为我国乃至世界上很有影响力的家电制造厂商，海尔集团一直面对着国内外同行业的激烈竞争，制造成本可能的降低已经非常有限。为了保证企业的生存和发展，物流能力的开发与提升成为海尔新战略的一个重要组成部分。

自 1999 年始，海尔集团经历了物流推进重组、供应链管理、物流产业化的三个发展阶段。到了 2002 年，海尔集团平均每个月接到 6 000 多份销售订单，订单的品种达 7 000 多个，需要采购的物料品种达 26 万余种。海尔物流自整合以来，呆滞物资降低了 73.8%，仓库面积减少 50%，库存资金减少 67%。海尔国际物流中心货区面积 7 200 平方米，其吞吐量相当于原来普通平面仓库的 30 万平方米。同样的工作量，海尔物流中心只有 10 个叉车司机，而按原来的模式，一般仓库至少要上百人。短短二三年达到这样的成绩，得益于海尔物流管理体系的发展。

在家电激烈竞争的环境下，海尔集团在战略上不断寻求新的、更有利的经营途径。在关键的物流与供应链管理环节，海尔结合信息技术采用统一采购、统一原材料配送等措施，使内外部资源得以整合和优化，使采购、生产支持和物资配送实现战略一体化。

海尔在短短几年时间取得了显著的成绩，也打响了海尔物流这一金字招牌，创出了名声，被中国物流与采购联合会授予首家“中国物流示范基地”称号以及“科学技术奖”一等奖。在我国的物流领域树立了海尔物流这面旗帜，对企业的发展起到了积极的作用。

（资料来源：http://wenku.baidu.com/view/6403a353ad02de80d4d84049.html）

**分析：**

从这一案例我们可以悟出，在企业内部以及与外部连接的平台上，各种先进的物流技术和计算机自动控制设备的运用不但降低了人工成本、提高了劳动效率，还直接提升了物流过程的精细化水平。计算机管理系统搭建了沟通海尔集团内外的信息高速公路，将电子商务平台获得的信息迅速转化，以信息代替库存，达到零营运资本的目的。

# 任务 5.1　供应链管理与信息系统

## 5.1.1　信息技术的发展及其应用

### 5.1.1.1　现代信息技术的发展

现代信息技术奠定了信息时代发展的基础，同时又促进了信息时代的到来，它的发展以及全球信息网络的兴起，把全球的经济、文化联结在一起。任何一个新的发现、新的产品、新的思想、新的概念都可以立即通过网络、通过先进的信息技术传遍世界。经济全球化趋势的日渐显著，使得信息网络、信息产业发展更加迅速，使各行业、产业结构乃至整个社会的管理体系发生深刻变化。现代信息技术是一个内容十分广泛的技术群，它包括微电子技术、光电子技术、通信技术、网络技术、感测技术、控制技术、显示技术等。在 21 世纪，企业管理的核心必然是围绕信息管理来进行的。最近几年，技术创新成为企业改革的最主要形式，而 IT 的发展直接影响企业改革和管理的成败。不管是计算机集成制造（CIM）、电子数据交换（EDI）、计算机辅助设计（CAD），还是制造业执行信息系统（executive information system），信息技术革新都已经成为企业组织变化的主要途径。

### 5.1.1.2　信息技术与供应链管理

IT 在供应链管理中的应用可以从两个方面理解：一是 IT 的功能对供应链管理的作用（如 Internet、多媒体、EDI、CAD/CAM、ISDN 等的应用）；二是 IT 技术本身所发挥的作用（如 CD-ROM、ATM、光纤等的应用）。IT 特别是最新 IT（如多媒体、图像处理和专家系统）在供应链中的应用，可以大大减少供应链运行中的不增值行为。

根据 IT 在供应链管理主要领域的应用，可以归纳出如图 5－1 所示的应用领域。

从图 5－1 中可以看出，供应链管理涉及的主要领域有产品、生产、财务与成本、市场营销/销售、策略流程、支持服务、人力资源等多个方面，通过采用不同的 IT，可以提高这些领域的运作绩效。

EDI 是供应链管理的主要信息手段之一，特别是在国际贸易中有大量文件传输的条件下。CAD/CAE/CAM、EFT 和多媒体的应用可以缩短订单流的提前期，如果把交货看作一个项目，为了消除物料流和信息流之间的障碍，就需要应用多媒体技术、共享数据库技术、人工智能、专家系统和 CIM。这些技术可以改善企业内和企业之间计算机支持的合作工作，从而提

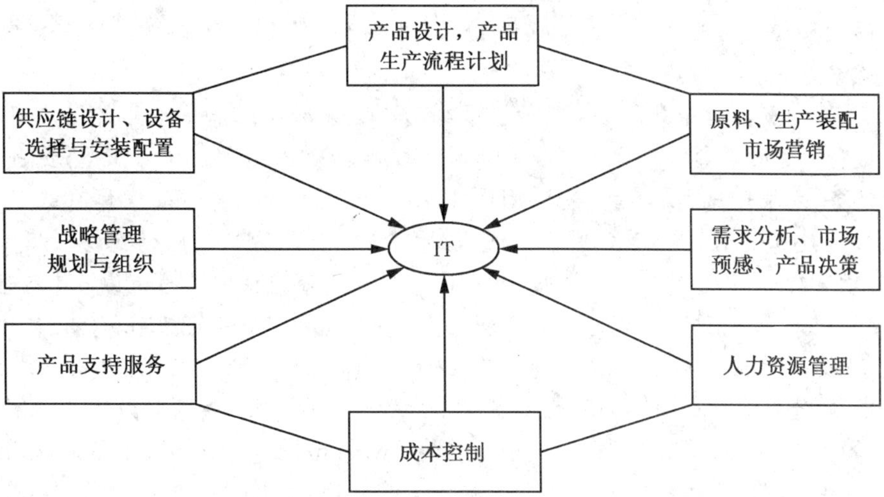


**图 5—1 IT 在供应链管理中的应用示意**

高整个供应链系统的效率。

供应链管理强调战略伙伴关系的管理，这意味着要处理大量的数据和信息才能做出正确的决策去实现企业目标，如电话会议、Netscape、多媒体、网络通信、数据库、专家系统等，可以用以收集和处理数据。决策的准确度取决于收集的内、外部数据的精确度和信息交换的难易度。

EDI 和 EFT(electronic funds transfer)应用在供应链管理当中可以提高供应链节点企业之间资金流的安全和交换的快速性。

生产过程中的信息量大而且繁杂，如果处理不及时或处理不当，就有可能出现生产的混乱、停滞等现象，MRPⅡ、JIT、CIMS、MIS 等技术的应用就可以解决企业生产中出现的多种复杂问题，提高企业生产和整个供应链的柔性，保证生产及供应链的正常运行。

供应链设计中运用 CIM、CAD、Internet、E-mail、专家支持系统等技术，有助于供应链节点企业的选择、定位和资源、设备的配置。决策支持系统(DSS)有助于核心企业决策的及时性和正确性。

**【案例分析 5－1】**

## 联华战略联盟的供应链价值分析

瞄准国际化，打造国内领先的供应链管理体系，支撑联华跨地区发展战略的顺利实施。2009 年 4 月 5 日，连续 8 年排名中国连锁业百强首席的联华超市与全球最大的 IT 公司 IBM 以及台湾地区特力集团联手，就共同打造联华具有国际水准的供应链管理体系，正式签订战略合作协议书。

此番合作是目前中国零售业首创的战略合作项目。项目为期 6 年，总投资约 1.2 亿元，将按照建设进度逐步投入。项目主要依托 IBM 公司领先的 IT 技术以及特力集团丰富的零售经验及其成熟的供应链应用技术，首先建立联华超市旗下的大型综合超市业态的电子订单处理、网上对账及结算、数据分析及共享等供应链管理及其支撑体系，依据这样的平台向联华超市托管的世纪联华提供管理支撑，并进一步向超级市场和便利业态延伸。所构建的供应链管理系统可处理的交易金额的能力将超过 700 亿元。此举所形成的持续性回报对联华未来的发展具有深远的战略意义。

早在几年前，联华超市就与光明乳业、可口可乐、达能和宝洁等一批品牌供应商在供应链协同方面进行探索性合作。而大型综合超市作为联华跨地区发展的主力业态，担当着全国拓展的战略任务，发展地域和管理跨度大，因此建立强大、高效的供应链管理体系就显得尤为重要。该项目的建立可通过信息处理平台，整合所有卖场和供应商之间的交易数据，大大提高“下单—供货—对账”信息交换的准确性和及时性，对供应商提供完整的销售及库存信息，使商品从采购到销售终端的过程管理进一步透明化，提高双方对供应链的预测和优化能力，从而降低运营成本，提高效益，使工商关系得到改善，形成协同效应。IBM（中国）公司在中国建有完善的数据中心，能及时跟进联华的跨地区发展，为联华全国战略提供强有力的保障体系。

（资料来源：http://www.chinacpx.com/zixun/95032.html）

**分析：**零售行业的竞争已经深入到各个层面，利用 IT 技术建立统一的供应链管理平台，已经成为大型零售企业参与竞争的重要技术支撑。目前国际大型零售集团如沃尔玛、家乐福都建有强大的供应链管理平台。此项战略合作项目的启动，标志着国内与国际零售商的竞争，已经上升到针对各环节的管理竞争阶段。

## 5.1.2 供应链管理信息技术支撑体系

5.1.2.1 基于 EDI 的供应链管理信息技术支撑体系

国际标准化组织（ISO）将 EDI 定义为“将商业或行政事务处理，按照一个公认的标准，形成结构化的事务处理或信息数据格式，从计算机到计算机的数据传输”。EDI 系统原理与组成如图 5—2 所示。

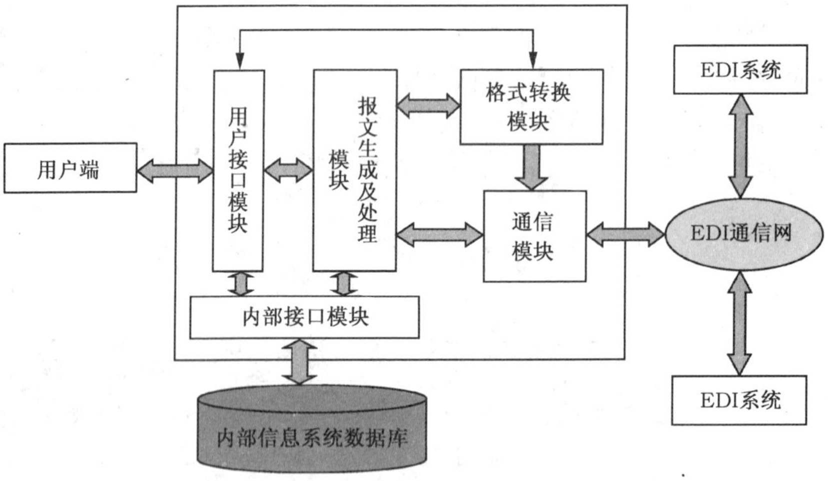


**图 5—2 EDI 系统原理与组成**

在供应链管理的应用中，EDI 是供应链企业信息集成的一种重要工具，一种在合作伙伴企业之间交互信息的有效技术手段，特别是在全球进行合作贸易时，它是在供应链中连接节点企业的商业应用系统的媒介。通过 EDI，可以快速获得信息，提供更好的服务，减少纸面作业，更好地沟通和通信，提高生产率，降低成本，并且能为企业提供实质性的、战略性的好处，如：改善运作、改善与客户的关系、提高对客户的响应、缩短事务处理周期、减少订货周期、减少订货周期中的不确定性、增强企业的国际竞争力等。

供应链中的不确定因素是最终消费者的需求，必须对最终消费者的需求做出尽可能准确的预测，因为供应链中的需求信息都源于而且依赖于这种需求预测。利用 EDI 相关数据进行预测，可以减少供应链系统的冗余性，因为这种冗余可能导致时间的浪费和成本的增加。通过预测信息的利用，用户和供应商可以一起努力缩短订单周期时间。

将 EDI 和企业的信息系统集成起来能显著提高企业的经营管理水平。例如，美国的福特公司把 EDI 视为“精细调整 JIT 的关键”；DEC 公司也是把 EDI 和 MRP 连接起来，使 MRP 系统实现了电子化，公司库存因而减少 80%，交货时间减少 50%；通用电气公司通过采用 EDI，采购部门的工作效率提高了，节约了订货费用和人力成本。

基于 EDI 的信息集成后，供应链节点企业之间与有关商务部门之间也实现了一个集成，形成一个集成化的供应链，如图 5—3 所示。其基本过程是先将企业各子公司和部门的信息系统组成局域网(LAN)，在局域网的基础上组建企业级广域网(WAN)，相当于 Intranet，再和其他相关的企业和单位连接。和其他企业的通信连接方式通过增值网(EDI 中心)或 Internet 网。随着 Internet 的发展，传统的客户/服务器模式 EDI 也将向 Browser/server 模式转变。

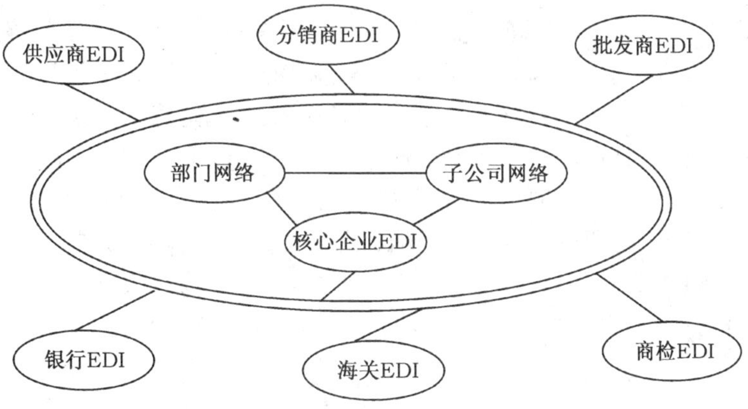


**图 5—3　基于 EDI 信息的企业集成模式**

建立基于 EDI 的供应链信息组织和传递模式，各企业都必须遵守统一的商业操作模式(标准)，采用标准的报文形式和传输方式。目前广泛采用的是联合国贸易数据交换标准—UN/EDIFACT。

供应商和用户(分销商、批发商)一起协商确定标准报文，首先用户(分销商、批发商)提供商品的数据结构，然后由 EDI 标准专业人员在 EDIFACT 标准中选取相关的报文、段和数据元。

5.1.2.2　基于 Internet/Intranet 的供应链管理信息技术支撑体系

实施供应链管理的企业在构建管理信息系统时，要正确处理各种关系，并充分考虑各种因素的影响程度。根据企业所处环境、自身条件和营销策略，建立一种现代企业的管理信息系统，这包括企业经营观念、方式和手段的转变，它将产生新的深层次变革。一般企业可以通过高速数据专用线连接到 Internet 骨干网中，通过路由器与自己的 Intranet 相连，再由 Intranet

内主机或服务器为其内部各部门提供存取服务。

根据该结构，我们可以在供应链企业中充分利用 Internet 和 Intranet 建立三个层次的管理信息系统。

(1)外部信息交换

企业首先应当建立一个 Web 服务器(Internet 和 Intranet 软件的主要部分)。通过 Internet，一方面完成对企业在不同地域的分销商、分支机构、合作伙伴的信息沟通与控制，实现对重要客户的及时访问与信息收集；另一方面可以实现企业的电子贸易，在网上进行售前、售中、售后服务和金融交易。这一层的工作主要由企业外部的 Internet 信息交换来完成。企业需要与交换对象签订协议，规定信息交换的种类、格式和标准。

(2)内部信息交换

管理信息系统的核心是企业的 Intranet，因为企业的事务处理、信息共享、协同计算都是建立在 Intranet 上的，要与外部交换信息也是以 Intranet 组织的信息为基础的。因此，企业建立了硬件框架之后的关键工作就是要决定在 Internet 上共享信息的组织形式。信息处理系统主要完成数据处理、状态统计、趋势分析等任务。它们以往大部分由企业部门内部独立的个人计算机应用系统组成，主要涉及企业内部所有部门的业务流程。它们所处理的信息是企业内部 Intranet 信息共享的主要对象。

(3)信息系统的集成

集成化供应链管理环境下，要实现企业内部独立的信息处理系统之间的信息交换，就需要设计系统之间信息交换的数据接口。以往企业各部门的信息系统之间往往由于系统结构、网络通信协议、文件标准等环节的不统一而呈现分离的局面，而通过 Internet 的“标准化”技术，Intranet 将以更方便、更低成本的方式来集成各类信息系统，更容易达到数据库的无缝连接，使企业通过供应链管理软件使内外部信息环境集成为一个统一的平台整体。

当客户用浏览器浏览页面时，通过 Web 服务器 CGI 激活应用服务器，调用其中已定义好的应用处理(CGI 脚本或 PB60 应用等)，处理完毕，执行结果以 HTML 格式返回 Web 服务器，Web 服务器再将 HTML 发布给用户，客户端用浏览器接收结果。

# 任务 5.2 供应链管理应用系统

## 5.2.1 经理信息系统

### 5.2.1.1 经理信息系统的定义

经理信息系统(executive information systems，EIS)是用于提供经理决策所需要的信息的系统，也称为高级管理人员信息系统或主管信息系统。经理信息系统与智能系统的关系如图 5—4 所示。

### 5.2.1.2 经理信息系统的特点

EIS 作为支持高层管理的计算机工具，要适合经理直接使用而不通过中间环节，应具有以下特点：

(1)能存取和集合大范围的系统内、外部数据；

(2)能对数据进行提取、过滤和压缩，并能跟踪重要数据；

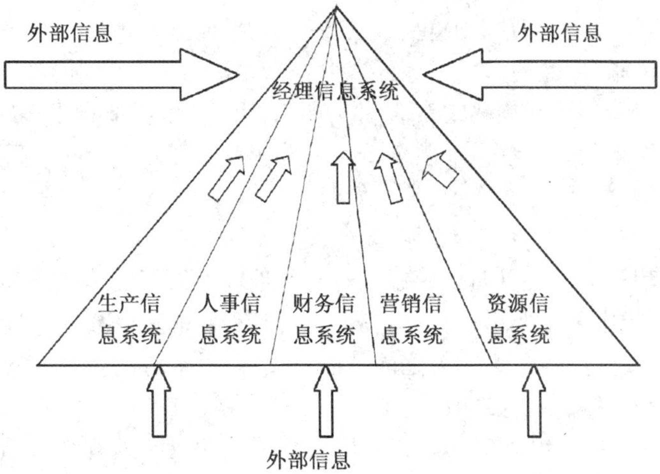


**图 5—4 经理信息系统与智能子系统的关系**

(3)提供联机检索、趋势分析和非常规报表；

(4)具有友好的人机界面，使用户易学易用甚至不学即用；

(5)提供图表和文本信息；

(6)提供其他功能，如：支持电子通信(如电子邮件、字处理)，有独立的数据处理分析工具(如电子表格、查询语言或与 DSS 相连)，其他办公计算工具等。

为实现 EIS 的基本功能，不仅要从企业内部数据库中提取数据，而且要广泛地收集企业外部环境信息。EIS 的数据提取模式如图 5—5 所示。

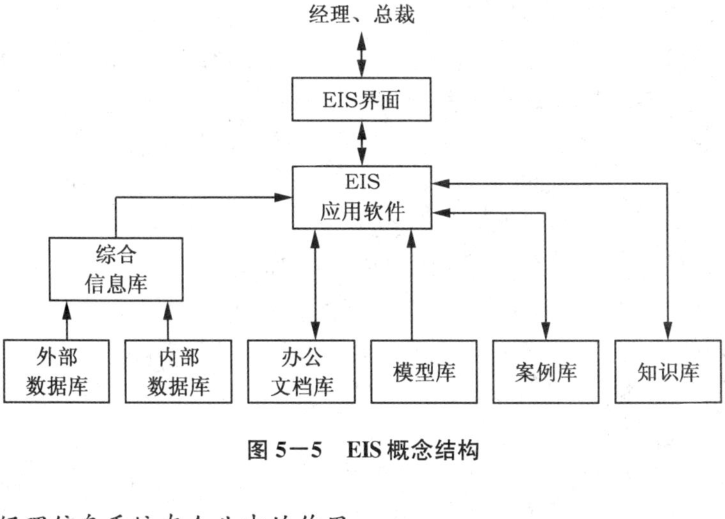


**图 5—5 EIS 概念结构**

5.2.1.3 经理信息系统在企业中的作用

(1)方便数据收集加工

EIS 提供给高级经理们的是数据加工工具，而不是事先约定一个专门的问题再给出答案。经理们可以根据个人需要随意地对问题进行加工。在思考问题做决策时，把系统作为他们个人能力的延伸。EIS 不是做决策的系统，它是辅助高级经理做决策的工具。

(2)增强分析、比较、预测能力

EIS一个最明显的优点是它的分析、比较以及预测某种趋势的能力。用户可以很方便地利用图形输出结果,用较少的时间浏览更多的数据信息,而且这种方式比完全是数字的报告系统所提供的信息更清晰、内涵更多。如果不使用EIS,经理们要得到同样的一些数据信息,他的下属职员要花费几天甚至几周的宝贵时间。有了EIS,就可以节省很多时间,经理和他的下属职员可以利用省下来的时间去做那些创造性的分析和决策工作,而且EIS所具有的"漫游"能力能够提高经理们分析问题、进行决策的质量。

(3)监控组织运作

经理们还可以利用EIS在其责任范围内更有效地监控组织的运作情况。EIS就好像是一个"监视器",监视组织中的主要运行指标,它可以及时有效地获得数据,以便尽早发现问题,采取措施,使问题可以在其产生严重后果之前得以解决,同时也可以更早地发现机遇。

(4)下放决策权限,提高管理绩效

EIS同时也可以改变组织的工作方式。EIS可以非常及时地存取大量的数据,改善下属部门向经理汇报日常运行情况的方式,使经理们能够更好地监控组织的运行。正是这种监控能力使决策可以分散进行,甚至可以发生在运作层。经理们通常也都愿意将决策工作逐级分解,让组织中的下属经理们也参与,EIS能使这一切得到保证。一个好的EIS能够极大地改善管理绩效,提高高层管理者们的控制范围。

尽管如此,目前国内对经理信息系统基本上还停留在研究与讨论的阶段,少数报道的EIS例子与目标尚有较大的差距。究其原因,技术上开发EIS难度很大,费用也很高;需求上,还没有被高层普遍重视起来。有理由相信,随着信息化的普及和IT技术的迅速发展,EIS系统必将成为有前途的增长领域。

### 5.2.2 决策支持系统

#### 5.2.2.1 决策支持系统的定义

决策支持系统DSS(decision support system),是在半结构化和非结构化决策活动过程中,通过人一机对话,向决策者提供信息,协助决策者发现和分析问题,探索决策方案,评价、预测和选择方案,以提高决策有效性的一种以计算机为手段的信息系统。

#### 5.2.2.2 决策支持系统的功能

(1)管理并随时提供与决策问题有关的组织内部信息。

(2)收集、管理并提供与决策问题有关的组织外部信息。

(3)收集、管理并提供各项决策方案执行情况的反馈信息。

(4)能以一定的方式存储和管理与决策问题有关的各种数学模型。

(5)能够存储并提供常用的数学方法及算法。

(6)上述数据、模型与方法能容易地修改和添加。

(7)能灵活地运用模型与方法对数据进行加工、汇总、分析、预测,得出所需的综合信息与预测信息。

(8)具有方便的人一机对话和图像输出功能,能满足随机的数据查询。

(9)提供良好的数据通信功能,以保证及时收集所需数据并将加工结果传送给使用者。

(10)具有使用者能忍受的加工速度与响应时间,不影响使用者的情绪。

#### 5.2.2.3 决策支持系统的基本模式与结构

决策支持系统的基本模式反映了DSS的形式及其与"真实系统"、人和外部环境的关系。

其建立是开发中最初阶段的工作，它通过对决策问题与决策过程的系统分析来描述。决策支持系统基本模式如图 5—6 所示，决策支持系统结构如图 5—7 所示。

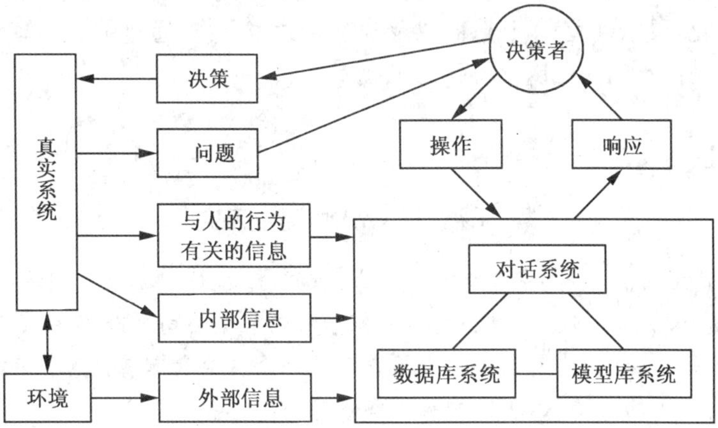


**图 5—6　决策支持系统的基本模式**

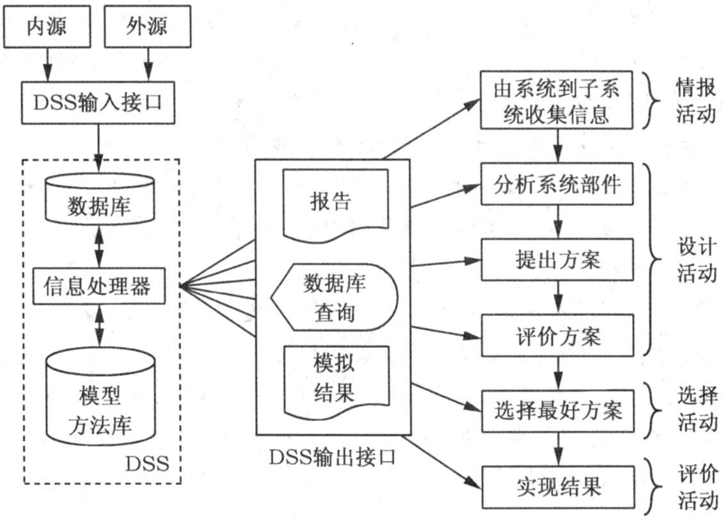


**图 5—7　决策支持系统结构**

## 5.2.3　有效客户反应和快速反应

5.2.3.1　*有效客户反应*

ECR(efficient consumer response)即有效客户反应，它是在百货分销系统中，分销商和供应商为消除系统中不必要的成本和费用，给客户带来更大效益而进行密切合作的一种供应链管理战略。具体地说，实施 ECR 需要将条码、扫描技术、POS 系统和 EDI 结合起来，在供应链之间建立一个无纸系统，以确保产品能不间断地由供应商流向最终客户，同时信息流能够在开放的供应链中循环流动。

5.2.3.2 快速反应

快速反应(quick response)是制造商为了在精确的数量、质量和时间要求条件下为客户提供产品，将订货提前期、人力、物料和库存的花费降低到最小，同时强调系统的柔性，以满足竞争市场的不断变化，要求供应商、制造商以及分销商紧密合作，通过信息共享共同预测未来的需求并且持续监视需求的变化以获得新的机会。

【案例分析5－2】

**家乐福：从VMI中受益无穷**

家乐福在引进QR系统后，一直努力寻找合适的战略伙伴以实施VMI计划。经过慎重挑选，家乐福最后选择了其供应商雀巢公司。就家乐福与雀巢公司的既有关系而言，双方只是单纯的买卖关系，唯一特殊的是，家乐福对雀巢来说是一个重要的零售商客户。在双方的业务往来中，家乐福具有十足的决定权，决定购买哪些产品与数量。

两家公司经协商，决定由雀巢建立整个VMI计划的机制，总目标是增加商品的供应效率，降低家乐福的库存天数、缩短订货前置时间，以及降低双方物流作业的成本等。

由于双方各自有独立的内部ERP系统，彼此并不相容，因此家乐福决定与雀巢以EDI连线方式来实施VMI计划。在VMI系统的经费投入上，家乐福主要负责EDI系统建设的花费，没有其他额外的投入；雀巢公司除了EDI建设外，还引进了一套VMI系统。经过近半年的VMI实际运作后，雀巢对家乐福配送中心产品的到货率由原来的80%左右提升至95%(超越了目标值)。家乐福配送中心对零售店铺产品到货率也由70%提升至90%左右，并仍在继续改善中；库存天数由原来的25天左右下降至15天以下，在订单修改方面也由60%～70%下降至现在的10%以下，每日商品销售额则上升了20%左右。总体而言，VMI使家乐福受益无穷，极大地提升了其市场反应能力和市场竞争能力。

相对家乐福的受益，雀巢公司也受益匪浅。最大的收获便是在与家乐福的关系改善方面。过去雀巢与家乐福只是单向的买卖关系，所以家乐福要什么就给他什么，甚至是尽可能地推销产品，彼此都忽略了真正的市场需求，导致好卖的商品经常缺货，而不畅销的商品却有很多存货。这次合作使双方愿意共同解决问题，从而有利于从根本上改进供应链的整体运作效率，并使雀巢容易掌握家乐福的销售资料和库存动态，以更好地进行市场需求预测和采取有效的库存补货计划。

(资料来源：http://www.zh-hz.com/html/2012/06/11/128717.html)

**分析：**VMI是QR系统的一种重要物流运作模式，也是QR走向高级阶段的重要标志。VMI的核心思想在于零售商放弃商品库存控制权，而由供应商掌握供应链上的商品库存动向，即由供应商依据零售商提供的每日商品销售资料和库存情况来集中管理库存，替零售商下订单或连续补货，从而实现对顾客需求变化的快速反应。VMI不仅可以大幅改进QR系统的运作效率，即加快整个供应链面对市场的回应时间，较早地得知市场准确的销售信息；而且可以最大化地降低整个供应链的物流运作成本，即降低供应商与零售商因市场变化带来的不必要库存，达到挖潜增效、开源节流的目的。

## 5.2.4　电子订货系统

5.2.4.1　电子订货系统的定义

电子自动订货系统(electric ordering system,EOS)是零售业与批发业之间通过增值网或互联网和终端设备以在线连接(On-Line)方式,将从订货到接单的各种信息,用计算机进行处理的系统。

5.2.4.2　电子订货系统的运作方式

EOS 系统并非单个的零售店与单个的批发商组成的系统,而是许多零售店与许多批发商组成的大系统的整体运作方式。EOS 系统基本上是在零售的终端利用条形码阅读器获取准备采购的商品条形码,并在终端机上输入订货资料;利用网络传到批发商的计算机中;批发商开出提货传票,并根据传票同时开出拣货单,实施拣货,然后依据送货传票进行商品发货;送货传票上的资料便成为零售商的应付账款资料及批发商的应收账款资料,并接到应收账款的系统中去;零售商对送到的货物进行检验后,便可以陈列与销售了。

5.2.4.3　电子订货系统的基本框架

EOS 按应用范围可分为企业内的 EOS(如连锁店经营中各个连锁分店与总部之间建立的 EOS 系统),零售商与批发商之间的 EOS 系统以及零售商、批发商和生产之间的 EOS 系统。EOS 的基本框架如图 5—9 所示。

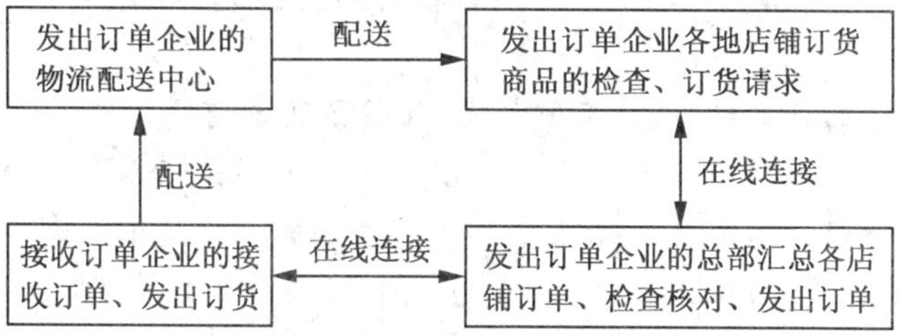


**图 5—9　EOS 的基本框架**

5.2.4.4　电子订货系统的作用

EOS 系统能及时准确地交换订货信息,它在企业物流管理中具有以下作用:

(1)对于传统的订货方式,如上门订货、邮寄订货、电话、传真订货等,EOS 系统可以缩短从接到订单到发出订货的时间,缩短订货商品的交货期,减少商品订单的出错率,节省人工费。

(2)有利于减少企业的库存水平,提高企业的库存管理效益,同时也能防止商品特别是畅销商品缺货现象的出现。

(3)对于生产厂家和批发商来说,通过分析零售商的商品订货信息,能准确判断畅销商品和滞销商品,有利于企业调整商品生产和销售计划。

(4)有利于提高企业物流信息系统的效率,使各个业务信息子系统之间的数据交换更加便利和迅速,丰富企业的经营信息。

5.2.4.5　电子订货系统的网络应用

EOS 能处理从新商品资料的说明直到会计结算等所有商品交易过程中的作业,可以说 EOS 涵盖了整个商流。电子订货系统的网络应用如图 5—10 所示。

在寸土寸金的情况下,零售业已没有多少空间用于存放货物,在要求供货商及时补足售出商品的数量且不能有缺货的前提下，更必须采用 EOS 系统。EDI/EOS 因内含了许多先进的管理手段，因此在国际上使用非常广泛，并且越来越受到商业界的青睐。

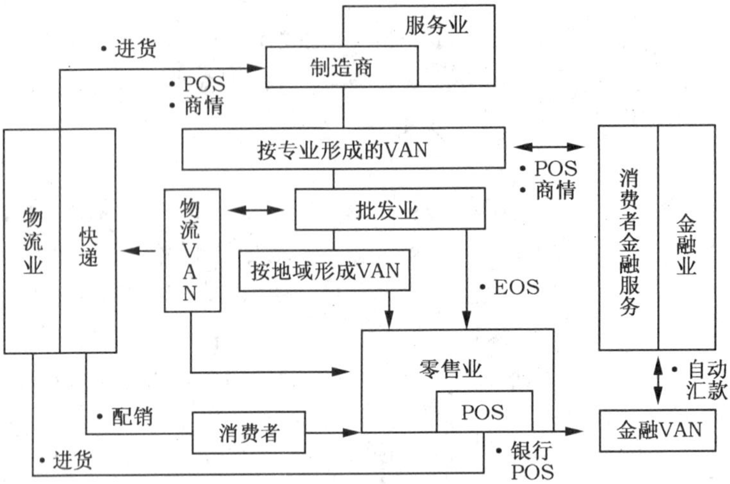


**图 5—10　电子订货系统的网络应用**

【小思考 5－1】

**企业在应用 EOS 系统时应注意哪些问题**

企业在应用 EOS 系统时应注意：

(1)订货业务作业的标准化，这是有效利用 EOS 系统的前提条件。

(2)商品代码的设计。在零售行业的单品管理方式中，每一个商品品种对应一个独立的商品代码，商品代码一般采用国家统一规定的标准。对于统一标准中没有规定的商品则采用本企业自己规定的商品代码。商品代码的设计是应用 EOS 系统的基础条件。

(3)订货商品目录账册(Order Book)的制作和更新。订货商品目录账册的设计和运用是 EOS 系统成功的重要保证。

(4)计算机以及订货信息输入和输出终端设备的添置与 EOS 系统设计是应用 EOS 系统的基本条件。需要制定 EOS 系统应用手册并协调部门间、企业间的经营活动。

### 5.2.5　销售点管理系统

5.2.5.1　POS 系统的概念

销售时点信息(point of sale)系统是指通过自动读取设备(如收银机)在销售商品时直接读取商品销售信息(如商品名、单价、销售数量、销售时间、销售店铺、购买顾客等)，并通过通信网络和计算机系统传送至有关部门进行分析加工以提高经营效率的系统。

POS 系统最早应用于零售业，以后逐渐扩展至其他如金融、旅馆等服务性行业，利用 POS 信息的范围也从企业内部扩展到整个供应链。下面以零售业为例对 POS 系统进行说明。

5.2.5.2　POS 系统的运行步骤

POS 系统的运行由以下 5 个步骤组成：

第一步，店头销售商品都贴有表示该商品信息的条形码(barcode)或 OCR 标签(optical character recognition)。

第二步，在顾客购买商品结账时，收银员使用扫描读数仪自动读取商品条形码标签或 OCR 标签上的信息，通过店铺内的微型计算机确认商品的单价，计算顾客购买总金额等，同时返回给收银机，打印出顾客购买清单和付款总金额。

第三步，各个店铺的销售时点信息通过 VAN 以在线联结方式即时传送给总部或物流中心。

第四步，在总部，物流中心和店铺利用销售时点信息来进行库存调整、配送管理、商品订货等作业。

通过对销售时点信息进行加工分析来掌握消费者购买动向，找出畅销商品和滞销商品。以此为基础，进行商品品种配置、商品陈列、价格设置等方面的作业。

第五步，在零售商与供应链的上游企业(批发商、生产厂家、物流业者等)结成协作伙伴关系(也称战略联盟)的条件下，零售商利用 VAN 以在线连接的方式把销售时点信息即时传送给上游企业。这样上游企业可以利用销售现场最及时准确的销售信息制定经营计划、进行决策。

例如，生产厂家利用销售时点信息进行销售预测，掌握消费者购买动向，找出畅销商品和滞销商品，把销售时点信息(POS 信息)和订货信息(EOS 信息)进行比较分析来把握零售商的库存水平，以此为基础制定生产计划和零售商库存连续补充计划(continuous replenishment program，CRP)。

5.2.5.3　POS 系统的特征

(1)单品管理、职工管理和顾客管理

零售业的单品管理是指对店铺陈列展示销售的商品以单个商品为单位进行销售跟踪和管理的方法。由于 POS 信息即时准确地反映了单个商品的销售信息，因此 POS 系统的应用使高效率的单品管理成为可能。

职工管理是指通过 POS 终端机上的计时器的记录，依据每个职工的出勤状况、销售状况(以月、周、日甚至时间段为单位)进行考核管理。

顾客管理是指在顾客购买商品结账时，通过收银机自动读取零售商发行的顾客 ID 卡或顾客信用卡来把握每个顾客的购买品种和购买额，从而对顾客进行分类管理。

(2)自动读取销售时点的信息

在顾客购买商品结账时，POS 系统通过扫描读数仪自动读取商品条形码标签或 OCR 标签上的信息。在销售商品的同时获得实时(real time)的销售信息是 POS 系统的最大特征。

(3)信息的集中管理

在各个 POS 终端获得的销售时点信息以在线联结方式汇总到企业总部，与其他部门发送的有关信息一起由总部的信息系统加以集中并进行分析加工，如把握畅销商品和滞销商品以及新商品的销售倾向，对商品的销售量和销售价格、销售量和销售时间之间的相关关系进行分析，对商品店铺陈列方式、促销方法、促销期间、竞争商品的影响进行相关分析等。

(4)连接供应链的有力工具

供应链参与各方合作的主要领域之一是信息共享，而销售时点信息是企业经营中最重要的信息之一，通过它能及时把握顾客的需要信息，供应链的参与各方可以利用销售时点信息并结合其他的信息来制定企业的经营计划和市场营销计划。

目前，领先的零售商正在与制造商共同开发一个整合的物流系统 CFAR(整合预测和库存补充系统，collaboration forecasting and replenishment)，该系统不仅分享 POS 信息，而且一起联合进行市场预测，分享预测信息。

5.2.5.4 POS 系统的组成结构

商业 POS 系统分为硬件和软件两部分。

硬件是一个计算机网络系统，如图 5－11 所示，既可以是集中式的大系统，也可以用微型机连成局域网，这要视商场的规模、信息量、处理量和资金投入而定，但大致可分为以下三个组成部分：

(1)前台收款机。可采用具有顾客显示屏和票据打印机、条形码扫描器的 POS 机型。条形码扫描器可根据商品的特点选用手持式或台式，以提高数据录入的速度和可靠性。

(2)网络。目前我国大多数商场一般内部信息的交换量很大，而对外的信息交换量则很小，因此，计算机网络系统应采用以高速局域网为主、电信系统提供的广域网为辅的整体网络系统。

(3)硬件平台。大型商业企业的商品进、存、调、销的管理复杂，账目数据量大，且需频繁地进行管理和检索，选择较先进的客户机/服务器结构，可大大提高工作效率，保证数据的安全性、实时性及准确性。

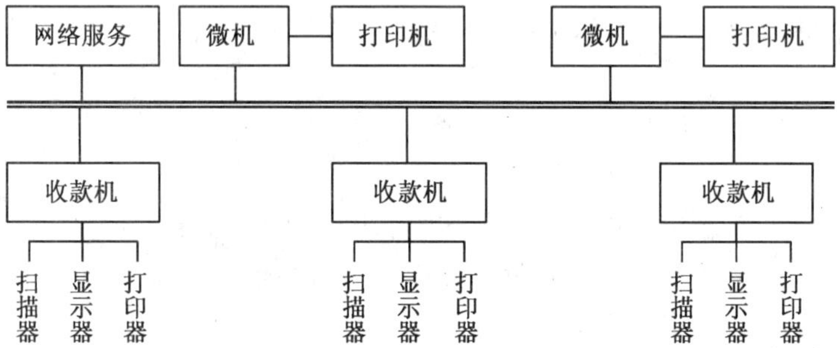


图 5－11 商业 POS 系统硬件组成示意

软件系统是商业 POS 系统的核心部分，从根本上说，它仍属于管理信息系统(MIS)的范畴。MIS 的三个层次，即操作层、管理层、决策层，对于商业 POS 系统同样适用，但人们更习惯把商业 POS 系统的软件分为前台和后台两个部分，如图 5－12 所示。

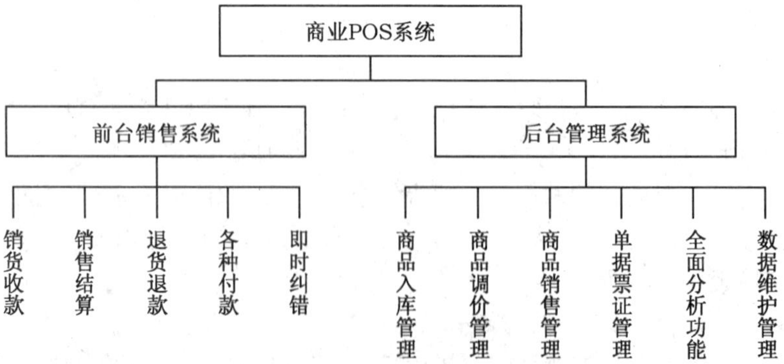


图 5－12 商业 POS 系统软件组成

前台销售系统具有的功能是：日常销售、交班结算、退货、各种付款和即时纠错。

后台管理软件应具有的功能:商品入库管理、商品调价管理、单据票证管理、商品销售管理报表打印管理和数据维护管理。

【小思考5－2】

**POS系统引入前后效益的比较**

表5－1　**POS系统引入前后效益对比**

| 作　业 | 引入前 | 引入后 |
|---|---|---|
| 前台收款作业 | 人工作业,费时费力,质量低 | 用条形码进行商品分类管理 |
| | 输入错误率高 | 扫描器输入正确率高,收款速度快,服务质量稳定 |
| | 收款难免舞弊 | 培训成本低,对人员流动没有顾虑 |
| | 现金管理不易 | 现金管理周全,没有舞弊 |
| | 商品多得无法掌握 | 保证了顾客满意的目标 |
| 销售管理作业 | 凭直觉判断畅销、滞销商品 | 前台可进行实时监控 |
| | 无法进行销售时段及顾客层次分析 | 后台可提供顾客层次、销售时段等分析 |
| | 运用变价及特价比较困难 | 可提供畅、滞销商品管理 |
| | 难以掌握顾客购买动向 | 变价方便 |
| | | 节省人力,信息可及时反馈 |
| 库存管理作业 | 库存掌握困难 | 货架库存由计算机管理 |
| | 采购凭直觉 | 采购单由计算机直接提供 |
| | 成本及毛利计算模糊 | 提供成本与毛利管理 |
| | 损耗无法准确管理 | 可追踪分析损耗 |

# 任务5.3　制造业供应链管理信息系统

## 5.3.1　制造业供应链管理概述

随着经济全球化和信息技术的发展,以及企业经营环境翻天覆地的变化,使得单个制造企业感到很难应对复杂和动态变化的竞争市场环境,任何制造企业都不可能在价值链中的所有环节取得绝对的竞争优势。制造企业开始注重与他们的上下游企业建立和改善长期的合作伙伴关系,以降低交易成本。供应链就这样产生了。

制造业供应链是以大型制造企业为核心,将众多的原材料供应商、中小型通用件制造企业和专用件制造企业、物流企业、分销商、零售商等经济活动主体连成一个整体,其结构模型如图5－13所示。如汽车制造业供应链,以大型汽车制造企业为核心,众多的原材料供应商、中小型通用件制造企业和专用件制造企业为它提供上万种零部件配套,汽车分销商、汽车零售商和汽车物流企业将其总装的汽车送至用户。

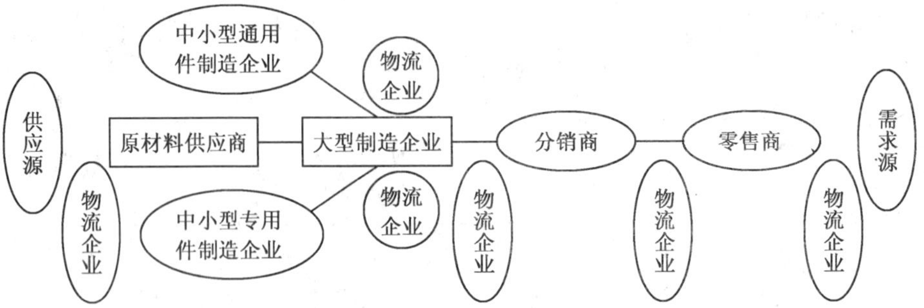


图 5－13 制造业供应链结构模型

在制造业中，制造商是中间商的上游企业，它在供应链中向下游中间商提供产品，而自身又根据中间商的订单向原料供应商购买生产所需的原料。

【案例分析 5－3】

**某汽车公司的资源管理**

某汽车公司是国内知名的大型轿车生产厂商之一，年产 15 万辆轿车和 20 万台发动机，在最近几年其规模将扩大至年产 30 万辆轿车和 40 万台发动机。该公司坚持"以市场为导向、以质量为基础、以管理为载体、以效应为目的"的方针，倡导"忠诚、务实、拼搏、创新"精神，努力实现"打造中国家用轿车第一品牌"的远景目标。目前已在全国建立了约 300 家销售服务网点，形成了覆盖全国的销售、服务、信息及物流四大网络。

公司物流包括备件物流、供应商物流和整车物流。备件物流是指从其备件中心库向全国 197 个城市 267 个特约服务站的汽车备件配送；供应商物流是指全国 226 个供应商向该公司(武汉)总装线及备件库的备件供应；整车物流是指汽车成品向客户及销售服务站的送货。2003 年 9 月初，该公司委托中邮物流为其提供备件物流门到门运输服务。中邮物流公司承诺，根据双方合作的业务进程及业务规模，将在备件运输上帮助该公司降低物流成本，并提高运输服务质量。

(资料来源：http://wenku.baidu.com/view/3dc780bc1a37f111f1855bb5.html)

**分析：**当今汽车制造企业如果想有更大的发展，与其他企业合作是一种趋势；企业集中资源做好企业的核心业务，才能更有竞争力，企业才能有更好的明天。

## 5.3.2 制造业供应链管理信息系统结构

### 5.3.2.1 系统体系结构

制造业供应链管理信息系统(MISMSC)体系结构由以下几个部分构成(如图 5－14)：

(1)企业级数据库。存储制造业供应链各成员企业的本地数据，包括原材料信息、产品信息和生产信息等，是制造业供应链分布式数据库的一部分。

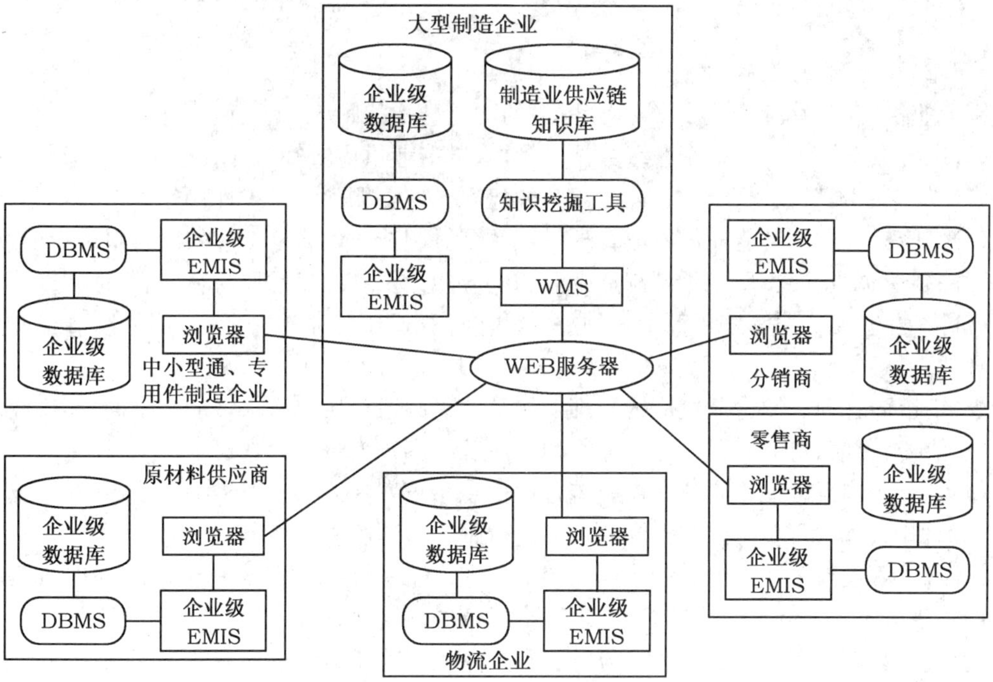


**图 5—14　制造业供应链管理信息系统(MISMSC)体系结构**

(2)数据库管理系统(database management system,DBMS)。负责制造业供应链各成员企业的本地数据的管理,包括数据库的建立、原始数据输入等。

(3)企业级管理信息系统(enterprise management information system,EMIS)。负责制造业供应链各成员企业本地各项业务活动的具体处理,主要是业务数据输入、查询、存储、打印及维护等,是分布式制造业供应链管理信息系统的一部分。

(4)浏览器。浏览器是众多的原材料供应商、中小型通用件制造企业、中小型专用件制造企业、物流企业、分销商、零售商的企业级 EMIS 相互之间,以及与大型制造企业信息系统交互的界面。

(5)制造业供应链知识库。存储制造业供应链的公共知识和供应链成员企业之间的合作协议,支持制造业供应链的工作流执行。

(6)知识挖掘工具。以制造业供应链知识库中的大量知识为基础,自动发现潜在的商业知识,并以这些知识为基础自动做出预测。知识挖掘工具发现的新知识可以用于指导制造业供应链成员各企业的业务处理,也可以立即补充到制造业供应链管理信息系统的知识库中。

(7)工作流管理系统(workflow management system,WMS)。它是制造业供应链管理信息系统的关键部分,负责商业过程的建模、执行与监控。基于制造业供应链各成员企业的命令,工作流管理程序按存储在知识库中的规则分析形成工作流,并利用工作流来协调完成制造业供应链各成员企业级管理信息系统之间的通信。

(8)WEB 服务器。当众多的原材料供应商、中小型通用件制造企业、中小型专用件制造企业、物流企业、分销商、零售商的 WEB 浏览器连接到大型制造企业的 WEB 服务器上并请求文件时,WEB 服务器将处理该请求(当需要用到制造业供应链知识库的知识时,通过知识挖掘工具访问制造业供应链知识库)并将文件发送到该浏览器上,附带的信息会告诉浏览器如何查看该文件。

5.3.2.2 系统功能结构

制造业供应链管理信息系统(MISMSC)的功能结构如图 5－15 所示。

(1)系统数据管理。包括企业级数据库管理、制造业供应链知识库管理。主要指制造业供应链管理信息系统对数据、模型、方法、规则的建立、修改、删除等维护性操作。

(2)供应商管理。制造业供应链管理信息系统对制造业供应链众多的原材料供应商、中小型通用件制造企业、中小型专用件制造企业的供应能力及其提供的原材料、通用件和专用件的质量、价格、及时交货率等进行评价,对原材料供应商、通用件制造企业、专用件制造企业进行动态管理。

(3)销售商管理。制造业供应链管理信息系统对制造业供应链众多的分销商、零售商的区位、营销能力、资信、财务状况等进行评价,对分销商、零售商进行筛选。

(4)订单与物流管理。制造业供应链管理信息系统对制造业供应链中的第三方物流企业进行评价和筛选,对订单与合同涉及的物流进行跟踪管理和库存控制。

(5)财务管理与资产管理。制造业供应链管理信息系统对现金流进行跟踪,及时进行制造业供应链成员企业之间的资金结算,管理固定资产的新置、折旧与更新换代。

(6)计划与研发管理。制造业供应链管理信息系统为供应链的所有业务编制计划,对供应链计划进行检查和调整,对制造业供应链的新产品的 R&D 活动进行管理。

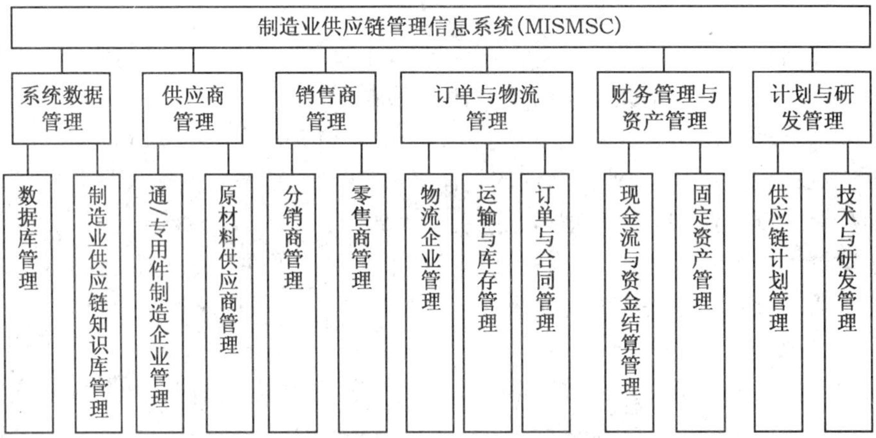


图 5－15 制造业供应链管理信息系统(MISMSC)的功能结构

## 5.3.3 制造业供应链的演化

供应链管理思想从 20 世纪 80 年代提出来,一直到现在,其本身的内涵也在不断变化,企业对供应链管理思想的认知也在变化。比如:刚开始提供应链的时候,企业会问供应链"是什么";现在变成"为什么做"和"如何去做"。实施供应链管理必须有系统思维,整体不等于个体的简单加和,企业要转变思想。现在很多人还是把管理的重点放在单一企业上。

供应链管理的内核就是"平顺思维",对供应链上的物料流、信息流和服务流,以系统思维方式追求"流"的协调性。但是,实际情况是管理者以单一企业或者某一职能为对象的更普遍一些。近些年供应链管理发生了以下六大变化:一是从跨部门整合到跨供应链整合。过去经常围绕一个企业，但是现在不行了，要跨企业整合。二是从有形效率到市场调整。过去我们主要追求的目标是提高库存周转率，现在看来光做到这一点是很不够的，要跟整个市场的调节前后相呼应。三是从单独设计产品到合作设计流程。过去自己怎么做，现在需要把供应链的合作伙伴整合起来，跟供应商合作设计新的产品。四是从简单的削减产品成本到突破商业模式。早期很重要的一个目标是降低成本，但是成本降低有极限，不可能降到零。可以说当今的生产技术加管理技术，对成本的削减已经到了差不多接近极限的地步。下一步必须突破新的商业模式，即找到供应链模式，这个成本就不成问题。五是从大众化供应到个性服务。六是从单体效率的管理到整个供应链协同管理。

【知识链接5－1】

### 传统与现代模式下制造业与零售业供应链角色的转变

在传统的生产销售模式中，制造商控制了生产的原料和技术，很容易成为供应链的主导力量(例如汽车制造企业可以自由选择在各个地区的经销商，制造商可以控制和决定市场的销售价格)。相比之下经销商影响价格的能力相对较小，其主要是通过自身的努力来增加销售量，从而增加自身的收入。而当今现代产业链中大型的连锁销售企业的出现，产生了下游的强势零售商。随着大型零售业的迅速发展，零售商在供应链中扮演着越来越重要的角色，在某些产品市场上已经开始充当渠道领袖的角色。零售商同时作为供应链中最接近消费者的一环，在以消费者为中心的市场中占据越来越重要的地位。

传统的以制造商为主导的供应链模式逐渐转变为以零售商为主导的供应链模式。例如，沃尔玛、家乐福这样的大型超市占据了日用品消费市场的很大份额；像国美、苏宁等在全国都拥有分店的大型电器零售商几乎垄断了家电销售市场。零售商对供应链拥有了巨大的影响力，而这些零售商也在拼命地利用这种能力来领导供应链内的其他企业。因此，零售商供应链是以一个实力强大的零售商为核心企业，这个核心企业在整条供应链中居于主导地位，对供应链的其他企业发挥着它的领导力。

【案例分析5－4】

### 青岛啤酒的供应链管理

啤酒具有易腐、保质期短、运输条件要求高以及不易搬运等特点，对供应链具有很大的挑战性。青岛啤酒在实行供应链管理前每年由于车队而带来的亏损就达上千万元，其表现主要有以下四个方面：产品的“保鲜”之痛；在运输环节上缺乏有效控制；储存设备的管理不当；人为管理没有实现信息化。

供应链管理并不是简单的调整物流配送网络。青岛啤酒为了改善自己的供应链，开始同日本的朝日啤酒进行合作，并组织人员去参观学习。朝日啤酒的供应链管理，又称“鲜度管理”，以生产8天内送到客户手中为目标，库存量控制在1.5～1.6天。通过参观学习，青岛啤酒提出了要实行自己的供应链管理。随之，在供应链方面开始了全方位改革。

严格评估服务商和经销商，对不负责任的服务商和经销商进行撤换。服务商和经销商是一个企业供应链的命脉，尤其是在啤酒行业，必须拥有大批的运输服务商来解决运力问题。青岛啤酒通过筛选，挑选了最优的运输服务商——招商物流来运作。

对运输过程进行严格监控。青岛啤酒对每条路线都规划了具体的时间，实行自动车辆配载，这样就提高了配车效率和配载率。在储存设备的管理上，取消了原有的仓库及物流职能，实行"中央仓—区域仓—客户"的配送网络体系。

采用信息化管理。从运输到仓储，青岛啤酒逐步理清头绪，改变过去的人为管理模式，通过使自己的ERP系统和招商物流的SAP物流管理系统的自动对接，借助信息化对订单流程进行全面改造，从而使"新鲜度管理"的战略得以有条不紊地实施。

加强对市场终端的掌控。青岛啤酒的各个分公司不仅要做市场管理与拓展，还要负责所在范围内的物流运作。这样就可以将企业的全部精力投入到市场终端，而销售人员对市场终端的情况也能够及时掌控。正如青岛啤酒管理层人员所说："我们以前80%的精力都在处理物流的问题上，但现在，我们可以把精力完全放到营销上了。"

同时，由于终端的有效维护，青岛啤酒能够较为准确地做好每个月的销售计划，然后报给招商物流。而对方根据销售计划安排安全库存，这样也就减少了库存过高的危险。

（资料来源：http://wenku.baidu.com/view/617b1f04eff9aef8941e064b.html）

**分析**：青岛啤酒通过实行供应链管理，大量削减了成本，并增加了收入，从而使企业的利润得到了大幅度的提高。在一系列的整合后，青岛啤酒每年过千万元亏损的车队转变成一个高效诚信的运输企业。而且就运输成本来说，由0.4元/千米下降到了0.29元/千米，每个月下降了100万元。在运往外地的速度上，也比以往提高了30%以上。山东省内300公里以内的消费者都能喝上当天的啤酒。而在其他地区，如东北的啤酒一出厂，直接用大头车上集装箱，运到大连时还是热乎乎的。

# 任务5.4 零售业供应链管理信息系统

## 5.4.1 零售业供应链概述

### 5.4.1.1 零售业供应链的定义

零售业供应链是指零售业主根据客户的需求，采购不同来源的货品提供给客户，以满足客户的需求，同时获得利润。

零售业供应链系统包含三个子系统：零售商与供应商系统；零售商内部管理系统；零售商与客户关系系统。为了实现信息的共享和对客户的快速响应，这三个系统是建立在互联网基础上的。

### 5.4.1.2 零售业典型供应链的组成

零售业典型供应链的组成如图5—16所示。

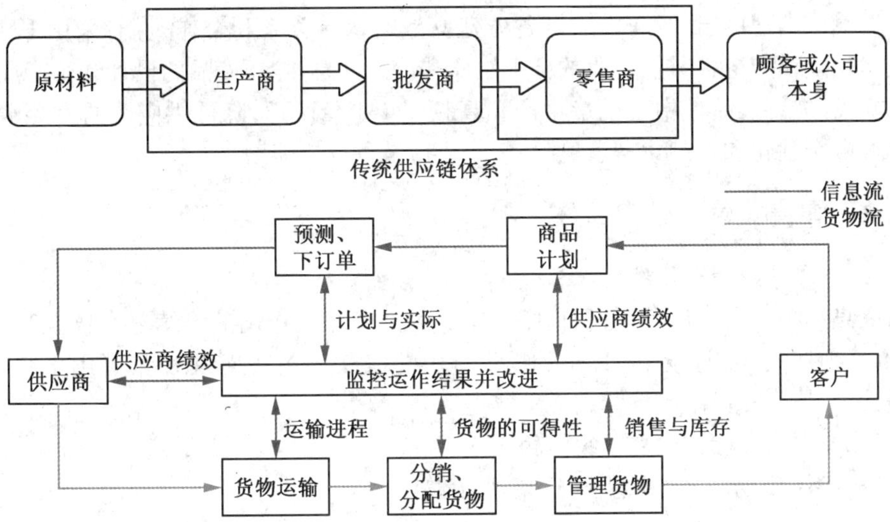


**图 5－16　零售业的典型供应链组成**

5.4.1.3　零售企业供应链管理的实施

(1)识别零售企业的商品需求特性

从商品的生产周期、需求可预测性、商品多样性以及市场导入期与服务的标准等方面来识别商品的需求特性。一般来说,功能性商品的生命周期较长(两年以上),创新性商品的生命周期较短(3 个月～1 年);功能性商品的品种较少(10～20 种变形),创新性商品的品种较多(通常有上千万种变形);功能性商品的需求预测偏差较小(10 %左右),创新性商品的预测偏差较大(40%～100%);功能性商品的平均存货率较低(1%～2%),创新性商品的平均存货率较大(10%～40%);功能性商品的市场导入期较长(6 个月～1 年),创新性商品的市场导入期较短(1 天～2 周);功能性商品的利润贡献率较低(5%～20%),创新性商品的利润贡献率较高(20%～60%)。利用这些判别标准可以有效地识别商品的需求特性。

(2)实施零售商品类别管理

零售商品类别管理是指零售商以某一商品类别作为战略经营单位进行管理,集中精力传递和实现消费者的价值,以取得更好的经营绩效。具体来说,零售企业对经营的所有商品按类别进行分类,确定和衡量每一类别商品的功能、收益性、成长性等指标,并将商品类型区分为功能性商品和创新型商品。在此基础上,结合考虑各类商品的库存水平和货架展示等因素,制定商品品种计划,对整个商品类别进行管理,提高顾客的服务水平,实现整个商品类别的整体收益最大化。

(3)按照商品类型分别采用相应的供应链战略

对于功能性商品应当侧重于降低物流成本,采用效率型供应链,实施有效客户反应(ECR)系统。从提高商品供应的效率入手,与上游供应商和制造商之间利用现代信息技术建立相互协调的供应模式;零售商总部利用 POS 系统提供的商品销售信息,以及对销售量的预测,利用电脑辅助订货系统向供应商订货,由供应商或区域配送中心向各零售商店提供即时补货,拉动制造商进行产品生产,形成销售和配送的同步运转,共享物流设施和仓库资源,降低配送成本,最大限度地减少生产流通环节可能产生的各种浪费。

对于创新性商品应当侧重于降低商流成本，采用反应型供应链，实施快速反应(QR)系统。从提高顾客响应的速度出发，与供应链各方建立战略伙伴关系和合作机制；采用EDI电子数据交换技术实现供应链各节点企业的分工协作和信息共享，缩短商品的设计和生产周期；实施JIT生产方式，进行多品种中小批量生产和高频度小批量配送，降低供应链的库存水平，迅速地满足顾客的个性化和定制化需求，提高整个供应链的反应能力。

## 5.4.2 零售业营销信息系统

### 5.4.2.1 零售业营销系统的概念

营销信息系统是由人员、设备和程序所构成的一个相互作用的连续复合体。其基本任务是及时、准确地搜集、分类、分析、评价和提供有用的信息，供市场营销决策者用于制定或修改市场营销计划，执行和控制市场营销活动。

### 5.4.2.2 零售业营销信息系统的构成

营销信息系统的组成结构如图5—17所示。

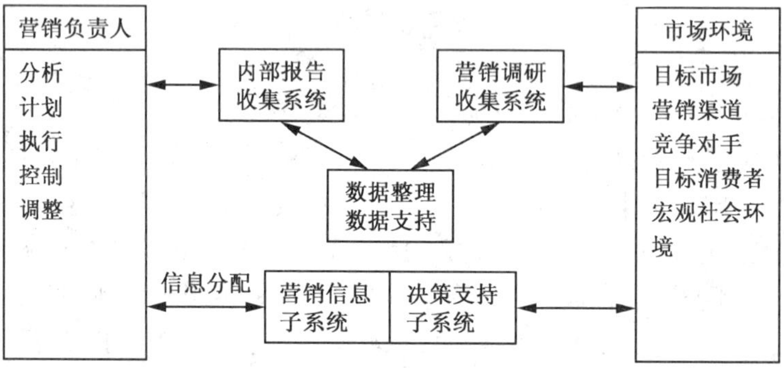


**图5—17 营销信息系统的组成结构**

内部报告系统是最基本的信息系统，它向管理人员提供订单、销售额、存货水平、应收账款和应付账款等信息。内部报告系统的核心是“订单—收款”的循环。该循环主要包括：销售代表、经销商和顾客将订单送交公司；销售部门准备好发货清单并将副本分送各有关部门；对库存不足的重新订货；装运的则附上装运单和发票，同时也将副本分送各有关部门；企业将货物及账单送至顾客手中。

营销情报系统是使企业获得日常关于营销环境发展的恰当信息的一整套程序和来源。内部报告系统为营销人员提供反映企业营销活动结果的数据，营销情报系统则是提供与企业正在进行的营销活动有关的数据。

【知识链接5—2】

**企业营销情报资料的收集**

企业可能从各种途径获得情报，通常通过阅读有关书籍、报刊和行业协会的出版物，或与顾客、供应商、中间商、其他外部人员及企业内部人员的接触、交谈来收集信息。这些做法往往带有偶然性。企业可从以下几方面来改进营销情报的收集工作，以提高营销情报的质量：

①训练和鼓励营销人员收集情报。

②鼓励中间商及其他合作者提供重要情报。

③聘请专家或建立专门的内部信息中心收集情报。

④从专业营销调研公司等外部情报机构购买营销情报。

⑤通过多种方式收集竞争者的情报，如：购买竞争者的产品；参加公开的商品展销会或展览会；阅读竞争者的出版物；出席股东大会；等等。

市场营销调研系统的任务就是系统和客观地识别、收集、分析和传递有关市场营销活动各方面的信息，提出与企业所面临的特定的营销问题有关的研究报告，以帮助营销管理者制定有效的营销决策。营销调研系统不同于营销信息系统，它主要侧重于企业营销活动中某些特定问题的解决。

营销分析系统通过对复杂现象的统计分析、建立数学模型，帮助营销管理人员分析复杂的市场营销问题，做出最佳的市场营销决策。

【知识链接5－3】

### 零售业市场营销信息系统的运用

市场营销信息系统在营销决策中的运用。市场营销信息系统应配合营销决策系统，针对营销管理的需要而运作。一个企业的营销决策系统可视为企业决策者与营销信息系统的相互沟通，营销决策者向信息系统提出问题，信息系统则向决策者提供相应的信息。市场信息系统可通过经常性地提供有关市场信息，来支持营销活动决策。

市场营销信息系统在进行营销可行性分析中的应用。当企业考虑进行大规模营销活动时，一般都要进行可行性调研。决定这一调研成功与否的关键因素，是能否得到高质量的有关市场的信息，以及在对各种信息分析基础上所产生的洞察力。而市场信息系统正是具有寻求市场机会、监测市场环境的功能和作用，因此将有利于企业做出是否进入某目标市场的决策。在可行性调研阶段，一个企业若有能力通过市场营销信息系统获得可信度高的信息，就会清楚地了解拟进入的目标市场的风险，以便合理地规避。

## 5.4.3　零售业供应链管理

零售企业的商品类型可以根据市场需求的特性划分为功能性商品和创新性商品。功能性商品是指那些用以满足基本需求、生命周期长、需求稳定且边际收益较低的商品，例如超市销售的各种日用百货、冷冻冷藏食品、常温加工食品等。功能性商品的生命周期长、需求稳定并可准确预测，从而使供求可以达到近乎完美的平衡，这使市场调节变得容易，其商流成本可以忽略不计，零售企业可以集中几乎全部精力来降低物流成本，通过与上游供应商的密切合作，加速库存周转，及时补充存货，采取高效率低成本的采购，对供应商的选择侧重成本和质量，根据市场预测保证均衡有效地满足顾客的需求，实现整条供应链的库存最小化和效率最大化。显然，功能性商品要求效率过程，经营此类商品的零售企业应当采用效率型供应链。

创新性商品是指在设计或者服务等方面创新的商品，例如时装、高档电器、时尚用品和奢侈品等。这些商品能够带来较高利润，但是由于其生命周期短暂和商品的多样化，需求却很难准确预测，并且大量仿制品的出现会削弱创新商品的竞争优势，企业不得不进行一系列更加新颖的创新，从而使需求更加具有不可预见性。创新性商品具有高度市场不确定性，增加了供求不平衡的风险，因此其主要成本是商流成本而非物流成本，需要零售企业根据市场的变化快速灵活地响应顾客需求。选择供应商要考虑的不是低成本，而是获得速度和柔性；库存和生产能力的关键决策不是使成本最小化，而是响应速度和灵活性，以最大限度地减少市场需求的不确定性给企业造成的损失。显然，创新性商品要求灵敏反应的过程，经营此类商品的零售企业应当采用反应型供应链。如果零售企业经营的商品是功能性商品却采用反应型供应链，或者经营的是创新性商品却采用效率型供应链时，其供应链战略就发生了根本性的错误，这时就需要重新设计供应链。

## ● 基本训练

### 一、知识题

(一)阅读理解

(1)信息管理在供应链中的作用是什么？

(2)实施 ECR 的要点是什么？

(3)简述 EDI 的构成要素。

(4)POS 系统由什么组成，它的任务是什么？

(二)知识应用

1. 判断题

(1)企业流程重构是在原有部门上的专业化划分，是对原有业务的计算机化。（　　）

(2)供应链的业务流程是指为客户产生具体的价值输出的活动。（　　）

(3)QR 是指在供应链中，为了实现共同的目标，零售商和供应商建立战略伙伴关系。（　　）

(4)店铺空间管理是对店铺的空间安排、各类商品的展示比例、商品在货架上的布置等进行最优化管理。（　　）

(5)POS 是供应链中零售端最接近客户的部分。（　　）

2. 选择题

(1)对供应链流程进行集成以及重组的目的在于(　　)。

A. 满足顾客需求

B. 盈利能力最大化

C. 提升横跨供应链总体流程的高效性与有效性

D. 运行效率最大化

(2)实施 QR 需要六个步骤，第一步是(　　)。

A. 条形码和 EDI　　B. 固定周期补货

C. 零售空间管理　　D. 联合产品开发

(3)供应链管理应用系统不包括(　　)。

A. 经理信息系统　　B. 决策支持系统

C. 电子订货系统　　D. 营销信息系统

(4)组成 ECR 系统的技术要素不包括(　　)。

A. 信息技术　　B. 物流技术

C. 营销技术　　D. 条码技术

E. 组织革新技术

(5)QR 是指在供应链中零售商和制造商建立战略伙伴关系。下面用配送方式连续补充商品，提高客户服务水平和企业竞争力的供应链管理方法是(　　)

A. 定期　　B. 少批次大批量

C. 多批次大批量　　D. 多批次小批量

**二、技能题(小项目)**

查阅供应链管理应用系统的知名网站，写出 3～4 个网址，对某一自己感兴趣的网页栏目的话题写一篇关于供应链管理的体会(1 000 字左右)。

实训目的：对供应链管理中的信息技术的重要性有进一步认识，掌握一些企业对供应链管理应用系统的使用经验。

实训要求：认真思考，结合所学知识，用通俗语言写出自己关于供应链管理应用系统的体会。

## ● 综合案例

### Zara 公司的供应链管理

Zara 连锁店通常每周向总部发两次订单，产品也每周更新两次。订单必须在规定的时间之前下达：西班牙和南部欧洲的连锁店通常是每周三下午的 3:00 之前，每周六的下午 6:00 之前，其他地区是每周二的下午 3:00 之前和周五的下午 6:00 之前。如果连锁店错过了最晚的时间，那么只有等到下一次了，公司对这个时间限制的管理非常严格，订单必须准时。所有的产品在连锁店里的时间不会超过 2 个星期，公司在每个季节开始的时候只会生产最低数量的产品，这样可以把过度供给的风险控制在最低的水平，一旦出现新的需求，Zara 公司可以通过其有效的供应链管理迅速组织生产。在存货方面，行业的通常做法是，季度末的时候一般会储存下个季度出货量的 45%～60%，而 Zara 公司的该项指标最大不会超过 20%，它的供应链依靠更加精确的预测和更多更即时的市场信息，反应速度比一般的公司要快得多。

在 Zara 公司的连锁店里如果有产品超过 2～3 周的时间还没销售出去的话，就会被送到所在国的其他的连锁店里，或者送回西班牙。通常，这样的产品数目被控制在总数的 10%以下。在实际运作当中，通常只有很少比例数的产品会被送回到西班牙。这样一来，连锁店的产品更新速度相当快，而且有些款式的衣服是不会有第二次进货的，顾客也就会受到刺激从而在现场就做出购买的决定，因为他们知道一旦错过之后就有可能再也买不到了。从上面我们可以看出，Zara 公司的每种款式的存货水平都比竞争对手低，并且季节末期的时候需要打折出售的产品也相对地少。而且，即使打折销售，行业的平均水平是 6～7 折，而 Zara 公司却能控制在 8.5 折以上。

目前，Zara 公司在全球拥有近 600 家连锁店，而且公司计划每周增开 2 家新的连锁店。同时，该公司还计划扩大连锁店的店面规模，使得有更多的地方摆放展览的橱窗。该公司几乎 90%的连锁店位于国外，但是 Inditex 集团却完全控制了大部分的连锁店，不过在规划中的新的连锁店将会有 1/3 的店引入风险投资或者实行特许加盟。而后一种做法在行业中是非常通行的。2001 年，行业中另一家供应链管理创新的先锋——Benetton 集团，通过这种扩张的手段，在全球 120 个国家和地区管理着 6 500 家连锁店。这种做法，有助于集团在海外的扩张，并有节约资金、降低运营风险等其他优点，还可以减轻总部对于地理位置很遥远的连锁店的日常管理。与 Zara 公司不同的是，Benetton 公司对特许加盟店的存货不负责。

当Zara公司持续的在全球开店的时候，是否采取相同的策略，它也面临着诸多的挑战，如如何在内部转移定价与外部市场采购间取得平衡，这也是一个集团企业普遍面临的问题。它能否像现在这样紧紧地控制其供应链中的其他企业，也面临着冲击。但是，毫无疑问的是，在时装行业，到目前为止Zara公司的商业模式取得了巨大的成功，其他的公司也可以借鉴Zara公司的成功经验，反思其商业模式的不足之处。

在服装业中，主要的时间是原材料的准备时间，Zara公司通过有效的订单管理，实行依订单制造，并通过对全程供应链的控制，大大缩短了时间。其整个供应链分为两个部分：大量的一般性的产品由长期供应商提供（主要分布在亚洲和墨西哥），目标市场为价格敏感而对时尚要求不高的客户；另一部分为产量较少的时装由中短期的供应商提供。由于不断更换供应商，用户常常认为Zara公司时装比其竞争对手的时装更接近时尚的前沿。

由于时装的季节性很强，中短期的供应商自然就会存在产量瓶颈的问题。此外，原材料供应上的瓶颈，自然造成了供应链环节上、下游厂家的矛盾。而对销售量的估计完全依赖于供应链上的成员间的通力合作，从设计到采购再到销售，企业就会面临诸多的不确定性。在实际运作中，如果供应商有较强的机会主义倾向，Zara公司的分散采购政策会在一定程度上削弱自身的竞争优势。

Zara实行的是一次设计、一次采购的策略，除非连锁店的存货售完。从整个供应链来说，它人为地造成供给的短缺，不过通过有效的全程供应链管理，它能迅速地实现敏捷制造来满足新的需求，但不会造成成本的大幅上升。

Zara公司实行统一、高度集中的物流配送管理，通常认为这样会带来机构的膨胀和管理难度的上升，尤其是在时装业这样对速度要求特别快的行业中。但是，Zara公司中央集权的配送管理产生的“巨人症”并没有降低该公司的绩效水平。

问题：Zara公司为什么能够对其供应链实行非常有效的“全程供应链管理”？

## ● 综合实训

### 供应链管理问题的解决

一、实训目的与要求

让学生了解支持供应链管理运行的信息支持技术，可以根据企业的特点，进行供应链系统设计识别与方案设计。掌握供应链管理中需要解决的问题，根据案例和现实需求提供一个完整的解决方案，或者通过编程来解决供应链管理中的一个问题。

二、实训准备

了解供应链管理产生和发展以及供应链设计的方法和程序。阅读一些经典的供应链管理案例，总结分析其优势和劣势。

回答以下问题：

(1)分析“牛鞭效应”产生的原因，并且提出解决措施。

(2)供应链设计的原则和策略有哪些？

(3)如何提高供应链管理的绩效？

三、实训环境

运行Windows的PC机，有vs，vc，c等程序编译软件。

四、实训内容和步骤

(1)结合预习的案例，对供应链管理问题进行系统分析。

(2)选择供应链管理中的一个问题,包括人员管理、报表管理、采购管理、物流配送管理、库存管理等,设计一个完整的供应链管理的方案,进行系统分析,绘制相应的系统流程图和模块图。

五、实训要求

(1)根据实验内容,结合自己的案例,对供应链管理问题进行分析。

(2)对供应链管理中的一个问题,设计一个完整的供应链管理系统的方案,分析自己的系统是否满足供应链设计的原则和策略,是否提高了供应链管理的绩效。

# 供应链组织结构与业务流程重构

## 知识目标

◎ 了解传统企业的组织结构业务流程特征、BPR 的定义。

◎ 明确 BPR 的核心内容、BPR 的特点。

◎ 熟知支持业务流程的技术手段的变化及供应链设计原则。

◎ 掌握供应链管理的实质、基于产品的供应链设计。

## 技能目标

◎ 能构建供应链管理环境下跨企业业务的流程模型。

◎ 在电子商务支持下构建供应链管理业务流程。

## 【引例】

### 电子商务价格战

2012 年 8 月 15 日，由京东商城 CEO 刘强东的一条微博引发电商价格战备受瞩目。在他前一天的微博中，这位以在网络上大嘴著称的电商大佬宣称“京东大家电三年内零毛利”、“京东所有大家电保证比国美、苏宁连锁店便宜至少 10%以上”。这一挑战书，引起了竞争对手苏宁易购的强烈反应，国美电器、易迅网等电商也纷纷加入价格战。但争斗主要在京东商城和苏宁电器之间展开。京东表示，价格战的目标是苏宁电器。按门店数量计算，苏宁电器是中国第一大电子零售商。“京东与苏宁之间‘6·18’的时候已经开火了，苏宁对京东的挑衅，超过京东的极限了，这是一次反击。”电商专家贾敬华表示。尽管口水战、价格战是电商界的常态，这一轮突如其来的价格战，仍显示出了电商之间在营销、资本和供应链等方面的争斗升级。业内人士认为，价格战还是双方对供应链控制的争夺。阿里巴巴秘书长邵晓峰谈到京东和苏宁的价格战时称：“他们争夺的根本不是电商，他们争夺的是未来三年以后对后端供应商的控制权，这是他们想要的东西。如果简单从电商这个角度看他们之间的价格之争，会理解偏的，他们也不是傻子，为什么要花那么大价钱？谁最终控制了供应商的管理，控制了整个主要的渠道，在这个行业里才能做老大，这已经超越了做电商一般的思考。”价格战当天，还传出海尔停止向京东供货的消息。虽然随后海尔否认了停止与京东的合作。不过，多个大家电供应商的负责人都表示，不支持不负责任的超低价竞争行为。一位业内人士指出，京东大家电的规模目前还比较小，破坏游戏规则，很难获得厂家的支持。据悉，国美、苏宁大家电的销售额是上百亿元的规模，京东大家电的销售额不足 10 亿元。

（资料来源：www. m－zone. cn/read. php? tid＝390251 2012－09－30）

**分析**：这一案例表明，供应链环境下的业务流程的控制与管理对当今企业的经营模式有着较大的影响，甚至关系到企业今后的生存与发展。其实，价格战表面上是价格问题，其实质表明寻找合适的供应链结构和新的业务流程模式势在必行。

# 任务 6.1 传统企业的组织结构与业务流程

## 6.1.1 传统企业的组织结构

### 6.1.1.1 组织结构的含义

组织结构是在组织内部分工协作的基础上，由部门职责职权及相互关系所构成的结构体系。它是指构成组织的各要素的排列组合方式，是组织各要素之间排列顺序、空间位置、聚集状态、联系方式及其相互关系的一种模式，是人们实现组织目标的手段。组织结构犹如人体的骨架，起着支撑、保护的作用。传统的企业组织结构的形式主要有直线制、职能制、直线—职能制、事业部制和矩阵结构等。

直线制是一种最早也是最简单的组织形式，最初广泛应用于军事系统中，后来推广到企业管理中。职能制组织结构，又称多线形或“U”形组织结构，它是按管理职能专业化的要求设计的组织结构形式。在职能制组织结构下，各级行政单位除主管负责人外，还相应地设立一些职能机构，如在厂长下面设立职能机构和人员，以协助厂长从事职能管理工作。直线—职能制，也叫生产区域制，或直线参谋制。它是在直线制和职能制的基础上，取长补短，吸取这两种形式的优点而建立起来的。这种组织结构形式把企业管理机构和人员分为两类：直线领导机构及其人员和职能机构及其人员。事业部制最早是由美国通用汽车公司总裁斯隆于 1924 年提出来的，故有“斯隆模型”之称，也叫“联邦分权化”，是一种高度（层）集权下的分权管理体制。它适用于规模庞大、品种繁多、技术复杂的大型企业，是国外较大的联合公司所采用的一种组织形式。矩阵组织结构是把按职能划分的垂直领导系统和按产品（项目）划分的横向领导关系组合在一起的结构。

这些组织结构的共同点是都按职能的不同划分部门所形成的垂直型组织结构形式。正如明茨伯格所说：“每一位经理都处于他那个单位同单位的环境之间的地位上，一个公司的总经理领导着他的公司，并面向着一个由竞争者、供货者、政府组成的环境，一个车间的主任领导着他的车间，并面向公司内部的其他车间主任和职能人员，以及公司外部的供货者等。”传统的企业组织形式与工业经济时代需要高度的专业化分工协作，与实现规模经济效益的要求相吻合，适应工业经济时代信息传递的技术要求和企业高层管理者的要求。

6.1.1.2 基于劳动职能分工的企业组织结构

传统企业的组织结构大都是基于职能部门的专业化模式，所实行的是按职能专业化处理企业业务流程的管理模式。专业化能够提高工作效率，其通过分工使劳动者成为某一方面的专家，使处理某一问题的单位效率提高，但系统总的效率并不等于单个人的效率的简单汇总。同时，为了便于控制，这种分工还具有权力平衡、制约作用，因而在管理系统内某一方面的任务需要由几个部门的人一起完成，以这个过程来相互制约，降低失误率(见图 6－1 所示)。

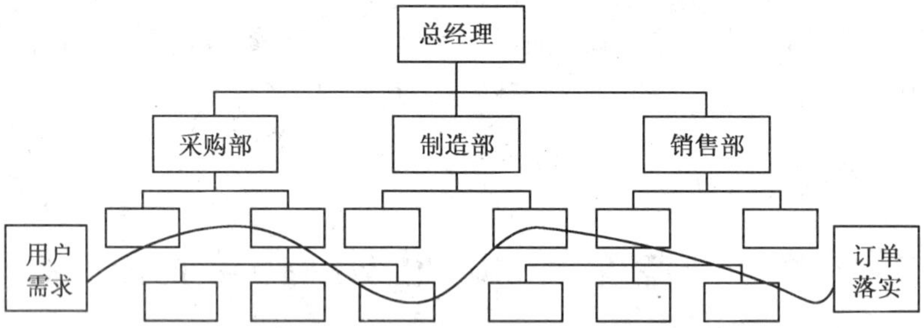


图 6－1 传统企业典型的“金字塔”型组织结构

【知识链接 6－1】

### 传统企业组织结构形式的缺陷

社会、科学、技术的迅速发展使企业的外部环境和内部生产方式发生了巨大变化，这使得传统的企业组织结构形式落伍和过时，它存在以下致命的缺陷：

(1)金字塔式的层级组织使处于组织底层的人看不到自己的发展前景；

(2)严格的等级系列使企业中的信息沟通困难；

(3)管理幅度与管理层次是一对永远扯不清的矛盾；

(4)传统的垂直组织使企业缺乏对外部环境变化的适应能力；

(5)官僚组织使企业组织更加“官僚化”；

(6)垂直式组织效率的提高是以降低顾客服务质量为代价的。

总之，职能型的垂直组织结构形式，是一个完全基于“物”的因素为基础形成的组织结构形式，它曾经是有效的，但是面临严峻的挑战。

6.1.1.3 传统企业组织的不适应性

传统企业组织的管理模式主要以劳动分工和职能专业化为基础，组织内的各部门划分非常细，各部门的专业化程度较高。这种组织适合于稳定的环境、大规模的生产、以产品为导向的时代。在当今市场需求突变、经营模式发生变化的情况下，则显然不适应。在供应链管理的概念提出后，也发现传统的组织结构形式和运行管理在实施供应链管理的过程中显现出一定的不适应性。

随着信息社会的到来，在市场环境日趋不确定，顾客的要求越来越多样化，企业员工强调自我实现，企业不仅追求规模经济效益、更强调时间经济的情况下，这种片断化的企业流程越来越难以使企业满足多方的要求，其组织结构显得越来越僵硬。因为一项任务要顺序地流经各职能部门，虽然各职能部门的专业化程度提高了，但由于要等上一个环节的工作完成后才能开始下一环节的工作,结果是一个完整的任务或项目所包含的各项作业在职能部门之间被分解得支离破碎,既造成部门之间在衔接中的大量等待,又使各部门增加很多重复劳动,大大延长了完成任务所花费的时间。

## 6.1.2 传统企业的业务流程

### 6.1.2.1 订货流程

在传统的采购业务中,商品的选择费时费力:采购人员往往需要在众多供应商的产品目录里查询产品及其定价信息,由于信息来源的多样性——除供应商的宣传材料以外,还包括报纸、电视、杂志等,因此查询和选择很费时间。传统采购业务中,当商品和供应商确定后,企业要安排订货。以纸介质文件为基础的订货意愿的提出,至订货过程结束,订单最终下出,这需要与供应商通过传真、电话多次联系或见面。在传统采购中有很多不合规则的行为存在,如采购人员拿回扣、不按正常的采购程序采购、很多采购都是没有委托书的非授权采购等。造成这种现象的原因是采购人员与企业的管理者之间存在着信息不对称。管理者因为要全面负责,不可能时时外出采购,这就使采购人员面临着很大的道德风险,并最终产生采购黑洞。

### 6.1.2.2 库存及物资配送流程

传统采购模式中,由于对市场未来变化难以把握,因此为了保证对市场的供应不会断档,企业一般都宁愿增加库存。特别是大型百货类企业,甚至可能在不同地理位置设立多个仓库。在这种管理方式下,不同仓库都需要一定的安全储备,对于整个企业而言,就会形成数额巨大的不必要的安全储备,如果再考虑运输提前期和销售提前期而形成的超额储备,再加上超额存货的维护管理、追加的仓库投资和运输开支,就会形成巨额的存货资金沉淀。在传统方式下,仓储设施的投资、运输能力的规划、存货资金的预算等,大都是根据销售计划层层分解而得。而市场却在朝夕变化,考虑到商品结构,其变化更是无穷无尽,这就使得原计划下的存货安排穷于应付,要么存货积压,要么缺货。企业不断出现应急状态下的折扣出货或加急运输等,造成成本上升。

### 6.1.2.3 生产或销售流程

传统销售模式企业无法提供个性化服务,只能提供大批量、少品种的销售方式。没有形成企业内部与外部环境的柔性销售体系。销售手段落后,大部分为人工销售,信息沟通不畅。

### 6.1.2.4 管理流程

传统的企业管理体制是分级、分层管理,企业组织结构的设置呈金字塔形。按这种管理体制所建立起来的经营模式,一般都表现为一套分级审批程序。但这种审批程序却会造成严重的低效和费时、费力。

我国的传统企业存在这样的观念:以生产为中心,关注内部信息,习惯于面对确定的外部环境,偏重于日常业务活动,而且企业内部实行科层制组织模式。这些传统观念在信息经济时代将受到严重挑战。因为在经济全球化的背景下,外部信息的重要性日益凸显,顾客需求、产品生命周期、市场增长、技术更新速度、竞争规律或性质等等,几乎没有一样是可以预料或保持不变的,而且企业内部的科层化会使企业失去变革的勇气和创业的活力,使企业的规模变成巨大的包袱,管理效率低下,运营成本增加,对外界变化和顾客要求无动于衷。因此,传统企业为了寻求持续的增长,势必借助新的管理模式。于是,业务流程重组应运而生。

# 任务 6.2 企业业务流程重组

## 6.2.1 业务流程重组的含义及特点

### 6.2.1.1 业务流程重组的含义

业务流程重组(business process reengineering,BPR)是 20 世纪 90 年代由美国 MIT 教授迈克尔·哈默(Michael Hammer)和 CSC 管理顾问公司董事长钱皮(James Champy)提出的。1993 年,在他们合著的《公司重组——企业革命宣言》一书中,哈默和钱皮指出,200 年来,人们一直遵循亚当·斯密的劳动分工的思想来建立和管理企业,即注重把工作分解为最简单和最基本的步骤;而目前应围绕这样的概念来建立和管理企业,即把工作任务重新组合到首尾一贯的工作流程中去。他们给 BPR 下的定义是:"为了飞跃性地改善成本、质量、服务、速度等现代企业的主要运营基础,必须对工作流程进行根本性的重新思考并彻底改革。"它的基本思想就是,必须彻底改变传统的工作方式,也就是彻底改变传统的自工业革命以来按照分工原则把一项完整的工作分成不同部分,由各自相对独立的部门依次进行工作的工作方式。

BPR 作为一种管理思想,它强调以业务流程为改造对象和中心,以关心客户的需求和满意度为目标,对现有的业务流程进行根本性的再思考和彻底的再设计,利用先进的制造技术、信息技术以及现代化的管理手段,最大限度地实现技术上的功能储存和管理上的职能集成,以打破传统的职能型组织结构,建立全新的过程型组织结构,从而实现企业经营在成本、质量、服务和速度等方面的巨大改善。它的重组模式是:以客户为导向,以流程优化为重点,以改善经营绩效为目的,打破金字塔状的组织结构,使企业能适应信息社会的高效率和快节奏,适合企业员工参与企业管理,实现企业内部上下左右的有效沟通,具有较强的应变能力和较大的灵活性。其本质就在于根据新技术条件信息处理的特点,以事物发生的自然过程寻找解决问题的途径。

### 6.2.1.2 企业业务流程重组的内涵应关注的四个核心问题

根据哈默与钱皮的定义,"企业业务流程重组就是对企业的业务流程进行根本性的再思考和彻底性的再设计,从而获得可以用诸如成本、质量、服务和速度等方面的业绩来衡量的戏剧性的成就"。分析企业业务流程重组的内涵应关注的四个核心问题是:

(1)根本性(fundamental)。表明业务流程重组所关注的是企业一系列的核心问题,例如为什么要做现在的工作,为什么要用现在的方式做这份工作,为什么必须是由我们而不是别人来做这份工作等。通过对这些根本性问题的仔细思考,企业有可能发现自已赖以存在或运转的商业假设是过时的,甚至是错误的。

(2)彻底性(Radical)。再设计意味着对事物追根溯源,对既定的现存事物不是进行肤浅的改变或调整修补,而是抛弃所有的陈规陋习以及忽视一切规定的结构与过程,创造发明全新的完成工作的方法;它是对企业进行重新构造,而不是对企业进行改良、增强或调整。

(3)戏剧性(dramatic)。意味着业务流程重组寻求的不是一般意义的业绩提升或略有改善、稍有好转等,进行重组就要使企业业绩有显著的增长、极大的飞跃,业绩的显著增长是 BPR 的标志与特点。

(4)业务流程(process)。是指一组共同为顾客创造价值而又相互关联的活动。业务流程重组关注的要点是企业的业务流程，并围绕业务流程展开重组工作。哈佛商学院教授迈克尔·波特将企业的业务过程描绘成一个价值链（Value Chain），竞争不是发生在企业与企业之间，而是发生在企业各自的价值链之间。只有对价值链的各个环节（业务流程）实行有效管理的企业，才有可能真正获得市场上的竞争优势。

【小思考 6－1】

**业务流程重组的流程和企业的功能结构之间是什么关系**

根据事务成本理论的建议，在等级体系和市场之间一定存在一种平衡，来最小化事务成本。同样地，在功能结构和流程结构之间也存在一种平衡。每个企业应该能够根据它特有的环境，在根本性、彻底性、戏剧性和业务流程四个核心内容的基础上，调整这种平衡。

6.2.1.3 业务流程重组的特点

BPR 提供了价值链流程优化的可行手段，它具有如下特点：

（1）以流程为导向。绝大部分企业是以任务、人力资源或结构为向导的。企业实施 BPR 就要打破传统的思维方式，以活动流程为中心实施改造，并注意如下原则：

一是将分散在功能部门的活动，整合成单一流程，以提高效率；在可能的情况下，以并行活动取代顺序活动；促进组织扁平化，以提高企业内的沟通效率。

二是从 BPR 的视点出发，无论企业采用流程重设计观、项目管理观，还是工作流自动化观，都必须关注企业业务流程的优化和自动化。

（2）目标远大。BPR 要求的绩效提升不是 5％或 10％，而是 70％～80％，甚至是 10 倍以上的效率。这是 BPR 与全面质量管理等现代管理技术的最大不同。宏伟的目标增加了 BPR 实施的难度和风险，使它成为一项复杂而长期的系统工程。

（3）打破常规。打破常规是 BPR 的一个本质特点。首先要从思想上破除劳动分工等一切传统的管理原则，建立新型的面向市场的管理体制。

（4）创造性地应用信息技术。创造性地应用信息技术的目的，在于利用信息技术寻找增值的机会。业务流程重组并不是进行局部修补，而是要从根本上优化业务流程。面对复杂的业务流程，首先需要分解流程、描述和评估流程，分析确认流程缺陷。在流程缺陷分析过程中，主要是寻找影响价值增值的关键点。根据流程中各个环节重要程度的大小，从大到小地进行重组，并及时评估重组后的流程。

从本质上讲，分析企业的基本特征和业务流程重组的关键成功因素，就是寻找信息技术缺陷的过程。企业的业务流程就是在寻找缺陷和消除缺陷的交替过程中，得到不断优化的。因此，业务流程重组应该是一个动态过程。对于这样一个动态系统不仅缺乏可参照的衡量标准，而且也缺乏有效的调控手段，出现了较高的失败率。

【案例分析 6－1】

**公司业务流程重组**

IBM 信用卡公司（credit corporation，IBM）通过业务流程重组工程，使信用卡发放周期由原来的 7 天缩减到 4 个小时，即提高生产能力 100 倍；一家美国的矿业公司实现了总收入增长 30％，市场份额增长 20％，成本压缩 12％以及工作周期缩短 25 天的好成绩；欧洲一个零售组织将工作周期缩短了 50%,并使生产率提高 15%;一家北美化学公司的订单传递时间缩短了 50%还多,所节约的成本超过 300 万美元。

（资料来源:http://www.docin.com/p—503668634.html）

**分析:**BPR 的核心思想是要打破企业按职能设置部门的管理方式,代之以业务流程为中心,重新设计企业管理过程。BPR 的实践对企业的管理效果产生了巨大影响。

## 6.2.2　业务流程重组的基本内容

6.2.2.1　BPR 的基本内容

(1)以顾客需求为中心,考虑企业经营目标和发展战略,并对企业经营过程、组织管理模式和运行机制进行根本性的重新考虑。

(2)围绕着企业经营战略,对企业经营过程进行根本性的反省和彻底的再设计。

(3)企业实施 BPR 的目的在于能够使企业绩效产生巨大提高。

(4)实施 BPR 的使能器是信息技术、人与组织管理技术。

BPR 的基本内容包括人的重构、经营过程重构、技术重构、组织结构重构和企业文化的重构。BPR 的关键技术包括:基准研究(benchmarking)、建模与仿真技术、工作流系统技术等。BPR 模型如图 6—2 所示。

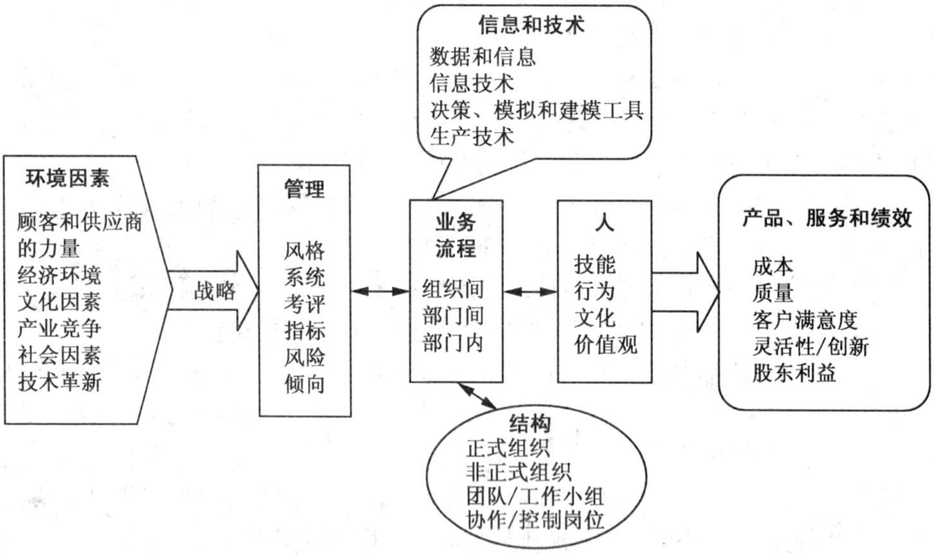


图 6—2　BPR 模型

6.2.2.2　基于 BPR 的企业流程结构示意

基于 BPR 的企业流程结构示意见图 6—3。

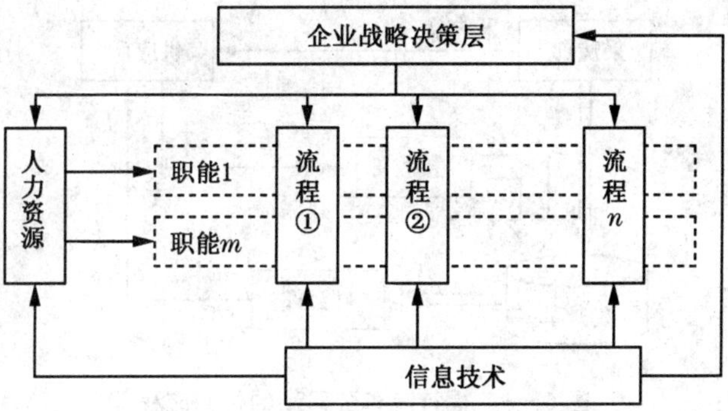


**图 6—3　基于 BPR 的企业流程示意**

【案例分析 6－2】

## 福特汽车公司北美财会部运用“Reengineering”(再造)

福特汽车公司北美财会部原有 500 多人负责账务与付款事项,改革之初,他们准备将人员减少 20%。原有付款流程如图 6—4。后来,当他们发现日本一家汽车公司的财务部只有 5 人时,就决定采取更大的改革动作。福特汽车公司通过工作合理化和安装新的计算机系统,分析并重新设计了付款流程。原付款流程表明,当采购部的采购单、接收部的到货单和供应商的发票三张单据验明一致后,财会部才予以付款,财会部要花费大量时间查对采购单、接收单、发票上共 14 个数据项是否相符。重新设计付款流程后,由计算机将采购部、接收部和财会部联成网络,采购部每发出一张采购单,就将其送入联网的实时数据库中,无需向财会部递送采购单复印件。当货物到达接收部后,由接收人员对照检查货单号和数据库中的采购单号,相符后也送入数据库。最后,由计算机自动检查采购记录和接收记录,自动生成付款单据。新的付款流程如图 6—5。实施新流程后,财会部的人员减少了 75%,实现了无发票化,提高了准确性。

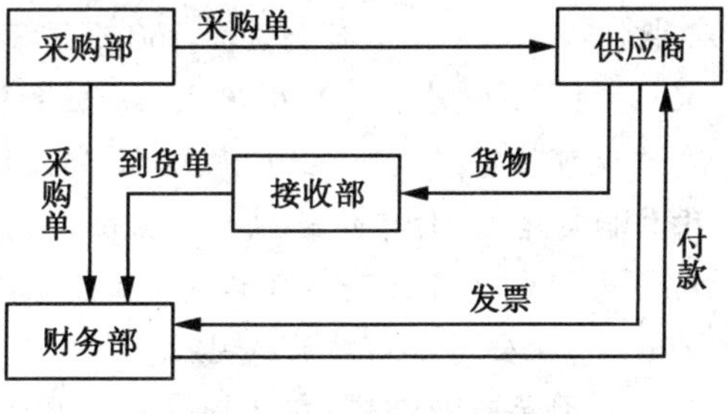


**图 6—4　福特汽车公司原有付款流程**

**分析**:福特汽车公司北美财会部运用“Reengineering”(再造)的实际经验给我们很深刻的启示。实施新流程后,成本大大降低,财会部的人员减少了 75%,实现了无发票化,而且还提高了准确性。

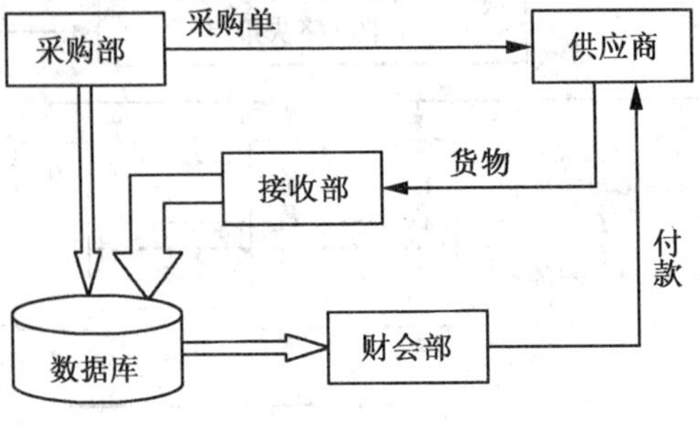


图 6—5 福特汽车公司新的付款流程

# 任务 6.3 供应链管理环境下的企业组织业务流程

## 6.3.1 供应链环境下企业业务流程重构的基本观点

(1)创造性的思维——全方位的、根本性的管理变革。企业业务流程重构被称为管理史上的第二次革命，它不仅是企业组织的重构，而且还涉及到与组织相关的制度、文化和管理方法的重构。需要处理有关企业的产权制度、组织结构、管理制度，以及生产和管理流程、服务方式和内容、企业文化等全方位的信息。

【案例分析 6－3】

**IBM 公司的业务重组**

全球最大的计算机厂商 IBM 公司，自 20 世纪初创立到 80 年代后期，一直引领市场潮流，到 1991 年，IBM 在全球有雇员 40 万人，业务遍布全世界 150 个国家。然而进入 90 年代，随着大量厂商的涌入，竞争日益激烈。IBM 公司本身显得庞大、缺乏效率和灵活性，同时由于组织机构重叠，使公司对客户和合作伙伴的反应变得迟钝，新技术、新发明创造的产业化速度下降。结果 IBM 公司曾经连续三年利润负增长，股票价格跌至谷底。为了重塑企业形象，IBM 公司引进了业务流程重构工程，对公司的战略目标进行了调整，但在组织上仍保持 IBM 的完整及规模优势，提出“合理规模”的口号；在公司市场发展战略上，提出了网络运算模式，并进而发展为电子商务的企业战略目标，以此引导行业潮流；在市场营销及相关部门的组织结构上也进行了相应的改变，将过去金字塔式变为矩阵式结构，以研究发展为依托，以行业解决方案为主导，以产品技术为支撑，突出 IBM 人力、产品、技术全面丰富的特长，将原有的部门进行重新整合，通过业务流程重构，IBM 公司后来利润重新增长并盈利，并连续三年营业额均创历史新高。业务流程重构的效果显著。

**分析：**企业发展到一定的时候，原来的业务流程已出现不适应，应重新进行业务流程设计。

(2)信息与知识的共享——对人的观念的彻底重构。企业业务流程重构意味着彻头彻尾的全新开始，其中最重要的是观念的再造。企业的外部环境与内部环境处于复杂多变的互动状态，因此在经营观念上应随时保持开放的、彻底的重构精神。企业业务流程重构更加强调人的重要性。在知识经济时代、信息时代，因为业务流程重构，要求人员具有综合素质。当业务流程被重新整合和设计之后，原来由多个专业人员完成的多项工作，变成由一个人或几个人组成的流程小组来完成，对每个人员都提出了更高的要求。

(3)业务合并和扩大授权。企业业务流程重构将原来一部分管理者的权力分散给员工，这就要求管理者要转换角色，充分相信员工的能力，扩大授权，从较多地对下层进行监督、控制转变为知道、帮助和支持下属的工作，更多地发挥服务的功能。对员工的考核也将对个人业绩的考核转变为对业务小组的绩效考核。

(4)强调沟通与协调。企业业务流程重构是一个复杂的系统工程，必须加强协调管理，服从统一指挥的原则。构造与业务流程重构相适应的企业文化与价值观念，有效地解决信息传递工作、协调、管理制度等方面出现的新问题。

**【案例分析6－4】**

**瑞士沃尔沃(Volvo)的团队**

瑞士沃尔沃(Volvo)汽车公司打破了传统组织结构的部门局限，废除了过去的装配线流水作业形式，而用拥有高度自我管理权的团队来装配汽车。波音公司也采用了由设计、工艺、制造等不同的部门组成的跨部门团队200多个，共同开发波音777飞机。这些自我管理小组能够快速响应市场的需要，并能看到整个团队的成就，取得了巨大的成功。据《企业周刊》的一项研究表明，北美1/4的企业组织，在进行自我指导工作小组的试验。一般的团队组织由20～30名员工组成，一个企业中这样的团队有几十个到几百个。团队成了企业组织的基本单元，这些团队覆盖了企业设计、生产和服务等多方面的工作。

**分析：**业务发生变化以后，企业文化、管理方式也应该做相应的变化。

## 6.3.2 供应链环境下企业业务流程重构的策略和原则

### 6.3.2.1 供应链环境下企业业务流程重构的策略

要使企业变革能达到效果，就要在供应链环境下实施如下的企业业务流程重构策略。

(1)首先应确定企业业务流程重构的项目。企业中有各种各样的作业流程，结构十分复杂。全面铺开势必分散力量，难以取得成功。所以，首先应该选择一些关键性的作业流程作为实施BPR的项目，以关键流程带动一般流程的重构。

(2)注重人力资源部门的重要性。企业业务流程重构更加强调人的重要性，在信息技术的支持下，执行人员被授予更多的决策权，并且使多个工作汇总为一个，以提高效率。这就要求人员应具有综合素质，他们必须具备新流程中所需要的几乎所有能力。这对于人员的素质要求更高，因而在企业业务流程重构的条件下，人力资源的开发与应用则更显得重要。

(3)在众多的信息手段中选择最合适的。企业业务流程重构本身就是“以信息技术使企业再生”。也正是由于现代信息技术使得多种工作汇总迅速决策，信息快速传递，数据集成、共享成为可能，才推动企业业务流程重构，推动组织创新彻底打破原有模式，因而现代信息技术已成为新型企业的物理框架，对整个企业组织的各方面起着支持作用。

(4)分析和评价现行作业流程。分析现行作业流程是为了找出存在的问题，以免在将来的流程中再次出现此类问题，评价现行作业流程是为了对将来的改进找到一个“比较”的基准。例如，如果目标是缩短生产周期和降低成本，就要测出现行作业流程下生产周期和成本的准确值，作为将来评价供应链管理模式实施后在这两个目标上取得绩效的基准。

(5)全方位把握工作流程的重新设计。过去企业在进行变革的过程中，往往只注意提高某一瓶颈环节的效率，很少从整体上考虑整个流程是否合理。而以企业业务流程重构为指导的企业组织变革设计策略强调首先在人们头脑中树立起对整体流程重新设计的概念。供应链管理理念的核心是将有限的资源配置从一个企业扩展到多个企业，因此在这种环境下的工作流程设计不仅要考虑企业内部的部门重组，而且要把流程的工作特征考虑到相关企业中去，从整体上把握工作流程的重新设计。

(6)设计和建立作业流程的原型系统。在对作业流程进行分析的基础上，用现代计算机辅助软件建立原型系统，既包括软件系统也包括组织系统。软件原型系统是指支持新作业流程而开发的软件；组织原型系统是指为了更新作业流程正常运作而重新组织起来的人员和岗位。经过一段时间的运作，会发现新流程中存在的某些问题，会获得对新流程应有的认识和技术。企业便可以以此为基础，建立更好、更完善的作业流程，为实施供应链管理打下坚实的基础。

(7)改造与合作伙伴共同进行的业务。前面提到，供应链管理下的企业业务流程重构不同于单个企业内部的流程重构。企业除了要对其内部流程改造外，还要改造与合作伙伴共同进行的业务，如与供应商企业的业务联系、与分销商企业的业务联系等等。因此，在理想的情况下，供应链管理业务流程重构应该从整个系统出发，所有节点企业同步进行重构。也就是说，由于各个企业的千差万别，允许有个先后顺序，但是应该着重做好有接口关系企业的协调工作，首先得到它们的配合，否则供应链的整体协调性就难以保证。

#### 6.3.2.2 供应链环境下企业业务流程重构的原则

企业业务流程重构思想是人们对 BPR 本质及其内在规律的一些看法，是解决 BPR 问题的指导思想，从本质上说，BPR 的思想正是建立在辩证唯物主义世界观之上的系统思想，突出联系、运动和发展的观点，强调主要矛盾和矛盾的主要方面，展示合作的变革理念。所以说 BPR 思想着眼于长远和全局，突出发展。归纳起来有如下原则：

(1)组织结构应该以产出为中心，而不是以任务为中心。这条原则是说应该由一个人或一个小组来完成流程中的所有步骤，围绕目标或产出而不是单个任务来设计人员的工作，让那些需要得到流程产出的人自己执行流程。

(2)正确利用信息技术，将信息处理工作纳入产生这些信息的实际工作中去。企业要根据实际情况发展信息技术，同时要根据信息技术与供应链管理集成的特点进行流程重构。

(3)将分散的资源视为一体。在供应链管理环境下，可以依赖数据库、远程网络以及标准处理系统，人们不再为“鱼和熊掌不可兼得”而伤透脑筋，企业完全可以在保持灵活服务的同时，获得规模效益。

(4)将并行工作联系起来，而不是仅仅联系它们的产出。这存在着两种形式的并行，一种是各独立单位从事相同的工作；另一种是各独立单位从事不同的工作，而这些工作最终必须组合到一起。

(5)使决策点位于工作执行的地方，在业务流程中建立控制程序。在大多数企业中，执行者、监控者和决策者是严格分开的。这是基于一种传统的假设，即认为一线工人既没有时间也没有意愿去监控流程，同时他们也没有足够的知识和眼界去做出决策。

### 6.3.3 供应链管理环境下的企业业务流程的变化

供应链管理环境下的业务流程有哪些特征，目前还是一个有待于进一步研究的问题。我们从企业内部业务的变化、制造商与供应商之间的业务关系的变化以及信息处理技术平台三个方面，讨论供应链管理环境给企业业务流程带来的变化。

6.3.3.2 制造商与供应商之间业务流程的变化

过去供应商企业总是在接到制造商的订货要求后，再进行生产准备等工作，等到零部件生产出来，已消耗很多的时间。这样一环一环地传递下去，导致产品生产周期很长。而在供应链管理环境下，合作企业间可以通过互联网方便地获得需求方生产进度的实时信息，从而可以主动地做好供应或出货工作。例如，供应商企业可以通过互联网了解提供给制造商配件的消耗情况，在库存量即将到达订货点时，就可以在没有接到制造商要货订单前主动做好准备工作，从而大大缩短供货周期。由于这种合作方式的出现，原来那些为处理订单而设置的部门、岗位和流程就可以考虑重新设计。

6.3.3.2 企业内部业务流程的变化

在供应链管理环境下，有一定的信息技术作为支持平台，数据可以实现共享，并且可以实现并发处理，因而使原有的顺序工作的方式有可能发生变化。举例来说，生产部门制定完生产计划后，采购供应部门就可以通过数据库读取计划内容，计算需要消耗的原材料、配套件的数量，迅速制定出采购计划。通过查询数据库的供应商档案，获得最佳的供应商信息，就可以迅速向有关厂家发出要货单。更进一步地，可以通过互联网或 EDI 直接将采购信息发布出去，直接由供应商接受处理。

【知识链接 6－1】

**互联网或 EDI**

EDI 是英文 electronic data interchange 的缩写，中文可译为“电子数据交换”。它是一种在公司之间传输订单、发票等作业文件的电子化手段。EDI 是 20 世纪 80 年代发展起来的一种新颖的电子化贸易工具，是计算机、通信和现代化管理相结合的产物。EDI 的应用领域很广泛，涵盖工业、商业、外贸、金融、运输等等，这些领域的应用一般是互为联系的、交叉的，理想的状况是各行各业均通过互通的 EDI 网络联系在一起。目前，EDI 在欧美等发达国家已得到了普遍应用，而在我国的发展还处在起步阶段。据统计，在全球前 1 000 家大型跨国企业中，有 95％的企业应用 EDI 与客户和供应商联系。

6.3.3.3 支持业务流程的技术手段的变化

供应链管理环境下企业内部业务流程和外部业务流程的变化也不是偶然出现的。我们认为至少有两方面的原因。一是“横向一体化”管理思想改变了管理人员的思维方式，把企业的资源概念扩展了，更倾向于与企业外部的资源建立配置联系，因此加强了对企业间业务流程的紧密性；二是供应链管理促进了信息技术在企业管理中的应用，使并行工作成为可能。在信息技术比较落后的情况下，企业之间或企业内部各部门之间的信息传递都要借助于纸质媒介，制约了并行处理的工作方式。

### 6.3.4 供应链联盟网络组织的工作流程

供应链联盟网络组织的工作流程如图 6—6 所示。

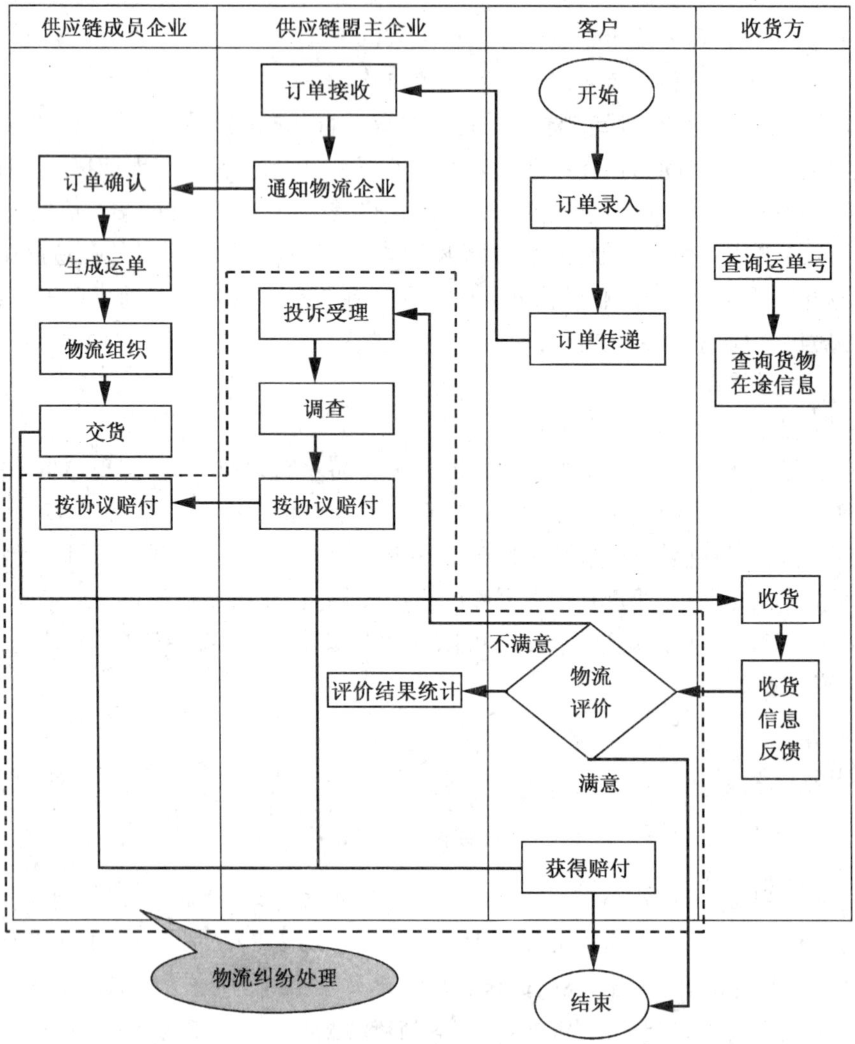


图 6—6 供应链联盟网络组织的工作流程

### 6.3.5 供应链管理环境下企业业务流程重构的仿真分析

在供应链环境下，企业间的信息可以通过 Internet 传递，上、下游企业间的供需信息可以直接从不同企业的网站上获得。

与一般情况下的企业与用户方的业务交往不同的是，处于供应链上的企业（如某供应商）不是被动地等待需求方（如用户或供应链下游的企业）提出订货要求再来安排生产，而是可以主动地通过 Internet 了解下游企业的需求信息，提前获取它们的零部件消耗速度，这样一来就可以主动安排好需要投入生产的资源。在这种情况下，生产管理部门具有一定的主动权，销售部门不是生产部门的上游环节，而是和生产部门处于同一流程的并行环节上。在这种流程模式下，减少了信息流经的部门，因而减少了时间消耗。此外，由于流程环节少了，也减少了信息的失真。在本流程模型中，销售部门所获取的信息作为发货和资金结算的依据。

采用这种模式的企业提高了对需求方的响应速度，因此比潜在的竞争对手更有竞争力。由于可以对需求方提供及时、准确的服务，节省了需求方为向供应商发出订货信息而花费的人力和时间，因而大受下游企业的欢迎。在这方面已有成功的例子。美国一家为其他公司提供零部件的企业，为了增强竞争力，采取了通过互联网了解下游企业零部件消耗速度的方法，可以及时、准确掌握需求方对零部件的需要时间和数量，本企业在不必接到下游企业要货令的情况下，就能事先做好准备工作，并且及时生产出来，在需求方需要的时候已经出现在生产第一线，深受需求方企业的欢迎，更重要的是双方共同提高了竞争力。

供应链管理环境下的企业间完成供需业务的流程也同样发生了变化，如图 6－7 所示。制造商和供应商之间通过互联网实现信息共享，双方又已建成了战略合作伙伴关系，每个企业在整个供应链中承担不同的责任，完成各自的核心业务。

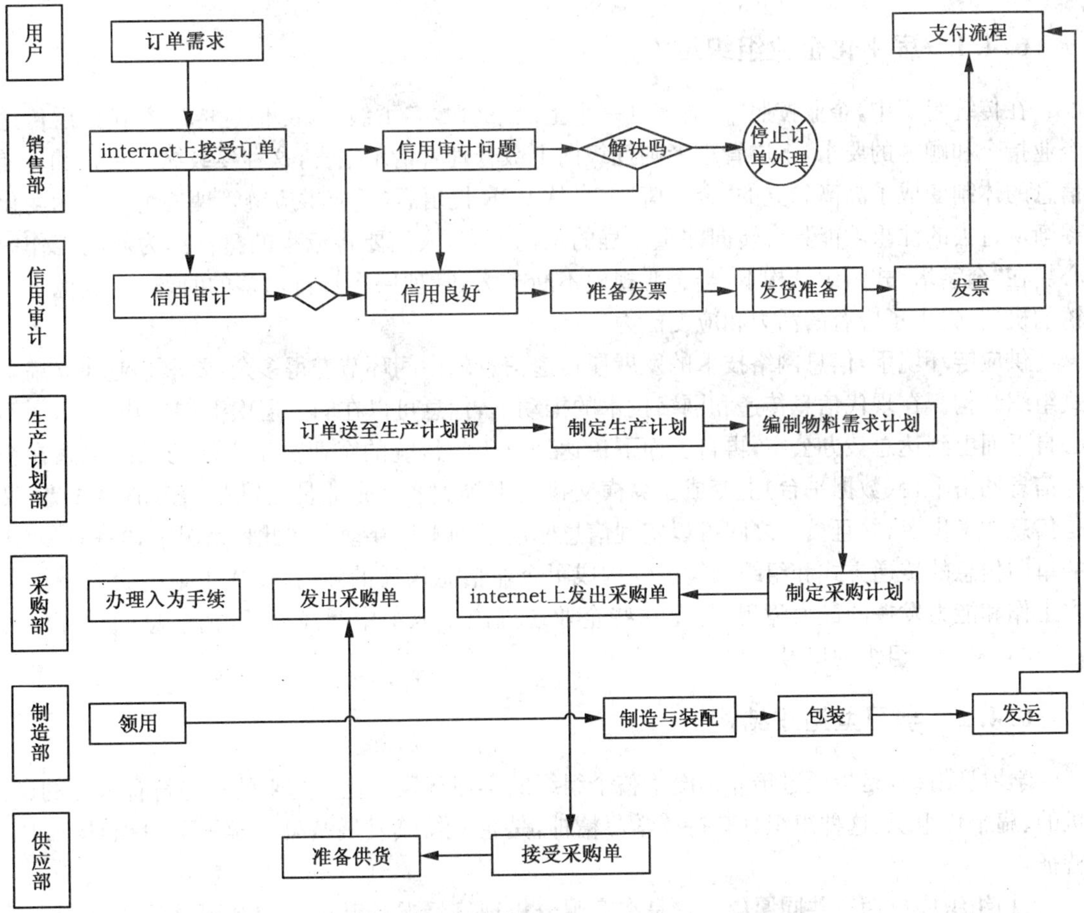


**图 6－7 供应链管理环境下跨企业业务的流程模型**

# 任务 6.4 供应链管理环境下的企业组织结构形式

据统计，85％的业务流程重构失败，其原因包括组织上对业务流程重构的抵触，管理上的不能配套和没有建立起适宜的激励机制；而组织结构重构恰恰包括制度创新、组织结构调整及管理控制与激励机制的改进等，所以业务流程重构的成功只有与组织结构重构协调一致才有可能。业务流程重构强调原先需要经过指定工艺流程的工作任务可以在横向联合而成的自我管理团队中同时完成。但在职能组织中，每一职能部门独立完成任务，职能部门间的工作协调非常困难，因为一个职能部门只能有效地解决某一类问题，这一点也会影响其他部门作用的发挥。而在 BPR 中唯一可度量的是团队的产出，而个人的业绩无法衡量，所以传统职能组织中的激励和监督机制在 BPR 中显得苍白无力。另外，BPR 是通过协调、合作解决当前各种难题，而传统职能组织的着眼点是专业化分工和效率。

## 6.4.1 扁平化企业组织结构

在传统组织中，企业按照“一对多”(一个上级下管数名下级)式的信息传递方式层层传达企业指令和顾客的要求，下层管理者则逐级向上级管理者请示报告，这种逐级纵向授权和传递信息的体制变成了高高耸立的“金字塔”。自从 BPR 提出后，适应供应链管理的组织结构变化逐渐从过去的注重功能集合转向注重流程的重构上来，人们要将流程的整合作为新的工作中心。在“金字塔”式组织结构下，当企业规模不断扩大，管理层次日益增多的时候，企业像个生锈的机器，失去了应有的活力和应变能力。

供应链环境下，信息网络技术的发展使传递信息的中间环节变得多余，要求企业建立扁平式组织结构。在现代信息传递和网络技术的推动下，信息可以在同一层次上传递和共享，而不必自下而上到达总裁办公室，再自上而下传达到员工。传统的企业员工之间的纵向关系在企业信息网络平台(数据平台)上变成了纵横交错的平等关系。企业员工既是信息的接收者，又是信息的发出者，并且员工之间可以实现信息驱动下的工作互动。在此种情况下，“一对多”式的单向信息的传递方式和组织结构已经构成了企业信息沟通的障碍，变成了束缚企业员工自主工作和能力发挥的最大障碍，甚至一些企业还提出了取消中间经理、取消信息的纸媒体传递，建立扁平化组织的口号。

## 6.4.2 学习型组织结构

学习型组织，是指通过培养弥漫于整个组织的学习气氛而建立起来的一种符合人性的、有机的、扁平化组织，这种组织具有持续学习精神，是企业持续发展基础。学习型组织具有以下特征：

(1)组织成员拥有共同愿望。它是在客观分析现实情况的基础上勾画出的远景规划和宏伟目标，它来源于员工个人追求的目标而又高于个人追求，共同愿望使具有个性差异的人聚集在一起，朝着共同的目标前进。一个缺少全体成员衷心共有的目标、价值观与使命的组织，必定难成大器。

(2)学习型组织的精简可以概括为：先乘后减，先事后人。所谓先乘后减，即企业提高培训，使一个人可以做两种以上的事情，一件事情可能由两个以上的人来选择；然后进行考核，合格者才可以上岗。所谓先事后人，即企业把发展的工作去掉，做工作的人也就减掉了。

(3)组织由多个创造型团体组成，这些团体富有弹性，能够不断地自我创造并且善于学习。所谓有弹性，就是在瞬息万变的市场中根据需要即兴地去执行。所谓不断地自我创造，就是不断掌握学习技能，开发自我能量，开拓前进，如海尔集团平均一个星期能推出两个新产品。

(4)员工家庭生活与事业发展的平衡。学习型组织将努力使员工丰富的家庭生活与充实的工作生活相得益彰，学习型组织对员工承诺支持每位员工充分地自我发展，而员工也以承诺对组织的发展尽心尽力作为回报。这样，个人与组织之间的界限将变得模糊，家庭与事业之间的界限也将消失，从而达到家庭与事业之间的平衡。

(5)员工自主管理，领导者是设计师、仆人和教师。学习型组织充分发挥员工的自主管理能力。领导者是设计师，他的设计工作是一个对组织要素进行整合的过程，不仅设计组织的结构和组织政策、策略，更重要的是设计组织的发展理念：领导者仆人的角色表现为对实现目标的使命感；领导者作为教师的首要任务是界定真实情况，协助下属对真实情况进行正确、深刻的把握，提高他们分析问题、解决问题的能力，并促进每一个人的学习，并且善于学习。

### 6.4.3 一体化的物流组织形式

20世纪80年代初，物流一体化组织结构的雏形出现了，如图6—8所示。这种组织结构是在一个高层经理的领导下，统一所有的物流功能和运作，目的是对所有原材料和制成品的运输和存储进行战略管理，以使企业产生最大利益。这一时期计算机管理信息系统的发展促进了物流一体化组织的形成，其物流组织将厂商定位在可以处理采购、制造和物资配送之间的利益协调方面，有利于从整体把握全局。

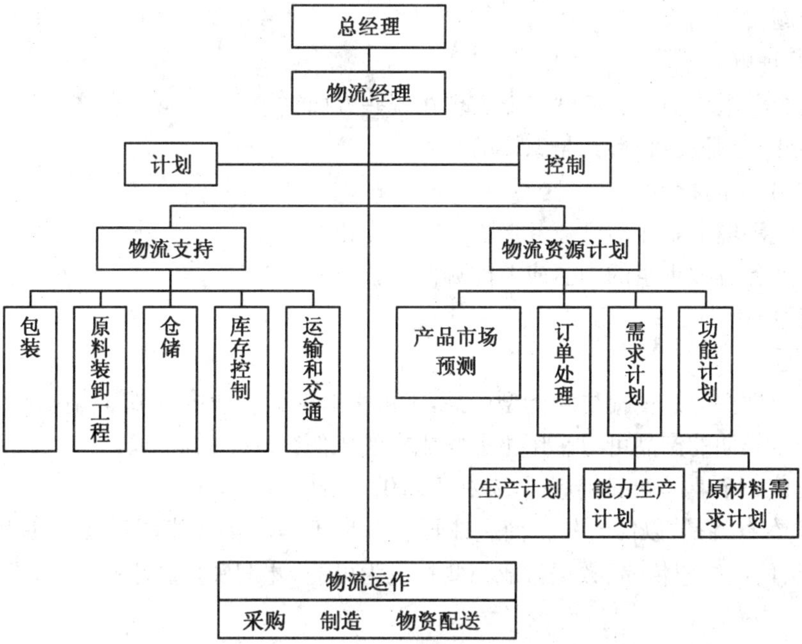


**图6—8 一体化物流组织结构**

这已是供应链管理的基本形态。在过去的一段时间内，物流组织完成了从分隔到物流一体化的转化，使功能渐趋整合。

### 6.4.4 供应链联盟网络组织结构

供应链联盟是企业为了扩大自身业务能力和市场覆盖范围而与其他企业建立的稳定的、长期的合作关系。它是通过各种协议、契约而结成的优势互补、风险共担、利益共享的松散型网络组织，是介于独立企业与市场交易关系之间的一种组织形态。供应链企业联盟主要由盟主企业和成员企业构成，其组织结构如图 6—9 所示。

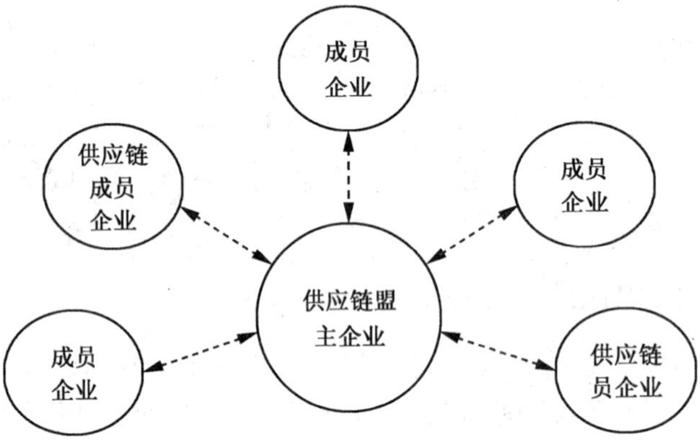


图 6—9 供应链联盟网络组织结构

## ● 基本训练

一、知识题

(一)阅读理解

(1)传统企业组织的不适应性一般表现在哪些方面?

(2)一体化的物流组织形式是怎样的?

(3)简述 BPR 的特点。

(4)供应链环境下企业内部业务流程有哪些变化?

(5)企业业务流程重组的内涵应关注哪四个核心问题?

(二)知识应用

1. 判断题

(1)用有效性供应链来提供功能型产品，不可采取削减企业内部成本措施。 (　　)

(2)处于成长期的产品可以采用服务与成本的比例合理化的策略。 (　　)

(3)比较核心企业的新旧供应链，有利于新供应链的有效运行。 (　　)

(4)BPR 本身就是“以信息技术使企业再生”，也正是由于现代信息技术使得多种工作整合、迅速决策、信息快速传递、数据集成与共享成为可能，才彻底打破原有模式，推动组织创新。 (　　)

(5)供应链管理环境下的企业间完成供需业务的流程也不一定发生了变化。 (　　)

2. 选择题

(1)BPR 的核心内容是(　　)。

A. 根本性　　　　B. 彻底性

C. 戏剧性　　D. 业务流程

(2)战略层面的供应链设计的主要内容包括(　　)。

A. 供应链的成员及合作伙伴选择　　B. 设计网络结构

C. 设计供应链长度　　D. 设计供应链的基本规则

(3)下面不是供应链设计的原则的是(　　)。

A. 自上而下的设计和自下而上的设计相结合的设计原则

B. 简洁性原则

C. 互补性原则

D. 系统性原则

(4)BPR 提供了价值链流程优化的可行手段,它的特点有(　　)。

A. 以流程为导向　　B. 目标远大

C. 打破常规　　D. 创造性地应用信息技术

(5)供应链企业联盟主要的主要构成是(　　)。

A. 盟主企业　　B. 成员企业　　C. 供应商　　D. 客户

**二、技能题(小项目)**

在一个理发店里有两位理发师,身边各有一把理发椅。此外还有四把椅子供顾客等候就座。为便于顾客等候时消遣时间,书架上还备有杂志。出纳员平时在前台负责收钱。顾客进门时,若理发师空闲,他会走到理发师前的空位上理发;否则,就要等候。在等候的时间内,他可以从图书架上取杂志阅读。然而,若理发师都忙着,而且没有空位可坐,他就只好失望地离开。顾客理发后,在离店前要付钱。

实训目的:试构建该理发店的运作流程。

实训要求:通过分析画出业务流程图,指出流程中不完善的地方并试图优化其流程。

## ● 综合案例

### 九州通集团供应链管理

九州通医疗器械销售的产品主要分为三类:医疗耗材、家庭护理用品和计生用品,如注射器,电子血压计、安全套等。

共享物流平台,医疗器械业务快速发展。九州通医疗器械总监龚翼华介绍,九州通的医疗器械发展得比一般企业快,很大程度上利用了原来九州通药品营销网络优势。和竞争对手相比,九州通器械业务本身拥有一个平台,医疗器械与药品客户重合度比较高。在中国,几乎所有的市场化民营医院、诊所、药店都是九州通的客户。新医改也为九州通的业务延伸到更多大型医院创造了条件。九州通医疗器械业务可以对这些客户二次开发。不久前,九州通成为北京大学人民医院的医用耗材供应商,正是充分利用九州通平台的结果。当时,北京大学人民医院招标院内物流供应商。简单地说,院内物流就是医院里的药品和医疗器械直接配送到每个科室的过程。九州通在与几家大型国有企业竞争后,成功中标,成为北京大学人民医院唯一的耗材供应商。之所以中标,一方面,九州通利用自身物流信息技术,与医院的 HIS 系统对接,为医院各科室提供非常完善的自动补货服务,提升医院各科室工作效率。另一方面,九州通器械利用自身供方资源,不到两个月时间,满足了医院 2 000 多个品规的产品需求。龚翼华说,遍布全国的九州通医药分公司,为医院供方资源的获取,提供了条件。作为医用耗材供应商,九州通要为该医院准备 1 000 万元耗材库存，加上送到医院货品价值 1 500 万元，仅此一家医药需要 2 500 万元的周转资金。一般的小企业无力竞争。

诚信务实经营，获得 1 200 多家供应商资源。对于经营性的公司来说，自己不生产产品，因此供应商资源管理至关重要，没有好产品就不会有好的销售。九州通是一家优秀的药品配送企业。在中国上万家医药商业企业中，九州通位列第三，民营企业第一，年销售额 200 多亿元。九州通原来给人的品牌印象主要是医药物流。2007 年，当九州通开始着力经营医疗器械时，很多供应商还不相信其经营器械的能力，不愿意供货。很多厂商问龚翼华："九州通不是做药品的吗，怎么在做器械？"九州通医疗器械团队反复与每一个供方沟通："九州通的药品已经做得很好，器械是基于客户基础发展的新业务，请供应商上网查询并到公司实地考察。"龚翼华说："随着九州通医疗器械宣传力度的加强，参加各种器械博览会及销售量的持续增加，让一大批供应商开始相信九州通，开始了良好的合作。然而，这仅仅解决了部分问题。"医疗器械行业发展多年，一些品牌医疗器械厂商早有自己的固定经销商。一般地，他们在一个地区限定一两家经销商。怎么办？九州通首先解决货源问题，一方面寻找知名产品的同类产品代理，另一方面直接从厂商代理商处拿货。欧姆龙正是九州通"日久生情"的供应商。起初，欧姆龙和其他厂商一样，也没有给予九州通经销权。2007 年 11 月，九州通开始与欧姆龙接触。当时，欧姆龙并不了解九州通。在后来的各种场合，九州通邀请欧姆龙到公司做客、参观。事实上，当时九州通已经在销售欧姆龙产品，只不过是从欧姆龙各地代理商进货。厂商与经销商之间利益博弈经常表现在"串货"上。即一个地区市场的专供货品，经销商在另外一个地区销售，获得总量提高，获得厂商"返利"。龚翼华说，一直以来，九州通遵守游戏规则，坚持当地进货，当地销售。调研九州通是否"串货"，欧姆龙并没有失望。由于九州通从欧姆龙的代理商进货量越来越大，甚至超过过去代理商的销量，使得欧姆龙更加关注九州通。通过对九州通整个公司财务状况、营销网络、人员配置的充分调研，2009 年年初，欧姆龙正式给予九州通代理权。如今，不仅欧姆龙，江苏鱼跃、强生等大型医疗器械企业，都与九州通建立了良好的合作，而且九州通已成为他们在中国最大的客户。通过类似努力，目前九州通器械已经拥有 1 200 多家供应商资源。提供专业性服务，用心感动顾客。

虽然九州通器械充分挖掘了药品的客户资源，但并不意味着销售就能快速增长。在九州通医疗器械网站可以看到，一个小木人举着一块牌子：专业让服务更加卓越。在九州通看来，对医疗器械专业性销售才能赢得客户的信任、放心。医疗器械与一般药品销售最大区别就是医疗器械属于服务式、教育式和培训式的营销。B 超如何使用、相关参数如何解读，需要专业知识。顾客使用电子血压计，测不准血压，并不一定是血压计本身的问题，绝大部分属于操作方法不正确。轮椅车的轮子磨坏，需要有人提供更换服务。这样，九州通要求每一位服务人员都熟练掌握医疗器械专业知识，为客户提供无微不至的贴心售后服务。无论是血压计还是血糖仪，顾客说什么问题，服务人员都回答得非常清楚：哪里有问题，问题出现在什么地方，要怎样去使用，要注意些什么事项。九州通一位叫刘成的员工，为了教客户正确使用血压计，模拟顾客，拿着一支烟匆匆跑进药店，要求服务员测血压，并且把手举得老高，用视频录像记录整个过程。然后，用这一段视频培训各终端药店的销售店员，让他们指出测量过程中有哪些错误。这比起讲纯理论，效果明显得多，同时向药店和顾客展示专业性。

作为连接上下游的公司，九州通一直把服务当作看家本领，良好服务已成为企业文化的一部分。新兴业务医疗器械在这方面也不例外。某年刚过春节，一位上海顾客在九州通的下游药店购买了血压计。按常理，产品出了问题，在哪里买就到哪里寻求售后服务。当顾客打电话反映问题时，九州通医疗器械售后服务人员半个小时后上门，恰逢顾客搬家。于是，该售后服务人员马上帮忙顾客搬家，然后沟通血压计的使用。该客户讲，他们买过很多器械产品，但没有看到过像九州通这样提供服务的。九州通很快发现，这些被感动的顾客，会在自己小区的邻里之间互相推荐。口碑形成后，明显拉动销售。

（资料来源：qixie. jzteyao. com. cn）

**问题**：九州通公司是如何构建医疗器械供应链运作业务流程的？通过案例对供应链流程管理有什么启示？

## ● 综合实训

### 供应链管理业务流程重组方案

一、实训目的

在学习本章相关知识后，让学生进行更高层次的能力训练，使学生学会运用所学的理论知识和技能，分析、研究和解决企业供应链管理实际问题。通过撰写“某企业供应链管理业务流程重组方案”使学生巩固、扩大和深化所学知识，学会如何检索和分析处理数据资料，提高学生在实际工作中发现问题、分析问题和解决问题的能力。

二、实训内容

撰写供应链管理业务流程重组方案。

三、实训资料

实训选定目标企业资料。

四、实训准备

学生分组：每 6～7 人一组，每组选出一名小组长。

五、实训步骤

(1)根据资料分析企业组成及运作现状；

(2)利用所学理论知识分析其供应链运作现状的优势和缺陷所在，写出调研分析；

(3)在调研分析的基础上，针对其存在缺陷提出改进方案，撰写一份“某企业供应链管理业务流程重组方案”，作为实训报告上交。

六、实训考核

(1)供应链管理业务流程重组方案是否符合规范的格式要求；

(2)相关资料是否通过上网和实地调查获得的，调查资料是否详实、准确和具体；

(3)对所调查供应链运作现状的分析观点是否正确并有独到的见解；

(4)所提改进方案和措施是否合理并有独到之处。

## 项 目 7

# 供应链的设计与构建

### 知识目标

◎ 了解供应链设计的含义、步骤。
◎ 明确供应链设计的内容。
◎ 熟知供应链设计原则及供应链的构建。
◎ 掌握供应链设计的策略。

### 技能目标

◎ 能进行简单供应链设计。
◎ 对供应链进行分析,提出改进意见。

### 【引例】

#### 海尔:整合供应链 实现零库存

总结多年的管理经验,海尔探索出一套市场链管理模式。海尔认为,在新经济条件下,企业不能再把利润最大化当作目标,而应该以用户满意度的最大化、获取用户的忠诚度为目标。结合市场链模式,海尔集团对组织机构和业务流程进行了调整,把原来各事业部的财务、采购、销售业务全部分离出来,整合成商流推进本部、物流推进本部、资金流推进本部,实行全集团统一营销、采购、结算;把原来的职能管理资源整合成创新订单支持流程 3R(研发、人力资源、客户管理)和基础支持流程 3T(全面预算、全面设备管理、全面质量管理),3R 和 3T 流程相应成立独立经营的服务公司。在业务流程再造的基础上,海尔形成了“前台一张网,后台一条链”(前台的一张网是海尔客户关系管理网站(haiercrm. com),后台的一条链是海尔的市场链)的闭环系统,构筑了企业内部供应链系统、ERP 系统、物流配送系统、资金流管理结算系统和遍布全国的分销管理系统及客户服务响应 Call-Center 系统,并形成了以订单信息流为核心的各子系统之间无缝连接的系统集成。过去企业按照生产计划制造产品,是大批量生产。海尔的 e 制造是根据订单进行的大批量定制。海尔 ERP 系统每天准确自动地生成向生产线配送物料的BOM，通过无线扫描、红外传输等现代物流技术的支持，实现定时、定量、定点的三定配送；海尔独创的过站式物流，实现了从大批量生产到大批量定制的转化。海尔的企业全面信息化管理是以订单信息流为中心，带动物流、资金流的运动。所以，在海尔的信息化管理中，同步工程非常重要。海尔认为，企业之间的竞争已经从过去直接的市场竞争转向客户的竞争。海尔CRM联网系统就是要实现端对端的零距离销售。海尔在全国建有物流中心系统，无论在全国什么地方，海尔都可以快速送货，实现JIT配送。

（资料来源：http://doc.mbalib.com/view/4fef2a2b61c1c1265178e8cedfafff07.html）

**分析**：这一案例表明，海尔集团取得今天的业绩，和企业实行全面的供应链管理是分不开的。借助先进的信息技术，海尔发动了一场管理革命。在设计供应链时，以市场链为纽带、以定单信息流为中心，带动物流和资金流的运动。通过整合全球供应链资源和用户资源，逐步走向"零库存、零营运资本和与用户零距离"的终极目标。

# 任务7.1　供应链设计的基本问题

## 7.1.1　供应链设计内容和原则

7.1.1.1　供应链设计定义及内容

1)供应链设计的定义

供应链设计(supply chain design)是指以用户需求为中心，运用新的观念、新的思维、新的手段从更广泛的四维空间——企业整体角度去勾画企业蓝图和服务体系。供应链设计通过降低库存、减少成本、缩短提前期、实施准时制生产与供销、提高供应链的整体运作效率，使企业的组织模式和管理模式发生重大变化，最终达到提高用户服务水平、达到成本和服务之间的有效平衡、提高企业竞争力的目的。

2)供应链设计的内容

战略层面的供应链设计的主要内容包括：

(1)供应链成员及合作伙伴选择。一个供应链是由多个供应链成员组成的。供应链成员包括：为满足客户需求，从原产地到消费地，供应商或客户直接或间接的相互作用的所有公司和组织。这样的供应链是非常复杂的。

(2)网络结构设计。供应链网络结构主要由供应链成员、网络结构变量和供应链间工序连接方式三方面组成。为了使非常复杂的网络更易于设计和合理分配资源，有必要从整体出发进行网络结构的设计。

(3)供应链运行基本规则。供应链上节点企业之间的合作是以信任为基础的。信任关系的建立和维系除了各个节点企业的真诚和行为之外，必须有一个共同平台，即供应链运行的基本规则，其主要内容包括：协调机制、信息开放与交互方式、生产物流的计划与控制体系、库存的总体布局、资金结算方式、争议解决机制等。

7.1.1.2　供应链设计的原则

在供应链的设计过程中，应遵循一些基本的原则，以保证供应链的设计能满足供应链管理思想得以实施和贯彻。

(1)自上而下的设计和自下而上的设计相结合的设计原则。在系统建模设计方法中,存在两种设计方法,即自上而下和自下而上的方法。

(2)简洁性原则。简洁性是供应链的一个重要原则。为了能使供应链具有灵活快速响应市场的能力,供应链的每个节点都应是简洁而有活力的,能实现业务流程的快速组合。

(3)互补性原则。供应链的各个节点的选择应遵循强—强联合的原则,从而达到实现资源外用的目的。每个企业只集中精力致力于各自的核心业务过程,就像一个独立的制造单元(独立制造岛)。这些所谓单元化企业具有自我组织、自我优化、面向目标、动态运行和充满活力的特点,能够实现供应链业务的快速重建。

(4)协调性原则。供应链绩效好坏取决于供应链合作伙伴关系是否和谐,取决于供应链动态连接合作伙伴的柔性程度。

(5)动态性原则。不确定性在供应链中随处可见。这是在研究供应链运作效率时都提到的问题。由于不确定性的存在,导致需求信息的扭曲,因此需要预见各种不确定因素对供应链运作的影响,减少信息传递过程中的信息延迟和失真。

(6)创新性原则。要产生一个创新的系统,就要敢于打破各种陈旧的思维框框,用新的角度、新的视野审视原有的管理模式和体系,进行大胆的创新设计。

【小思考7－1】

**如何进行创新设计**

进行创新设计,一是创新必须在企业总体目标和战略的指导下进行,并与战略目标保持一致;二是要从市场需求的角度出发,综合运用企业的能力和优势;三是发挥企业各类人员的创造性,集思广益,并与其他企业共同协作,发挥供应链整体优势;四是建立科学的供应链、项目评价体系和组织管理系统,进行技术经济分析和可行性论证。

(7)战略性原则。供应链的建模应有战略性观点,通过战略性观点考虑减少不确定的影响。从供应链的战略管理的角度考虑,供应链建模的战略性原则还体现在供应链发展的长远规划和预见性上。

## 7.1.2 设计供应链的步骤

### 7.1.2.1 分析核心企业的现状

这个阶段的工作主要侧重于对核心企业的供应需求管理现状进行分析和总结。如果核心企业已经有了自己的供应链管理体系,则对现有的供应链管理现状进行分析,以便及时发现在供应链的运作过程中存在的问题,或者说哪些方式已出现或可能出现不适应时代发展的端倪,同时挖掘现有供应链的优势。本阶段的目的不在于评价供应链设计策略中哪些更重要和更合适,而是着重于研究供应链设计的方向或者说设计定位,同时将可能影响供应链设计的各种要素分类罗列出来。

### 7.1.2.2 分析核心企业所处的市场竞争环境

通过对核心企业现状分析,了解企业内部的情况;通过对市场竞争环境的分析,知道哪些产品的供应链需要开发,现在市场需求的产品是什么,有什么特别的属性,对已有产品和需求产品的服务要求是什么;通过对市场各类主体,如用户、零售商、生产商和竞争对手的专项调查,了解产品和服务的细分市场情况、竞争对手的实力和市场份额、供应原料的市场行情和供应商的各类状况、零售商的市场拓展能力和服务水准、行业发展的前景，以及诸如宏观政策、市场大环境可能产生的作用和影响等。这一步的工作成果是有关产品的重要性排列、供应商的优先级排列、生产商的竞争实力排列、用户市场的发展趋势分析以及市场不确定性的分析评价的基础。

7.1.2.3　明确供应链设计的目标

基于产品和服务的供应链设计的主要目标在于获得高品质的产品、快速有效的用户服务、低成本的库存投资、低单位成本的费用投入等几个目标之间的平衡，最大限度地避免这几个目标之间的冲突。同时，还需要实现以下基本目标：进入新市场；拓展老市场；开发新产品；调整老产品；开发分销渠道；改善售后服务水平；提高用户满意程度；建立战略合作伙伴联盟；降低成本；降低库存；提高工作效率。在这些设计目标中，有些目标很大程度上存在冲突，有些目标是主要目标，有些目标是首要目标，这些目标的实现级次和重要程度随不同企业的具体情况而有所区别。

7.1.2.4　分析组成供应链的各类资源要素

本阶段要对供应链上的各类资源，如供应商、用户、原材料、产品、市场、合作伙伴与竞争对手的作用、使用情况、发展趋势等进行分析。在这个过程中要把握可能对供应链设计产生影响的主要因素，同时对每一类因素产生的风险进行分析研究，给出风险规避的各种方案，并将这些方案按照所产生作用的大小进行排序。

7.1.2.5　提出供应链的设计框架

分析供应链的组成，确定供应链上主要的业务流程和管理流程，描绘供应链物流、信息流、资金流、作业流和价值流的基本流向，提出组成供应链的基本框架。在这个框架中，供应链中各组成成员如生产制造商、供应商、运输商、分销商、零售商及用户的选择和定位是这个步骤必须解决的问题；另外，组成成员的选择标准和评价指标应该基本上得到完善。

7.1.2.6　评价供应链设计方案的可行性

供应链设计框架建立之后，需要对供应链设计的技术可行性、功能可行性、运营可行性、管理可行性进行分析和评价。这不仅是供应链设计策略的罗列，而且还是进一步开发供应链结构、实现供应链管理的关键的、首要的一步。在供应链设计的各种可行性分析的基础上，结合核心企业的实际情况以及对产品和服务发展战略的要求，为开发供应链中技术、方法、工具的选择提供支持。同时，这一步还是一个方案决策的过程，如果分析认为方案可行，就可继续进行下面的设计工作；如果方案不可行，就需要重新进行设计。

7.1.2.7　调整新的供应链

供应链的设计方案确定以后，这一步可以设计产生与以往有所不同的新供应链。为此，这里需要解决以下关键问题：供应链的详细组成成员，如供应商、设备、作业流程、分销中心的选择与定位、生产运输计划与控制等；原材料的供应情况，如供应商、运输流量、价格、质量、提前期等；生产设计的能力，如需求预测、生产运输配送、生产计划、生产作业计划和跟踪控制、库存管理等；销售和分销能力设计，如销售分销网络、运输、价格、销售规则、销售、分销管理、服务等；信息化管理系统软、硬平台的设计；物流通道和管理系统的设计；等等。在供应链设计中，需要广泛地应用许多工具和技术，如归纳法、流程图、仿真模拟、管理信息系统等。

7.1.2.8　检验已产生的供应链

供应链设计完成以后，需要对设计好的供应链进行检测。通过模拟一定的供应链运行环境，借助一些方法、技术对供应链进行测试、检验或试运行。如果模拟测试结果不理想，就返回至第五步重新进行设计；如果没有什么问题，就可以实施了。

7.1.2.9 比较新旧供应链

如果核心企业存在旧的供应链，通过比较新旧供应链的优势和劣势，结合它们运行的现实环境的要求，可能需要暂时保留旧的供应链上某些虽不科学或不完善的作业流程和管理流程，待整个市场环境逐步完善时再用新供应链上的规范流程来取代。同样地，尽管新的供应链流程采用科学规范的管理，但在有些情况下，它们取代过时的陈旧的流程仍需要一定的过程。所以，比较核心企业的新旧供应链，有利于新供应链的有效运行。

7.1.2.10 完成供应链的运行

供应链的出现必然带来供应链的管理问题。不同特征的供应链其管理特征、内涵、方法及模式也有所不同。

**【知识链接 7－1】**

**设计供应链主要解决的问题**

供应链的成员组成（供应商、设备、工厂、分销中心的选择与定位、计划与控制）。

原材料的来源问题（包括供应商、流量、价格、运输等问题）。

生产设计（需求预测、生产什么产品、生产能力、供应给哪些分销中心、价格、生产计划、生产作业计划和跟踪控制、库存管理等问题）。

分销任务与能力设计（产品服务于哪些市场、运输、价格等问题）。

信息管理系统设计。

物流管理系统设计等。

在供应链设计中，要广泛地应用许多工具和技术，包括：归纳法、集体解决问题、流程图、模拟和设计软件等。3PL 的选择与定位、计划与控制、确定产品和服务的计划、运送和分配、定价等，设计过程中需要各个节点企业的参与交流，以便于以后的有效实施。

# 任务 7.2 供应链设计策略

## 7.2.1 基于成本核算的供应链设计策略

7.2.1.1 供应链成本分析

基于成本就是根据供应链中的总成本优化原则，来选择供应链中的节点企业。总成本中考虑物料、劳动力、运输、设备和其他变动成本等因素，同时考虑经验曲线对劳动力成本的影响、相关国家的汇率和通货膨胀率等影响因素。

供应链成本结构见图 7—1。

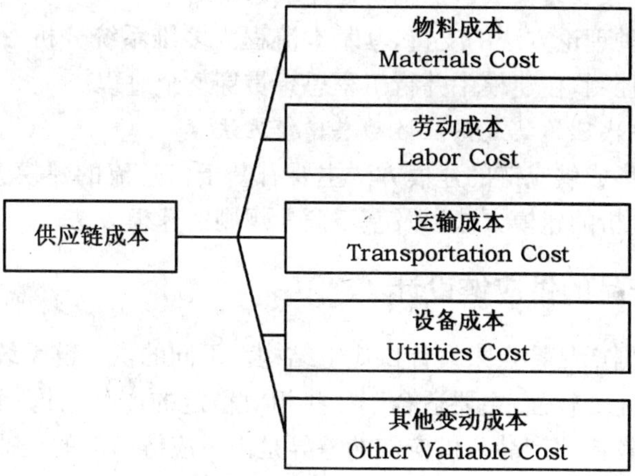


图 7—1　供应链成本结构图

7.2.1.2　基于成本核算的供应链设计流程

基于成本核算的供应链设计流程见图 7—2。

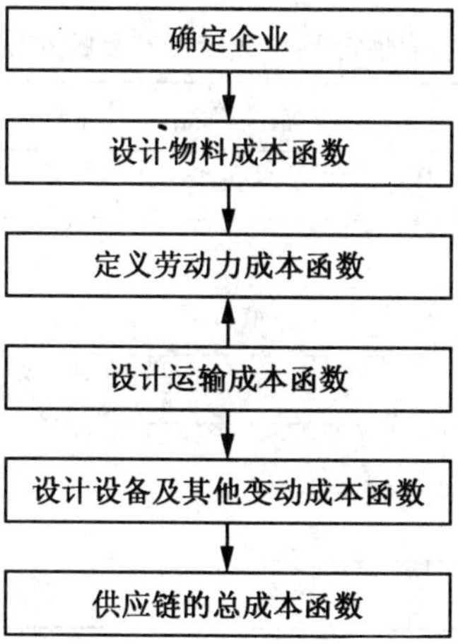


图 7—2　供应链设计流程

## 7.2.2　基于多代理的集成供应链设计

集成的设计策略包括基于信息流、基于过程优化、基于商业规则、基于案例分析的综合设计策略，实现实物环境中人与人、人与组织、组织与组织的集成和计算机虚拟环境中的信息集成；同时，在实物环境与计算机虚拟环境之间实现人机集成。

7.2.2.1　基于多代理的集成供应链模式

随着信息技术的发展，供应链不再是由人、组织简单组成的实体，而是以信息处理为核心，以计算机网络为工具的人—信息—组织集成的超智能体。

基于多代理集成的供应链模式，它是涵盖两个世界三维集成模式，即实体世界的人与人、组织与组织集成和软体世界信息集成（横向集成），以及实体与软体世界的人—机集成（纵向集成）。

7.2.2.2 基于多代理的集成供应链动态建模基本思想

动态建模需要多种理论方法的支持，其基本流程为多维系统分析→业务流程重构→建模→精简/集成→协调/控制，在建模中并行工程思想贯穿整个过程。

7.2.2.3 基于多代理的集成供应链动态建模方法

用于基于多代理集成供应链的建模方法主要有基于信息流的建模方法、基于过程优化的建模方法、基于案例分析的建模方法以及基于商业规则的建模方法。

### 7.2.3 基于产品的供应链设计

基于产品就是根据产品特点来设计供应链结构。不同的供应链系统具有不同特点。有的供应链系统成本控制能力较强，主要适合于一些相对稳定的产品结构；而有的响应能力较强，比较适合于创新速度较快的产品。供应链的差异是由供应链内部的企业特点、企业关系、资源配置等所决定的，因此需要根据产品特点来选择供应链中的企业和协调这些企业的关系。只有与产品特点匹配的供应链结构才能具有较高的运行效率。

所谓设计出与产品特性一致的供应链，也就是基于产品的供应链设计策略(PBSCD)。

7.2.3.1 功能性产品与创新性产品

功能性产品与创新性产品的对比见表7—1。

**表7—1** 功能性产品与革新性产品的对比

| 需求特征 | 功能性产品 | 创新性产品 |
|---|---|---|
| 产品寿命周期(年) | >2 | 1～3 |
| 边际贡献率(%) | 5～20 | 20～60 |
| 产品多样性 | 低 | 高(每一目录上千) |
| 预测的平均边际错误率(%) | 10 | 40～100 |
| 平均缺货率(%) | 1～2 | 10～40 |
| 季末降价率(%) | 0 | 10～25 |
| 按订单生产的提前期 | 6个月～1年 | 1天～2周 |

7.2.3.2 基于产品的供应链设计策略

根据供应链特点设计产品，供应链中产品的生产和流通成本与产品本身的特点密切相关。因此，在产品开发初期就考虑相关的供应链特点，可以使得产品能更好地与供应链匹配运行。

可利用表7—2供应链设计与产品类型策略矩阵，为企业选择理想的供应链策略。

**表7—2** 供应链设计与产品类型策略矩阵

| 供应链 | 功能性产品 | 创新性产品 |
|---|---|---|
| 有效性供应链 | 匹配 | 不匹配 |
| 反应性供应链 | 不匹配 | 匹配 |

若用有效性供应链来提供功能性产品，可采取如下措施：

(1)削减企业内部成本。

(2)不断加强企业与供应商、分销商之间的协作，从而有效降低整条链上的成本。

(3)低销售价格。这是建立在有效控制成本的基础之上的，但一般不轻易采用，需要根据市场竞争情况而定。

用市场反应性供应链来提供创新性产品时，应采用如下策略：

(1)通过不同产品拥有尽可能多的通用件来增强某些模块的可预测性，从而减少需求的不确定性。

(2)通过缩短提前期与增加供应链的柔性，企业就能按照订单生产，及时响应市场需求，在尽可能短的时间内提供顾客所需的个性化的产品。

(3)当需求的不确定性已被尽可能地降低或避免后，可以用安全库存或充足的生产能力来规避其剩余的不确定性。这样，当市场需求旺盛时，企业就能尽快地提供创新性产品，从而减少缺货损失。

7.2.3.3 基于产品生命周期各阶段的供应链设计策略

基于产品生命周期各阶段的供应链设计策略见表7—3。

**表7—3** **产品生命周期各阶段的供应链设计策略**

| 产品生命周期 | 特 点 | 供应链策略 |
|---|---|---|
| 引入期 | ·无法准确预测需求量<br>·大量的促销活动<br>·零售商可能在提供销售补贴的情况下才同意储备新产品；订货频率不稳定且批量小；产品未被市场认同而夭折的比例较高 | ·供应商参与新产品的设计开发<br>·在产品投放市场前制定完善的供应链支持计划<br>·原材料、零部件的小批量采购<br>·高频率、小批量的发货<br>·保证高度的产品可得性和物流灵活性<br>·避免缺货发生<br>·避免生产环节和供应链末端的大量储存<br>·安全追踪系统，及时消除安全隐患或追回问题产品<br>·供应链各环节信息共享 |
| 成长期 | ·市场需求稳定增长<br>·营销渠道简单明确<br>·竞争性产品开始进入市场 | ·批量生产，较大批量发货，较多存货，以降低供应链成本<br>·做出战略性的顾客服务承诺以进一步吸引顾客<br>·确定主要顾客并提供高水平服务<br>·通过供应链各方的协作增强竞争力<br>·服务与成本的比例合理化 |
| 成熟期 | ·竞争加剧<br>·销售增长放缓<br>·一旦缺货，将被竞争性产品所代替；市场需求相对稳定，市场预测较为准确 | ·建立配送中心<br>·建立网络式销售通路<br>·利用第三方物流公司降低供应链成本并为顾客增加价值<br>·通过延期制造、消费点制造来改善服务<br>·减少成品库存 |
| 衰退期 | ·市场需求急剧下降<br>·价格下降 | ·对是否提供配送支持及支持力度进行评价<br>·对供应链进行调整以适应市场的变化，如供应商、分销商、零售商等数量的调整及关系的调整等 |

7.2.3.4 基于产品和服务的供应链设计步骤

基于产品和服务的供应链设计步骤可以概括性地归纳为以下10步，如图7—3所示。

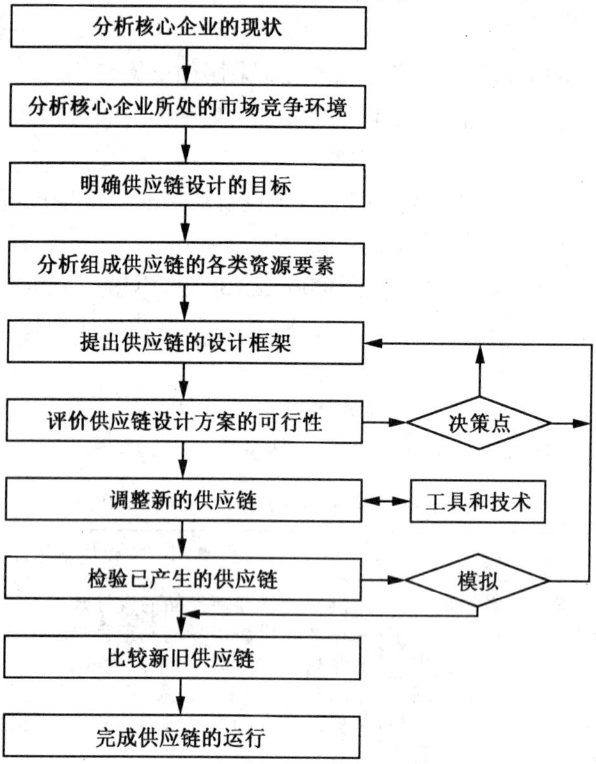


图 7—3 基于产品和服务的供应链设计步骤

【小思考 7－2】

**供应链上的商务活动**

大街上经常看见很多消费者携带着各式各样的牛质皮包，商场里也有琳琅满目的牛质皮包出售。那么从畜牧场的牛到消费者手中的皮包，这之间经历了哪些商务活动呢？

从上游提供牛皮的供应商到下游购买皮包的消费者，这是一条很典型的供应链。其中伴随了物资流动、信息流动和资金流动等活动。同时，在由上游向下游传递过程中都伴随着运输、加工及其他的人类活动，而这每一项活动都要支付成本，并要求获得一定的利润。因此，购买牛皮等原材料的价格较低，而消费者最终购买的皮包价格则会偏高。

# 任务 7.3 供应链的构建

## 7.3.1 供应链重新构建的原因及前提条件

### 7.3.1.1 供应链重新构建的原因

对供应链而言，在电子商务下的重新构建是必然的，是供应链竞争的优势源头。从供应链构建来看，电子商务对供应链具有巨大的潜力和价值。成功的企业都已超越仅使用 Internet 作为通信和简单交易的肤浅层次，专业电子商务公司应当深入发展 Internet 的应用，未来的供应链重组将向智能化方向发展。

首先，智能化的电子商务应该有决策支持系统来评价可选合同条款，方便双方迅速达成协议，签署的合同受电子商务系统的监控，保证条款履行。

其次，智能化将成为构架价格、资金往来和供应链管理的桥梁。继供应链管理(SCM)和用户关系管理(CRM)之后，又出现了一种新的管理技术即价格和税收管理。其主要思想是企业应当优化其产品和服务的价格及相关的税收，这种优化应该建立在充分了解供应链成本的基础上。同时，供应链运作也应该被优化来反映按不同的产品类型和用户划分所获得的收入。因此，价格决策和供应链决策就不会像过去那样是独立的，应当将其很好地集成。这是在供应链管理中注入智能化的另一个途径。

再次，越来越多的账单和付款周期方面的变化将变成更自动甚至完全成为外包的活动。供应链成员不再需要一个专门负责收款的机构——财务部。企业可以通过操作在第三方控制、监管下的EDI(电子数据交换)系统自动办理转账手续。可以在网上观察到用户发来的订单。凭借企业合作伙伴——第三方物流公司把商品送到用户手中。当企业获得确认之后数天货款便从用户的账户转到企业的账户，不用一张账单，也不用一张支票，就可以实现资金往来。供应链成员都可以摆脱财务事务，把主要精力集中到核心能力上来。

最后，智能化可以让电子商务市场进行设计协作。在网络化的今天，所有的设计思想、新产品概念、设计和制造接口、新材料使用、可选物料和市场营销都可以通过电子商务市场来帮助实现。

7.3.1.2 构建供应链的前提条件

(1)网络经济时代的信息技术

互联网这个公众平台是有效供应链管理的重要工具。一个连贯的社会再生产过程其中所有的信息都是封闭的，即使运用第二次世界大战以后形成的最先进的工程的思想方法，很难将全过程优化。供应链管理的领域涵盖并超过了整个企业的范畴，其范围从一端的供应商到另一端的顾客。因此，我们所讨论的供应链的信息技术既包括单个企业内部系统，又包括企业间的系统，尤其是信息平台的形成，使信息共享成为可能，这就把供应链从过去两个环节之间的短链延伸成跨越整个社会再生产的长链成为可能。近年来，IT使企业如虎添翼，最为显著的例子是沃尔玛采用了卫星连接的信息技术、美国航空公司利用了马力储备系统、联邦快递拥有先进的跟踪系统。

(2)物流活动的合理化和现代化

物流活动的合理化和现代化是供应链中“第三利润源泉”的主要利润源。物流活动由包装、装卸搬运、运输和储存构成。在各种物流设计概念中，最明显的包括对产品的设计，使其可以有效包装和储藏。产品包装得越紧凑，运费越便宜，尤其是在限制运动能力是空间原因而不是重量原因的情况下。如果包装模数(是关于包装基础尺寸的标准化及系列尺寸选定的一种规定)能和仓库设施、运输设施尺寸模式统一化，既利于运输和保管，又能有效节约运输费用和库存成本，从而达到利用现代化的包装和平行生产工艺运输设施的办法，通过流通加工，结合先进的运输技术，做到降低物流费用和缩短交货期，优化供应链管理中的物流活动。

(3)远程化的协作管理的出现

供应链管理的出现是和经营运作的远程化有关的。20世纪80年代之后，经济全球化的步伐大大加快，大工业时代专业分工向国际分工深化，一个产品从原材料的原材料生产，到用户的用户为止，原材料来自全世界，生产协作企业分布于全世界，用户需求遍布于全世界，这种远程化的结果，需要有新的供应方式。人们探索出供应链管理来解决这个问题。

### 7.3.2 构建供应链的目标及关键问题

#### 7.3.2.1 供应链系统构建的目标

供应链系统构建的目标是指针对供应链系统和现实状态，进行供应链系统构建。供应链系统构建的目标有：

一是整个供应链具有核心竞争力。这种竞争力，是通过供应链上各企业之间业务整合、资源合理配置实现的，它集中体现在对顾客价值具有关键性贡献，使竞争具有差异化，能不断推出系列的新产品。

二是整个供应链系统应具有快速响应能力。这是通过提高供应链上各企业工作效率以及各企业之间合作效率实现的，它表现为缩短订单满足提前期。

三是整个供应链系统应具有最低成本。这是通过提高供应链上各企业的库存控制实现的，它表现为单位产品成本的降低。

#### 7.3.2.2 构建供应链的关键问题

显然，要实现上述目标，关键是要整合供应链上各企业之间的非核心业务，提高各企业的工作效率，减少冗余库存，合理配置资源，保持各企业之间协调运行。因而，供应链系统构建的关键是：

(1)物流网络的构造

物流网络包括供应商仓库、配送中心、零售商，以及在各机构之间流动的原材料，在制品库存和产成品。我们假定工厂和零售店的管理位置不变，在服务水平不变的条件下，使年系统总成本(包括生产成本、采购成本、库存保管成本、搬运成本、运输成本和固定成本)最小。在整个供应链系统合理布局中首先需要考虑解决供应链内部的“效益背反”问题。这一点必须通过管理进行信息的协调和沟通，用协议的方法来解决。其次，企业必须在设立新仓库的成本和更接近顾客之间进行权衡。最后，仓库布局决策是决定供应链是否是销售产品的有效渠道的关键因素。

(2)库存控制

顾客的需求总是难以预测的。为了保证公司无法预料的顾客需求的变化和享受大规模进货成本、运输成本的优惠，必须持有库存，但是高估顾客需求将导致库存销售不出去，而低估顾客需求将导致库存短缺和失去潜在的顾客，对顾客服务水平和供应链系统成本带来重大的影响。为了有效地进行库存管理，首先必须进行需求预测；其次在订货成本和储存成本之间进行订货批量的权衡。

(3)战略联盟

这是共享风险与收益的企业之间的一种典型多方位的目标导向的长期合作关系。一种特殊的战略联盟是否适合企业，可以从以下几个方面进行考虑：第一，增加产品的价值。与恰当公司之间的合作有助于增加现有产品的价值。第二，改善营销进程。能产生更好的广告效果或增加新营销渠道是有益的。第三，强化运作管理。恰当企业之间的联盟可以通过降低系统成本和周转次数来改善运作管理，使设备和资源都可以得到更有效的利用。第四，增强技术力量，共享技术的合作有助于增强双方的技术基础。第五，增强核心竞争能力，促进战略成长，拓展新的市场机会。

(4)顾客价值

顾客价值是顾客对整个公司提供的包括产品、服务和其他无形资产的感知，公司衡量其产品和服务质量标准已从内部质量保证深化到外部顾客满意，再到顾客价值。在供应驱动时代，内部的质量计算，如废品个数，主导了公司目标。顾客满意度主要是公司现有的顾客对公司产品的使用及对公司服务的印象，顾客价值则更进了一步，它要尽量确定顾客购买这家公司产品而不是那家公司产品的原因，并要考虑构成公司产品和形象的整体因素，即产品、服务和无形资产，甚至要考虑什么样的顾客是有利可图的，有收益增长的潜力，什么样的顾客则是会亏本的。总之，顾客价值驱动着供应链的改变和改善。

(5)决策支持系统(DSS)

复杂的商业系统均一样，其供应链管理中的问题都不能很明确并且能够完全授权给计算机界定出来，相反几乎在任何一种情况下，人类特有的灵活性、创造力和智慧是有效管理这个系统的保证，然而供应链管理的许多方面只有在计算机的帮助下才能进行有效的分析和理解，这就是决策支持系统的作用。所以决策支持系统(DSS)在供应链管理中常常被称为高级计划编制与时间安排系统(EPS)。

## 7.3.3 供应链构建的方法和步骤

供应链构建涉及供应链的长短、规模大小、网络状况等因素。供应链构建包括成员生产和仓储设施的位置和能力，在各个地点制造或存放的产品，根据不同交货行程采用的运输模式，以及将要使用信息系统的类型。供应链的构造方法有三种：顺流构造法、逆流构造法、顺流和逆流综合构造法。可以根据不同的商品或服务以及不同的供应链成员来确定使用方法。

### 7.3.3.1 顺流构造方法

所谓顺流构造方法，是指当企业要构造其供应链时，从它的原材料出发，逐步寻找到最上游的供应商，依照自己的产品或服务制造和销售设计供应链流程，直到最终消费者。具体构造步骤图 7—4 所示。

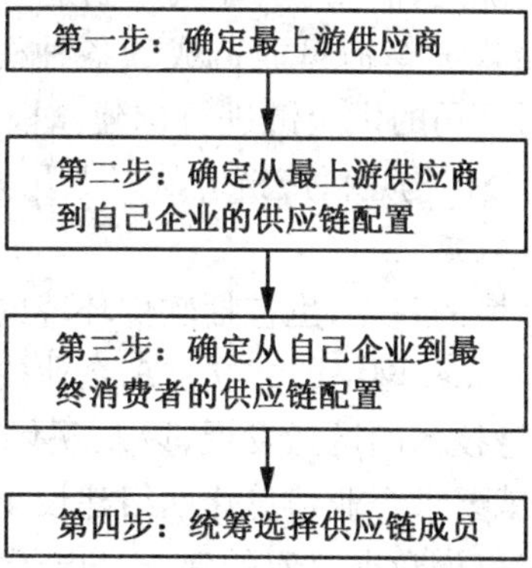


**图 7—4 顺流构造方法步骤流程**

第一步：确定原材料的来源，找出最上游的供应商。

第二步：确定从最上游的供应商到自己企业的供应链配置。确定供应链地点，如原材料采购地点、运输途径、半成品加工地点等；确定各环节的执行流程，即采购与运输的转换流程、加工与运输流程等；确定信息传递系统的类型。

第三步，确定从自己企业到最终消费者的供应链配置。需要针对自己的市场分布区域、销售重点寻找供应链中的分销成员；确定供应链地点，包括分销成员所处的供应链地点、配送途径、包装加工的地点等；确定各环节的执行流程，比如干线运输与城市配送的转换流程、包装加工与城市配送的流程等；确定信息反馈的系统类型。

第四步，统筹选择最优的供应链成员来实现产品生产或服务的提供。

7.3.3.2 逆流构造方法

逆流构造方法基于市场的需求，即按最终消费者的需求，由这个客观存在的需求去构成从零售商到自身企业的供应商的一条供应链。这种方法恰恰是从最终消费者的上一级零售商或分销商开始，不断地寻找为满足需求而必须参与其中的企业，从而形成供应链。具体构造步骤如下：

第一步，确定用户需求是什么。

第二步，确定谁向用户送达满足用户需求的产品。这一步要明确下游供应链成员的配置；明确分销商在供应链中所处的具体地点；明确分销商的物流流程，比如其委托的第三方物流企业配送流程、销售加工流程等；确定物流信息传递及反馈系统的类型。

第三步，明确上游供应商的位置和配置。供应商应该是自己企业所能够实现满足用户需求目标的最优伙伴。这可从两个方面来理解：一是从成本角度看，供应商能提供一个最优的成本；二是从服务上看，供应商能够提供及时、迅速的服务。

第四步，整合供应链资源。在长期合作的供应链伙伴中动态选择最优的合作伙伴，以完成自己企业的生产销售任务，达到降低成本、提高效益和竞争力的目标。

7.3.3.3 综合构造法

基于市场需求和供应商特点，顺流和逆流两方面同时进行，设计构建供应链。这种方法更灵活、动态。

### 7.3.4 供应链构建实例

面临着中国加入世贸组织后随之而来的国外汽车制造巨头的强大竞争压力。A 集团公司决定利用电子商务给供应链带来的革命可能造成的各种机会，加速产业整合，全面提升自我，积极地融入国际市场，决定对公司的供应链进行构建。根据供应链理论以及目前 A 公司的供应、制造、销售的状况，在 A 公司构建供应链应从以下几个阶段考虑：

7.3.4.1 第一阶段：信息基础建设

信息基础建设既包括硬件环境的建立，也包括软件环境的建立。在硬件环境方面，主要是信息化网络的建设，即企业的 Intranet 网络的建立。A 企业内部网(Intranet)的建设已经具有了一定的规模和水平，但鉴于信息技术的迅猛发展，以及现代管理对信息在其速度、种类和质量等方面需求水平的不断提高，就要求企业信息化网络建设工作不断更新、改进。在软件环境方面，数据库的建立尤为重要，可以说数据仓库的建立是电子商务和 ERP 系统能够成功实施的基础保证。数据、数据仓库是将分布在企业网络中各不同信息岛上的商业数据集成在一起，存储在一个单一的集成关系型数据库中。数据仓库可以将企业的生产实时数据、财务信息、销售合同、人力资源、物料库存信息、生产计划等企业生产经营过程中产生的各种数据有机地集成在一起。这种集成信息可方便用户对信息的访问，更可用于支持经营管理中决策的制定过程。

7.3.4.2 第二阶段：A 公司内部供应链的建立

首先，根据 A 公司的生产流程，对企业内部的供应链网进行设计。其次，公司供应链计划和 ERP 系统的建立与 BPR 的实行。A 公司主要以供应链计划 SCP 和 ERP 系统为核心来实施其内部的集成化供应链管理。供应链计划的实施主要体现在对 A 公司的生产计划、作业计划、需求预测、物料需求计划、库存计划、采购计划、销售计划等主要计划和决策业务的集成。ERP 系统的实施主要体现在对 A 企业业务流程中的订单管理、财务管理、库存管理、生产制造管理、采购等主要执行职能的集成。这两个系统的具体实现主要通过以 A 企业内部的计算机网络 Intranet 为硬件支持，分别建立各自的计算机管理和决策支持的软件系统，同时通过实行企业内部业务流程的重组(BPR)建立与新管理体系相适应的经营组织结构。具体步骤如下：

一是建立供应链计划系统。A 公司供应链计划系统包括多个子系统，其中物料需求计划和生产计划是供应链计划的重要组成部分，其结构如图 7—5 所示。

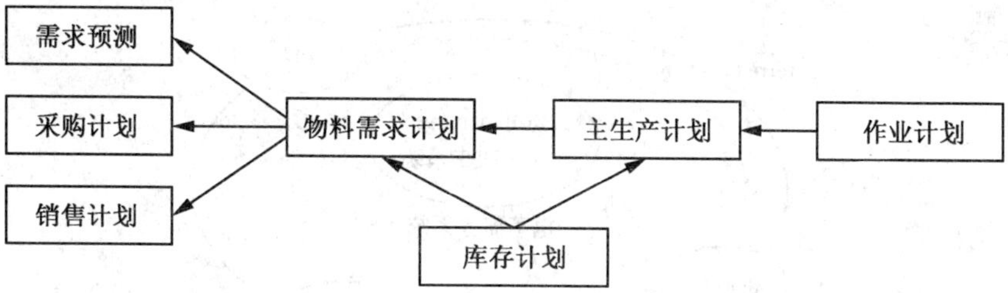


7—5　A 公司供应链计划系统

供应链计划系统根据需求预测信息和采购计划的执行效果制定物料需求计划，并以此制定新的采购计划和销售计划:同时根据物料需求计划以及作业计划和库存计划的实行情况，综合企业的内部各个生产环节之间的物料需求计划平衡、生产能力平衡和库存控制信息，利用各种数学模型，以成本最小和利润最大为目标，合理地调整生产的产品结构，最终制定出切实可行的主生产计划；在主生产计划制定完成后，再以主生产计划为基础分别制定新生产作业计划和库存计划以及对需求计划加以修正。

二是 ERP 管理系统的建立。最近几年里，A 公司在企业内部管理信息系统的建设方面已做了大量的工作。先后建立了生产管理系统、生产状态监测系统、财务管理系统、物资供应管理系统、劳资人事系统、生产系统、能源管理系统等。这些系统在各自的应用领域都曾发挥了很大的效用。但是，一方面，由于在公司进行结构调整后，某些系统未能做出相应调整，因此不再适用公司现在体制:另一方面，由于公司的管理模式上的原因，这些系统互相之间没有进行必要的信息交流，形成了每个系统各自为政的现象。ERP 系统的建立首要的工作就是利用网络和数据仓库等信息技术将这些孤岛式系统加以融合，一方面可以通过数据共享大大减少各系统中原有的数据冗余，并可保证各系统之间的数据一致性；另一方面通过对各系统的数据的整合，利用数据挖掘等知识发现手段从整合后的数据中提炼出可以辅助企业决策者制定生产决策的高度综合的信息。这是在公司现有的信息系统孤岛式分布的情况下无法实现的。

三是 BPR 的实行。BPR 的实行打破 A 公司原有的按照职能设置部门的管理方式，代之以业务流程为核心，重新设计企业的管理过程。由于采用了先进的信息化手段，不但简化原有的业务流程，而且也使原有的业务环节大大集成化了，原先需要由几个部门或多个人做的工作，在电子商务环境下可以由一个部门或一个人来完成。因此，通过对部门和人员的精简，不但可以节约部门的开支，同时由于业务环节的高度集成化，可以大大缩短各项供销业务流程所需的时间。

7.3.4.3 第三阶段:A公司外部供应链的建立

A公司通过电子商务的建立,将供应链中的上下游企业更加紧密地联系在一起。零部件供应商可以通过电子商务将原料的发货通知传给A公司,通知哪些产品将于什么时候出运,A公司利用这些信息更改其库存水平;而销售商把市场预测信息传给A公司,A公司再根据这些信息进行计划和生产。当A公司与供应链中各节点企业很好地通过电子商务达到共享后,就可以提高生产能力改善产品质量,为产品提供更大的附加值。通过电子商务的动作,能有效连接A公司与供应商、销售商以及用户之间在供应链中的关系,而且在企业内部,电子商务也可以改善部门之间的联系。通过Internet,企业能以更低的成本加入到供应链联盟中。A公司在电子商务环境下的外部供应链的结构如图7—6所示。

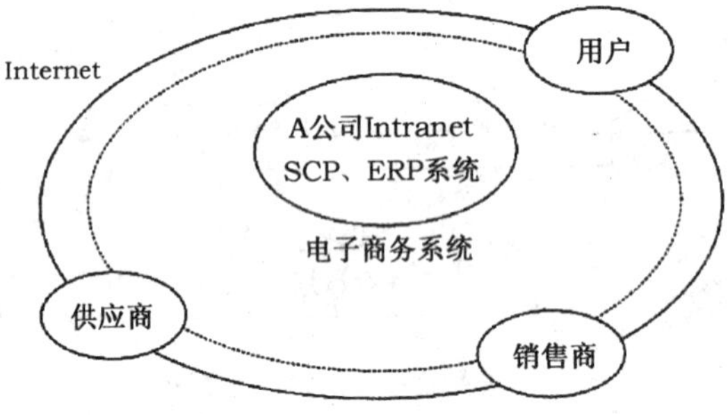


图7—6 A公司外部供应链结构

7.3.4.4 第四阶段:集成化的供应链联盟

随着供应链管理的深入,供应链所涉及的范围将进一步扩大,其组成成员的种类和数量将大大增加,最终形成一个集成化的供应链联盟。在供应链联盟中,作为供应链核心的A公司与其原料供应商、产品的销售商、研发机构协同工作,将企业内部的供应链与企业外部的供应链有机地集成起来进行管理,从而达到全局动态最优目标,以适应在新的竞争环境下市场对生产和管理过程提出的高质量、高柔性和低成本的要求。

在集成化的供应链联盟中,每个供应链成员既相互独立,又为了共同目标联系在一起。它们之间并不是一种简单的集合,而是有着紧密的联系,且存在着共同策略。当供应链中的企业数目增多时,如何做好供应链成员间的协调工作是十分重要的。针对这一点,我们可以采用Internet等先进的计算机网络技术,建立供应链战略管理系统来完成供应链成员的协调及整个供应链的战略决策的制定。其结构如图7—7所示。

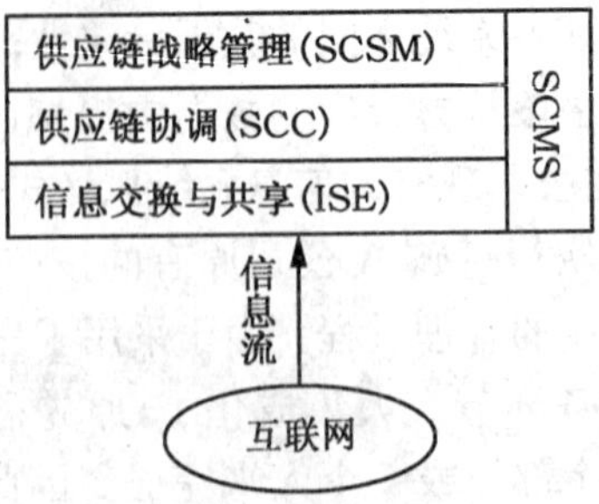


图7—7 供应链战略管理模式

其中，ISE是处理供应链成员之间的信息传递、存储、更新，其他两个模块通过它向供应链成员传递决策信息。SCC主要是通过供应链成员共享供应链上的信息，进行整个供应链的在线协调工作。它通过一种内置的协商机制，把来自供应链上的各个成员的信息进行综合，并做相应的调整。SCSM通过供应链的长期合作，将供应链成员的部分决策权进行合并，从而更好地协调整个供应链的行为。以A集团公司为核心企业，与供应商、分销商、用户形成的网链状供应链，在电子商务环境下，缩短提前期、降低库存、加快资金流转、提高响应市场应变能力等。虽然A公司的电子化供应链的构建还在不断深入的进行中，但其作用已经初步显现出来，这也增强了其供应链构建的积极性。

## ● 基本训练

### 一、知识题

(一)阅读理解

(1)简述供应链设计的含义。

(2)供应链设计的原则和前提条件有哪些?

(3)供应链设计的步骤是怎样的?

(4)什么叫供应链构建?

(5)供应链构建有哪些方法?

(二)知识应用

1. 判断题

(1)顾客价值是顾客对整个公司提供的包括产品、服务和其他无形资产的感知。　(　　)

(2)战略层面的供应链设计的主要内容包括:供应链的成员及合作伙伴选择、设计网络结构以及设计供应链的基本规则。　(　　)

(3)基于产品就是根据顾客特点来设计供应链结构。　(　　)

(4)随着信息技术的发展，供应链不再是由人、组织简单组成的实体，而是以信息处理为核心，以计算机网络为工具的人—信息—组织集成的超智能体。　(　　)

(5)一个供应链是由多个供应链成员组成的。　(　　)

2. 选择题

(1)逆流构造方法的第一步是(　　)。

A. 确定用户需求是什么　　B. 确定谁向用户送达满足用户需求的产品

C. 明确上游供应商的位置和配置　　D. 整合供应链资源

(2)为了能使供应链具有灵活快速响应市场的能力，供应链的每个节点都应是简洁而有活力的，能实现业务流程的快速组合。这是属于(　　)。

A. 创新原则　　B. 自上而下原则

C. 简洁原则　　D. 科学性原则

(3)设计供应链的第一步是(　　)。

A. 明确供应链设计的目标　　B. 分析环境

C. 资源分配　　D. 分析核心企业的现状

(4)通过模拟一定的供应链运行环境，借助一些方法、技术对供应链进行测试、检验或试运行属于(　　)。

A. 供应链检验　　B. 供应链评价

C. 供应链整合　　　　　　　　　　D. 供应链重新设计

(5)设计出与产品特性一致的供应链，目前对于多品种的库存补货方法有(　　)。

A. 基于多代理的集成供应链设计　　　B. 基于信息技术的供应链设计

C. 基于产品供应链设计　　　　　　　D. 基于成本核算的供应链设计

## ● 综合案例

### 龙岩卷烟厂供应链环境下的系统运营

龙岩卷烟厂是全国大型企业和全国烟草行业 20 家重点发展企业之一。为了适应环境的变化，不断提高企业技术和管理水平，龙岩卷烟厂很早就开发了适应本企业特色的信息系统，优化了企业内部资源，提高了烟厂的整体竞争力，但这些信息管理只限于企业内部资源的管理和控制。在这种情况下，龙岩卷烟厂便将眼光放在外部资源上，借助其他企业的资源，达到快速响应客户需求的目的。为此，龙岩卷烟厂决定实施供应链管理系统。

龙岩卷烟厂的供应链如下：原料供应商→龙岩卷烟厂→卷烟分销商→零售商→最终用户。供应商包括烟叶供应商、辅料供应商和设备供应商等。在烟草专卖体制下，烟厂和分销商是捆绑在一起的，为了从供应链管理模式中获得巨大的经济效益，只有从供应链的上游找出突破口。在香烟成本中，备件、辅料在香烟成本中占的比重大，并且市场完全开放，因此首先应在备件、辅料供应商中选择战略合作伙伴。

龙岩卷烟厂供应链管理系统以烟厂为核心，在烟厂内部建立局域网。对于供应商，根据规模大小可以对其系统进行进一步改造。对小规模的供应商，只需浏览器访问烟厂的网络服务器，维护本企业在烟厂服务器存储的信息，由烟厂的网络服务器统一进行数据管理；对大规模的供应商，可以在企业内部建立供应链管理系统，这样烟厂和供应商之间通过浏览器相互访问，传递信息。

龙岩卷烟厂供应链管理系统主要完成供应科和供应商之间信息的交换与控制。系统功能主要有：

(1)库存查询。主要包括：辅料供应商对烟厂库存(数量、金额、周转率等)的查询；烟厂对辅料供应商库存的查询。

(2)采购控制。主要包括：烟厂对采购订单的制定、查询和发送；辅料供应商对烟厂采购订单的查询和接收；辅料供应商提出修改采购订单的请求；烟厂对采购订单的修改。

(3)生产计划控制。主要包括：辅料供应商对烟厂生产计划的查询；烟厂对辅料供应商生产计划的查询；辅料供应商提出修改烟厂生产计划的请求；烟厂提出修改辅料供应商生产计划的请求。

(4)生产进度控制。包括：烟厂对辅料供应商生产进度的查询；烟厂向辅料供应商提出改变生产进度的要求；辅料供应商对烟厂生产进度的查询；辅料供应商向烟厂发出改变生产进度的警示。

(5)生产能力查询。包括：辅料供应商对烟厂设备的生产能力和人员生产能力的查询；烟厂对辅料供应商设备的生产能力和人员生产能力的查询。

(6)资金状况查询。主要包括：辅料供应商对烟厂资产、负债特别是流动资产(现金、银行存款等)和短期负债的查询；辅料供应商对烟厂一般财务指标的查询；烟厂对辅料供应商资产、负债(特别是流动资产和短期负债)的查询；烟厂对辅料供应商一般财务指标的查询。

(7)价格查询。主要指烟厂对辅料供应商产品价格的查询。

(8)质量控制。主要包括：烟厂对辅料供应商产品质量状况的查询和对辅料检查结果发出警示；辅料供应商对产品的质量检查状况进行查询。

(9)新产品开发能力控制。主要包括：烟厂对辅料供应商产品开发周期和新产品成长率的查询和警示；辅料供应商对烟厂产品开发周期和新产品成长率的查询。

(10)系统维护。包括：对系统的环境进行定制；对操作员的操作权限进行管理；对重要的数据进行维护。

(资料来源：http://www.docin.com/p－50331313.html)

问题：试分析供应链管理系统对于龙岩卷烟厂的作用。

## ● 综合实训

一、实训目的

利用本章供应链设计方法的相关知识，让学生分析目标企业所用的供应链设计法，并讨论供应链设计是如何在目标企业中实施供应链管理的。

二、实训内容

收集目标企业的信息(包括企业的环境，特征)，分析该企业产品的类型、上下游企业的关系，并根据以上分析撰写实训报告。

三、实训资料

相关企业实地调研，上网收集。

四、实训准备

学生分组：每5～6人一组，选出一名小组长。

五、实训步骤

(1)根据要求了解目标企业相关背景；

(2)实地调研和上网收集企业供应链设计的相关资料，了解企业供应链设计的本状况；

(3)整理资料，确保所获取资料详实、准确和具体；

(4)在调研的基础上，利用所学理论知识初选出1家企业，制作该企业供应链设计卡片资料。

(5)在初选的1家企业中，对其供应链设计方法进行分析。

六、实训考核

根据任务解决方案的规范性和准确性评定任务完成情况。

## 项 目 8

# 供应链成本管理

### 知识目标

◎ 理解供应链成本的概念及组成。

◎ 认识供应链成本管理的特点及原则。

◎ 掌握供应链管理成本的含义。

◎ 掌握供应链成本管理的方法。

### 技能目标

◎ 能用所学知识对供应链成本管理状况进行分析。

◎ 能结合企业具体情况提出改善供应链成本管理的一些措施。

◎ 运用供应链成本管理方法分析实际问题。

### 【引例】

#### A 公司的成本管理

A 公司在世界主要工业地区有分部，如日本、韩国、中国、新加坡等。分部不但要为客户及时提供技术支持，而且要提供零配件，因为缺料会导致客户机台停转，损失动辄几十万元。该公司的零配件的储备是典型的多阶段仓储模式，即在美国有主仓库，各地区有分仓库。几年来，该公司推行外包战略，整条供应链从仓库到运输到报关、清关，都由第三方物流公司负责。最近有分部发现，总部从发出配货命令到配货完毕待运，原来在 24 小时内即可完成，现在却动辄得两天，有时候甚至更长。别的地区也发现类似的问题：原本应该已经在飞机上的货，现在却经常还待在总部。空运又不是天天有，因为货量较低，为节省运费，公司的航运只定在每星期一、三、五。这意味着总部迟配货一天，分部可能迟 3 天拿到货。如果适逢周末，便是 5 天。

假定该公司的库存周转率为 10，这意味着公司保持 36 天的库存(365 除以 10)。货每迟发一天，分部就得多备一天的货，总库存即增加 2.8%(1 除以 36)。假定各分部总库存为 3 000 万美元，库存增量为 84 万元(3 000 万元乘以 2.8%)。假定库存成本为 25%(包括仓库成本、人工费、保险费、折旧费等),那么,迟发一天的代价就是21万美元一年。这还不算客户因缺料带来的损失。这只是理论计算。实际案例中,分部过激反应,要求多备一周的货。那么,整个供应链条的总成本就超过百万美元。货迟发一天的影响如此,质量问题、断货、运输延迟、清关延误等的影响就更大。这些因素一起导致供应链库存居高不下。量化这些影响,有利于引起各方面注意,从而采取切实行动。

**分析:**这一案例表明,供应链上的每个节点企业都很重要,每个企业的每一个作业都很重要。如库存管理不善,会导致周转率低,进而会导致供应链总成本的上升。由此可知,供应链成本管理的重要性。

# 任务 8.1 供应链成本及供应链成本管理

## 8.1.1 供应链成本的概念及组成

8.1.1.1 供应链成本的概念

供应链成本是指供应链在整个运作流程和周期内的成本,包括企业在采购、生产、销售过程中为支撑供应链运转所发生的一切物料成本、劳动成本、运输成本、设备成本等。

8.1.1.2 供应链成本的构成

在供应链运营过程中,必然要占用和消耗一定的活劳动和物化劳动,这些活劳动和物化劳动的货币表现,即为供应链成本,也称为供应链费用。供应链成本包括供应链各项活动的成本与费用之和,也是供应链系统的总投入。一般来说,供应链成本由以下部分构成:

(1)供应链总运营成本。供应链总运营成本包括供应链通信成本、供应链总库存费用及各节点企业外部运输总费用。供应链通信成本包括各节点企业之间的通信费用,如EDI、互联网的建设和使用费用;供应链信息系统开发和维护费等。供应链总库存费用包括各节点企业在制品库存和成品库存费用、各节点之间在途库存费用。各节点企业外部运输总费用等于供应链所有节点企业之间运输费用总和。

(2)供应链核心企业产品成本。供应链核心企业的产品成本是供应链管理水平的综合体现。根据核心企业产品在市场上的价格确定出该产品的目标成本,再向上游追溯到各供应商,确定出相应的原材料、配套件的目标成本。只有当目标成本小于市场价格时,各企业才能获得利润,供应链才能得到发展。

(3)供应链管理总成本。供应链管理总成本包括订单管理成本、物料采购成本、库存持有成本、与供应链相关的财务和管理信息系统成本。订单管理成本和物料采购成本大约占整个供应链管理成本的2/3,订单管理成本与面向顾客的供应链的一端相关,而物料采购成本则与面向供应商的一端相关。由于这些成本表现在属于不同组织的供应链系统之间的接口点,所以,它们构成整个供应链管理费用的一大部分也是合理的。在一个供应链中,与订单管理和物料采购成本几乎同样重要的是库存持有成本,其中包括损坏、贬值、运营资金的机会成本。

8.1.1.3 供应链成本的影响因素

根据供应链管理的整体性原则,影响成本的因素可能包括以下几个方面:产品的过程成本或买入价;制造劳动力和库存间接成本;过时成本,即由于市场变化所引起的产品价值的损失

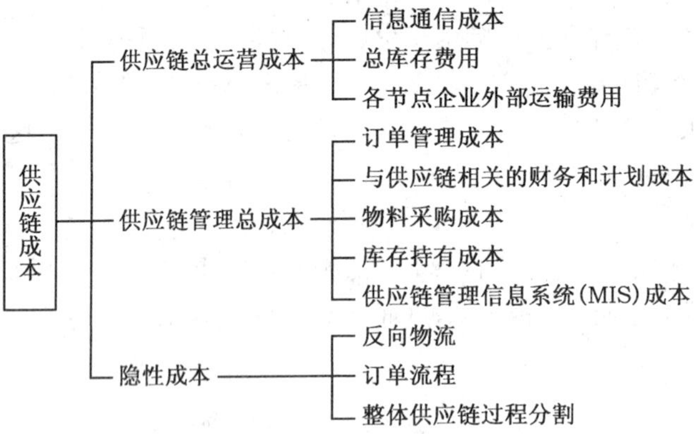


**图 8—1 供应链成本的构成**

部分;库存的国家税、财产税和保险税;保险——库存像其他资产一样要投保,通常这是公司保险政策的一部分;缺货成本——如果订货时没有客户所需要的物料可供发货,就可能失去销售的机会或可能增加额外的费用。缺货成本是衡量采购价值和销售服务水平的一项重要指标。但是要精确地计算缺货成本却是一项非常困难的工作,因为在缺货成本中包括由于发货量小而产生的额外的、较高的货运费用,以及降低客户满意度造成的损失等因素。产品设计对供应链成本起着相当重要的作用。设计不合理的产品将会大大增加供应链的复杂程度,同时必须具备一个更为精细复杂的系统用于跟踪。产品设计的不合理还会导致产品的多余和更多的不确定因素。使用不需要的零部件,使生产的难度和装配的难度大大增加,存在缺陷的产品由此也大为增加,导致复杂的退货流程。信息共享,从合作而非技术和挑战的角度说服供应链伙伴共享信息:供应链伙伴合作的次数和程度如何?联系是否广泛,即是否延伸到买方和卖方以外的其他角色?显然,传统的过于狭窄的供应链将会对未来的信息共享造成阻碍。企业信息化的资金投入将构成供应链管理成本的很大一部分。

### 8.1.2 供应链成本管理概述

8.1.2.1 供应链成本管理的概念及特点

(1)供应链成本管理的概念

供应链成本管理可以说是以成本为手段的供应链管理方法,也是有效管理供应链的一种新思路。供应链成本管理是一种跨企业的成本管理,其视野超越了企业内部,而是将成本的含义延伸到了整个供应链上企业的作业成本和企业之间的交易成本,其目标是优化、降低整个供应链上的总成本。

(2)供应链成本管理的特点

顾客满意是供应链成本管理的前提。供应链管理实质上是由顾客驱动的"需求链管理"。顾客的需求通过供应链逐级传递给供应链网络中的节点企业,每个下游的节点企业都可看作是上游节点企业的顾客;而顾客的价值和需求又是通过供应链的下游节点企业逐级上传和保证,直至最终顾客。因此,顾客的需求是通过顾客价值增值水平体现的,即价值增值=用户价值—用户成本。在供应链网络中,每个成员企业既是其上游供应商的顾客,又是其下游顾客的供应商。因此,只有各成员企业在供应链成本管理过程中都坚持增加顾客价值的观念,避免因自己或下层企业对供应链成本的过度压缩而导致顾客满意度的降低,才能实现最终顾客的价值增值。

作业是供应链成本管理的基础。供应链是为满足最终顾客需要而形成的一系列作业的集合体，这个集合体构成了一个虚拟的企业。其中，每个成员企业都可看作为最终顾客提供产品或服务的一项作业，每一项作业的完成都要消耗一定的资源，而作业的产出又形成一定的价值，转移到下一项作业，依次转移，直到形成最终产品。基于供应链形成的虚拟企业为了寻求持续的竞争优势，必须提高作业产出，减少作业耗费，而要做到这一点，就必须从整体的、战略的角度对各项作业进行分析。在供应链中每个成员企业的作业，又是其内部各项子作业的集合体，各项子作业的耗费构成了供应链的总成本。因此，供应链总成本的管理，必须深入到作业层次。作业是供应链成本构成的基本单位。

**【案例分析 8－1】**

**AAFES 加强协作以降低客户成本**

The Army and Air Force Exchange Service(AAFES)是美国一家军事机构，主营业务是以颇具吸引力的价格向现役军人、保安人员、预备队成员、退伍军人及其家属销售军用商品并提供各种服务。AAFES 将其收入的 2/3 投资于提高军队士气，并资助福利和退休计划。该机构将所赚的每一分钱都用于提高军队成员及其家属的生活质量，多年来它也一直致力于寻找创新方法以求降低运营成本。在 2007 年，一个宝贵的合作机会令其非常高兴，即与同行 FMWRC(Family and Morale，Welfare and Recreation Command)组织共享服务模型，从而达到双赢的局面。这两家机构拥有相同的客户群，而且产品分类也很相似。从 European Theater 开始，两家机构组建了一支联合团队，调查总运输成本，并确定采购、分销和运输等环节中的合作机会。例如，团队发现，AAFES 首先将货物送达 FMWRC 仓库，所有货物都卸载并存储在这些仓库中，然后被分别运往各 FMWRC 场所。现在，这些货物直接被运往各 FMWRC 场所，省去运往 FMWRC 仓库的环节。通过这类协作，两家机构通过提高运输量降低了单位交货成本，无需再运输价值为 230 万美元的库存，人力成本降低了 80 万美元。

**分析：**智慧的供应链具有与生俱来的灵活性。这种供应链由一个互联网络组成，连接了供应商、签约制造商和服务提供商，它可随条件变化做出适当的调整。为实现资源的最佳配置，未来的供应链将具备智能建模功能。通过模拟功能，供应链管理者可以了解各种选择的成本、服务级别、所用时间和质量影响。

8.1.2.2　供应链成本管理的基础理论

供应链成本管理虽然是 20 世纪 90 年代提出的一种新的成本管理模式，但追溯其理论渊源，与前人关于成本管理的各种研究理论是分不开的。供应链成本管理理论基础主要包括价值链理论、委托代理理论、交易成本理论和组织间成本管理理论等。

(1)价值链理论。某一个价值链单元是否创造价值，关键是看它是否提供了后续价值链单元的所需、是否降低了后续价值链单元的成本。同时，任何一个企业均处于某行业价值链的某一段，价值链的上游是它的原材料或产品的供应商，下游是其分销商或最终顾客。这种价值链的相互联系成为降低价值链单元的成本及最终成本的重要因素，而价值链中各个环节的成本降低则是企业竞争优势的来源。价值链分析对于成本管理理论的最大贡献就在于它拓展了成本管理的视角，将成本管理的重心延伸到了组织边界，不只是局限于企业内部，而是包括了价值链伙伴。

(2)委托代理理论。委托代理理论的核心是解决在利益相冲突和信息不对称情况下,委托人对代理人的激励问题,即代理问题,包括提高代理效果和降低代理成本。从广义上说,存在合作的地方就存在委托代理关系,而供应链成本管理强调的就是关系管理,也就是合作与协调,因此委托代理理论为其提供了分析的理论基础和方法框架。根据委托代理理论来分析处于供应链中的企业,处于上游的企业所扮演的是代理方的角色,而下游企业是委托方角色。存在委托代理关系就必然要发生代理成本,包括激励成本、协调成本和代理人问题成本等。供应链成本管理中就需要对这些成本进行分析,以期降低代理成本,优化代理效果,在使链条间企业的关系成本最低的同时达到良好的合作效果。

(3)交易成本理论。交易成本,又称交易费用,最早由罗纳德·科斯在研究企业性质时提出,是指交易过程中产生的成本。交易成本包括"发现相对价格的工作"、谈判、签约、激励、监督履约等的费用。毫无疑问,利用外部资源将带来大量的交易成本。这就需要一种"围绕核心企业,通过信息流、物流、资金流的控制,从采购原材料开始,制成中间产品以及最终产品,最后由销售网络把产品送到消费者手中的,将供应商、分销商、零销商,直到最终用户连成一个整体的功能性网链结构模式",这就是供应链。为了降低整个供应链的交易成本,企业之间应该建立紧密的合作伙伴关系,彼此信任,通过信息网络技术实现信息共享。

(4)组织间成本管理。组织间成本管理(interorganizational cost management,ICM)是对供应链中有合作关系的相关企业进行的一种成本管理方法,目标是通过共同的努力来降低成本。为了完成这个目标,所有参与的企业应该认同这个观点:"我们同坐一条船",并且要鼓励他们增加整个供应链的效率而不是他们自身的效率。如果整个供应链变得更有效率,那么他们分得的利润也就更多。因此,组织间成本管理是一种增加整个供应链利润的方法。由于它在很大程度上依赖于协调,所以它只适用于精细型供应链,因为在精细型供应链中,买卖双方互相影响,信息共享程度也很高。

当然,供应链成本管理理论基础除了上述理论之外,还包括博弈论、约束理论、生命周期成本理论等。

#### 8.1.2.3 供应链中成本管理的原则

(1)成本效益原则。供应链中成本管理的目的是以适当的成本实现高质量的顾客服务。不能无限度地提高服务水平,否则成本上升的速度太快,造成服务效率对应的销售收入水平的提高而带来的效益不能弥补成本增加,从而影响供应链的整体效益。为了克服过分追求高水平服务的片面思想,避免过高的物流成本和出现过剩服务,企业可采用市场导向型物流服务战略,即根据销售部门的反馈信息和参与竞争企业的服务标准,在充分了解市场需求和承受能力的基础上,相应制定本企业的物流服务水准,控制物流成本。

(2)客户需求导向原则。供应链中的成本管理是一种需求拉动型的成本管理模式。在这种模式下,将顾客需求及客户订单作为生产、采购的拉动力,以控制资金占用成本。需求拉动生产,即有市场需求才组织生产,企业的产、供、销等经济活动都要适时适量,从而达到减少存货占用资金、仓储费用及存货损失和价值损失等目的。

(3)从供应链联盟的整体出发控制成本的原则。传统的成本理论,强调企业之间的竞争,而忽略合作。成本管理也较重视交易过程的价格比较,通过供应商的多头竞争,从中选择价格最低者作为合作者。供应链的整体性体现在企业自身流通环节的整合和上、下游各节点企业间的整合两个方面。供应链成本管理,就是要摒弃传统的、部门分割的管理思想,把企业内部以及节点企业之间的各种业务看作一个整体功能过程，形成集成化供应链管理体系。集成化供应链管理思想要求企业通过整合，使供应链整体成本最优。

(4)供应链成本管理手段应多样化原则。供应链管理的有效实现主要利用信息技术和供求信息在企业间的整合，建立客户管理系统、供应链管理系统、合作伙伴关系管理系统、全球采购系统和电子商务系统等技术支撑体系，改善企业传统业务标准，降低成本。

(5)加强合作、信息共享原则。在传统模式下，采购方很难参与供应商的生产组织过程和有关质量控制活动，相互间工作是不透明的，这就加大了验收时的质量控制难度。在采购过程中，采购一方处于有利位置，往往截留部分需求信息，人为设置沟通障碍，同时供应商们也隐瞒部分信息，采购双方都限制了有效的信息沟通。信息不对称，加大了采购双方的成本。信息共享对于供应链合作伙伴来说是至关重要的，无论是生产商还是经销商，都应随时获得反映供应链运行情况的信息。这种信息共享建立在体系更深层次的合作关系之上，这要求各合作伙伴之间要有更深层次的信任，而不是简单的数据关系。

# 任务 8.2　供应链成本管理的方法

供应链的成本控制是供应链管理的本质要求和表现形式，是企业经济决策的核心，直接影响企业的获利能力。目前比较常用的供应链的成本控制方法有作业成本法、目标成本法、平衡计分法和生命周期成本法等。

## 8.2.1　作业成本法(ABC 法)

### 8.2.1.1　作业成本法的原理

作业成本法(activity-based costing，ABC)自 20 世纪 80 年代产生以来，在理论和实践上产生了重要影响。作业成本管理是一种战略成本管理模式，它是在满足顾客需要的前提下，通过优化企业整体价值链，从而达到增强企业竞争优势的一种成本管理方法。作业成本法基本理念是“作业消耗资源，产品或服务耗费作业”，如图 8－2 所示；目标是将成本动因引起的资源耗费更恰当地分配到产品或服务中，如图 8－3 所示。作业成本法不仅仅是会计工具，也是确定企业竞争优势和战略地位的战略工具。

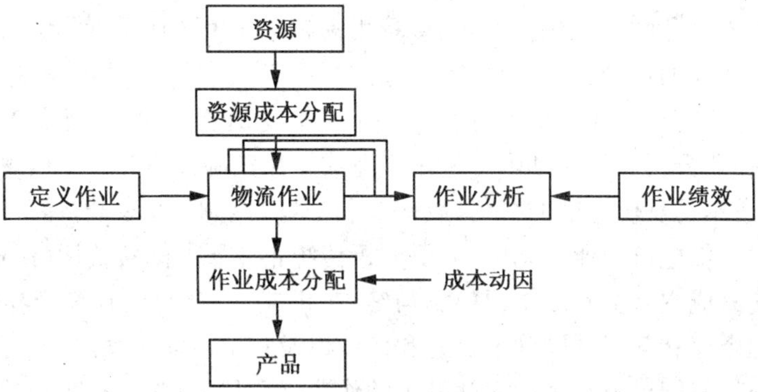


图 8－2　作业成本的概念

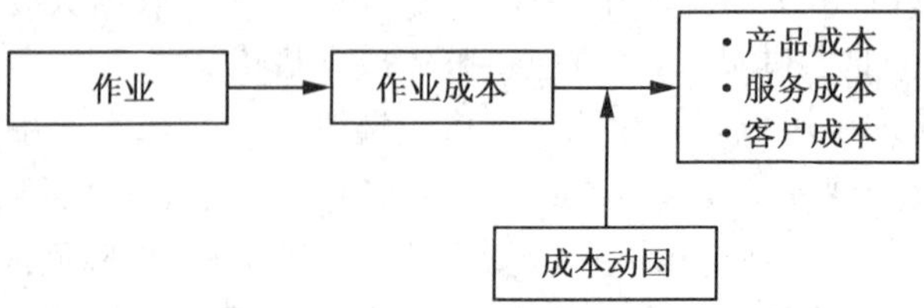


图 8—3 资源成本分配

【知识链接 8－1】

**ABC 管理法内涵**

ABC 管理法又称巴雷托分析法、主次因分析法 、ABC 分析法、分类管理法、重点管理法。它以某一具体事项为对象，进行数量分析，以该对象各个组成部分与总体的比重为依据，按比重大小的顺序排列，并根据一定的比重或累计比重标准，将各组成部分分为 ABC 三类，A 类是管理的重点，B 类是次重点，C 类是一般 。ABC 管理法的原理是按巴雷托曲线所示意的主次关系进行分类管理。广泛应用于工业、商业、物资、人口及社会学等领域，以及物资管理、质量管理、价值分析、成本管理、资金管理、生产管理等许多方面。它的特点是既能集中精力抓住重点问题进行管理，又能兼顾一般问题，从而做到用最少的人力、物力、财力实现最好的经济效益。

ABC 管理法的主要程序是：收集数据，列出相关元素统计表；统计汇总和整理；进行分类，编制 ABC 分析表；绘制 ABC 分析图；根据分类，确定分类管理方式，并组织实施。

8.2.1.2 作业成本法在供应链成本管理中的运用

(1)作业成本法应用于供应链成本管理的要求

运用作业成本法进行供应链成本管理，要求供应链中的各节点企业以系统理论和信息技术为基础，运用作业成本管理的思想，对供应链的流程进行重新设计和重点控制。一方面将成本管理的重心深入到供应链作业层次，尽可能消除“非增值作业”，改进“增值作业”，优化“作业链”和“价值链”，从成本优化的角度改造作业和重组作业流程；另一方面对供应链中的各项作业进行成本—效益分析，确定关键作业点，从而有针对性地重点控制供应链成本。

在供应链成本中，直接成本易于辨别并归集分配到成本对象中去，对间接费用的正确分配则有一定的难度，而企业的柔性化生产，间接费用占越来越大的比重。作业成本法在间接费用的确认、分配上有较大的优越性，它提供了正确的分析工具和信息，使供应链管理者用少量的资源进行有效的经营管理。成本动因是引起作业成本变化的因素，任何成本的发生都是受成本动因驱动的。作业分析和成本动因分析是作业成本法正确计算和分配成本的基础。

供应链作业成本是从供应链的视角，以作业和交易为基础，通过分析间接费用来优化产品的总成本。因此，在供应链作业成本中，需要分析传统企业层的间接费用(作业成本)和供应链层的间接费用(交易成本)，交易成本要根据与客户、供应商、合同谈判等交易来分析。在供应链中，所有参与的企业和部门共同确定交易和作业以及相关的成本动因。因此，从供应链的视角，成本动因的分析不能局限在企业内部发生的作业，而要与供应商和客户的合作等作业活动联系起来。更重要的是，对成本动因的正确理解能使管理者更好地决策，提高组织业绩。

(2)作业成本法在供应链成本管理中的运用步骤

作业成本法应用于供应链成本核算的理论基础是:产品消耗作业,作业消耗资源并导致成本的发生,而把成本核算深入到作业层次;它以作业为单位收集成本,并把作业成本按作业动因分配到产品。因此,应用作业成本法核算供应链物流并进而进行管理可分为如下四个步骤:

首先,界定供应链物流系统中涉及的各个作业。作业是工作的各个单位(units of work),作业的类型和数量会随着供应链的不同而不同。

其次,确认供应链物流系统中涉及的资源。资源是成本的源泉,资源包括直接人工、直接材料、生产维持成本(如采购人员的工资成本)、间接制造费用以及生产过程以外的成本(如广告费用)。资源的界定是在作业界定的基础上进行的,每项作业必涉及相关的资源,与作业无关的资源应从物流核算中剔除。

再次,确认资源动因,将资源分配到作业。作业决定着资源的耗用量,这种关系称作资源动因。资源动因联系着资源和作业,它把总分类账上的资源成本分配到作业。表 8—1 是资源费用的一个实例。

**表 8—1　　各类资源费用及分类**

| 分　类 | 说　明 |
|---|---|
| 直接变动成本 | 员工工资、燃油费、路桥费 |
| 间接活动成本 | 订单处理、折旧费、保险费、车辆维修费、其他相关费用 |

最后,确认成本动因,将作业成本分配到产品或服务中。作业动因反映了成本物件对作业消耗的逻辑关系,例如,问题最多的产品会产生最多顾客服务的电话,故按照电话数的多少(此处的作业动因),把解决顾客问题的作业成本分配到相应的产品中去。表 8—2 是活动及相应成本分析的实例。

**表 8—2　　活动及相应的成本动因**

| 活动名称 | 资源动因 |
|---|---|
| 订单处理作业 | 订单量、人工工时 |
| 生产作业 | 人工工时 |
| 质检作业 | 人工工时 |
| 分拣作业 | 人工工时 |
| 首次配送作业 | 自营物流车辆数 |
| 分拨配送作业 | 外包物流车辆数 |

【案例分析 8—2】

### 作业成本法在库存成本计算中的运用

库存成本在间接成本中占很大比重,约 1/4。传统的成本计算是将所有存货都以单要素为基准(如重量、数量等),按统一标准——例如每千克 1 元的平均储存成本分配。作业成本法则是将库存分成存放和整理两种作业。存放成本动因是装满某种存货的货箱占用的场地成本。单位存货的存放成本是指全年存放总成本除以货箱的占位个数,每个占位的年租金除以

365天得出日租金。结合各存货平均周转天数计算该存货的停留天数，用它乘以每千克存货的日租金额得到每千克存货的存放成本。整理成本是整理、摆放及挪动货箱的成本（总整理成本除以货箱的个数，再根据每种货箱的承载重量计算每千克产品的整理成本）。根据原材料和产成品单位重量的存放和整理成本得出各产品单位重量的储存成本。

**分析**：作业成本法计算的存货的储存成本更合理，有利于管理者对存货进行有效管理，科学控制库存。

8.2.1.3 供应链作业成本法的主要优点

(1)供应链作业成本为管理者进行供应链决策提供了更容易、更准确的成本信息，提高企业竞争优势。管理者能洞察作业完成情况。

(2)供应链作业成本提供可靠和有效的相关作业成本的计量，通过价值增值，有助于提高产品和过程决策。

(3)供应链作业成本提供给供应链管理者更相关、更丰富的产品成本，更好地计算利润，更好地进行供应链价格、市场和资本投资决策。

实践证明，作业成本法是供应链成本管理中非常重要的方法，它使得企业能够辨别引起间接费用发生的多数作业，从而能更准确地计算相应的成本并更有效地分析和控制。

8.2.1.4 作业成本法的实例分析

如表8—3、表8—4所列，某企业配送部门经作业界定、活动资源及资源动因确定，明确每种作业活动在一周中的总成本；再经统计一周内每种作业活动项目的数量，就可明确企业每一作业活动的单位成本；将作业活动成本分配到不同的产品或服务中，即可进一步明确在每一次不同的服务中企业花费的成本，帮助企业进行决策分析。

**表8—3** **作业活动及费用表**

| 作业活动 / 资源成本 | 拣选 | 检验 | 贴标签 | 包装 | 合计 |
|---|---|---|---|---|---|
| 人工费(元/周) | 30 000 | 20 000 | 10 000 | 10 000 | 70 000 |
| 空间费(元/周) | 20 000 | 5 000 | 5 000 | 10 000 | 40 000 |
| 设备费(元/周) | 10 000 | 5 000 | 5 000 | 2 000 | 22 000 |
| 材料费(元/周) | | | 1 000 | 5 000 | 6 000 |
| 合计 | 60 000 | 30 000 | 21 000 | 27 000 | 138 000 |

**表8—4** **活动及成本表**

| 作业活动项目 | 挑选 | 检验 | 贴标签 | 包装 |
|---|---|---|---|---|
| 作业活动成本(元/周) | 60 000 | 30 000 | 21 000 | 27 000 |
| 作业活动项目数量(箱/周) | 12 000 | 3 000 | 10 500 | 3 000 |
| 单位作业活动成本(元/箱) | 5 | 10 | 2 | 9 |

正确的物流成本核算只是进行物流成本管理的基础，更重要的是要对成本核算得到的成本数据加以利用，以进行物流管理。对此我们同样举例说明：某配送中心为3个客户提供某种

产品的配送服务，3 个客户在一个月内为中心带来的销售额相同。订货需求如表 8—5 所列。

**表 8—5**　　**订货需求表**

| | X 客户 | Y 客户 | Z 客户 |
|---|---|---|---|
| 订货总数(个) | 100 | 100 | 100 |
| 订货次数 | 5 | 4 | 10 |
| 订货数/次 | 20 | 25 | 10 |

若中心内该货物的包装单位为 20 个/箱，则不同的订货需求产生不同的配货服务内容，如表 8—6 所列。

**表 8—6**　　**不同的订货需求产生不同的配货服务内容**

| | X 客户 | Y 客户 | Z 客户 |
|---|---|---|---|
| 挑选散货数 | 0 | 20 | 100 |
| 整箱挑选 | 5 | 4 | 0 |
| 移动次数 | 5 | 4 | 10 |

按前述方法计算得：每个散货挑选的单位成本为 1 元；每箱商品挑选的单位成本为 1.5 元；移动的单位成本为 5 元，则企业在为 3 个客户服务时支付的成本如表 8—7 所列。

**表 8—7**　　**企业在为三个客户服务时支付的成本**

| | X 客户 | Y 客户 | Z 客户 |
|---|---|---|---|
| 散货挑选费用(元) | 0 | 20 | 100 |
| 整箱挑选费用(元) | 7.5 | 6 | 0 |
| 移动费用(元) | 25 | 20 | 50 |
| 费用合计(元) | 32.5 | 46 | 150 |

由此可见，尽管 3 个客户带来的销售额相同，但由于订货内容不一样，物流成本有着明显甚至数倍的差异。显然，这种差异在传统成本核算中是无法了解的。运用作业活动成本法，可以明确每一种服务的成本，也就便于企业控制、选择。

按照上述核算结果，企业为 X 客户进行服务的成本是最低的，但服务水平是高于为 Y 客户提供的，因为它更有利于客户存货投资成本的降低，因此企业与 X 客户的沟通应不存在任何问题。更高水平的服务是任何客户都愿意接受的，而企业又可以在提高服务水平的同时降低成本。对于 Z 客户虽然提供的是最高水平的服务，但无疑成本也是最高的。改善的方法需要与供应商进行沟通，提供 10 个一箱的小包装，也许会在不增加太多成本的基础上提高客户的满意度；或者，干脆提高向 Z 客户的收费，进行服务水平和成本的平衡。

【小思考 8－1】

**物流企业运用作业成本分析法要注意哪些问题**

(1)物流企业应正确识别及合理划分作业项目。作业的划分要明确和适当,划分的范围太大难以发现成本管理的问题所在;划分得太细则会加大核算和管理的成本,不符合成本效益原则。

(2)物流企业应合理选择成本动因。成本动因的选择要遵循会计核算的基本原则,同时也要考虑其他方面的因素,比如成本数据取得的难易程度、成本动因所计算出的作业与实际作业的相关程度、由成本动因所引起的行为作用大小等。

(3)物流企业应该逐步推行作业成本分析法。作业成本分析法的具体计算过程非常复杂,需要精确而高效的成本管理系统和相关数据支持。企业可采取循序渐进的形式,根据企业情况完善数据系统,然后一步一步实现作业成本分析。

## 8.2.2 目标成本法

8.2.2.1 目标成本法的原理

目标成本法是日本制造业创立的成本管理方法,这一方法目前已经得到了广泛采用。目标成本法的目的在于将客户需求转化为所有相关流程的强制性竞争约束,以此来保证将来的产品能够创造出利润。目标成本法以给定的竞争价格为基础决定产品的成本,以保证实现预期的利润。即首先确定客户会为产品、服务付多少钱,然后再回过头来设计能够产生期望利润水平的产品、服务和运营流程。目标成本法使成本管理模式从"客户收入＝成本价格＋平均利润贡献"转变为"客户收入－目标利润贡献＝目标成本"。在日本,目标成本计算与适时生产系统(JIT)密切相关,它包括成本企划和成本改善两个阶段。

目标成本法的流程主要包括三个部分:在第一个部分,市场驱动型成本核算是确定产品的准许成本。这是产品在预期销售价格下销售,并且保证一定利润水平时所能发生的最高成本,准许成本是由目标销售价格减去目标利润得到的。第二个部分就是确定可完成的产品层次的目标成本。第三部分就是设定产品包含的每个组件的目标成本。

【知识链接 8－2】

**购货方与供应商共同合作的动因**

购货方的组件层次的目标成本决定了供应商的销售价格,从而就将它面临的市场竞争压力转嫁给了供应商。因为这种压力是通过组件转移的,因此为供应商成本降低工作的重点指明了方向。其结果就是购货方与供应商共同合作,进行成本管理工作。正是因为这种携手合作对于目标成本法效果的重要性,导致了目标成本法真正成为一种跨企业成本管理的技术。其跨企业含义主要体现在以下三个方面:第一,购货方必须设定可完成的组件层次的目标成本。如果供应商认为组件层次的目标成本无法完成,那么会降低他们努力的积极性。第二,购货方必须选择适当的方法对供应商应用目标成本法。这个问题的核心在于他们在设置成本降低目标和如何完成它们时是否给予供应商足够的自由空间。第三,购货方可以设置激励系统来激发供应商的创新能力和提高成本降低率。

#### 8.2.2.2　目标成本法在供应链成本管理中的运用

(1)目标成本法在供应链成本管理中的应用原理

为了更有效地实现供应链管理的目标,使客户需求得到最大程度的满足,成本管理应从战略的高度分析,与战略目标相结合,使成本管理与企业经营管理全过程的资源消耗和资源配置协调起来,由此产生了适应供应链管理的目标成本法。

目标成本法是一种全过程、全方位、全人员的成本管理方法。全过程是指供应链产品从生产到售后服务的一切活动,包括供应商、制造商、分销商在内的各个环节;全方位是指从生产过程管理到后勤保障、质量控制、企业战略、员工培训、财务监督等企业内部各职能部门各方面的工作以及企业竞争环境的评估、内外部价值链、供应链管理、知识管理等;全人员是指从高层经理人员到中层管理人员、基层服务人员、一线生产员工。目标成本法在作业成本法的基础上来考察作业的效率、人员的业绩、产品的成本,弄清楚每一项资源的来龙去脉,每一项作业对整体目标的贡献。总之,传统成本法局限于事后的成本反映,而没有对成本形成的全过程进行监控;作业成本法局限于对现有作业的成本监控,没有将供应链的作业环节与客户的需求紧密结合;而目标成本法则保证供应链成员企业的产品以特定的功能、成本及质量生产,然后以特定的价格销售,并获得令人满意的利润。

目标成本法是由三大环节形成的一个紧密联系的闭环成本管理体系:确定目标,层层分解;实施目标,监控考绩;评定目标,奖惩兑现。

目标成本法与传统成本管理方法的明显差异在于,目标成本法不是局限于供应链企业内部来计算成本,因此它需要更多的信息,如企业的竞争战略、产品战略以及供应链战略。一旦有了这些信息,企业就可以从产品开发、设计阶段到制造阶段,以及整个供应链物流的各环节进行成本管理。在目标成本法应用的早期,通常企业首先通过市场调查来收集信息,了解客户愿意为这种产品所支付的价格,以及期望的功能、质量,同时还应掌握竞争对手所能提供的产品状况。公司根据市场调查得到的价格,扣除所需要得到的利润以及为继续开发产品所需的研究经费,这样计算出来的结果就是产品在制造、分销和产品加工处理过程中所允许的最大成本,即目标成本,用公式表示:产品目标成本＝售价－利润。

一旦建立了目标成本,供应链企业就应想方设法来实现目标成本。为此,要应用价值工程(VE)等方法,重新设计产品及其制造工艺与分销物流服务体系。一旦供应链企业寻找到在目标成本点满足客户需求的方法,或者企业产品被淘汰以后,目标成本法的工作流程也就宣告结束。

目标成本法将客户需求置于供应链企业制定和实施产品战略的中心地位,将满足和超越在产品品质、功能和价格等方面的客户需求作为实现和保持产品竞争优势的关键。

(2)目标成本法的三种形式

供应链成员企业间的合作关系不同,所选择的目标成本法也不一样。一般来说,目标成本法主要有三种形式:

①基于价格的目标成本法。这种方法最适用于契约型供应链关系,而且供应链客户的需求相对稳定。在这种情况下,供应链企业所提供的产品或服务变化较少,也就很少引入新产品。目标成本法的主要任务就是在获取准确的市场信息的基础上,明确产品的市场接受价格和所能得到的利润,并且为供应链成员的利益分配提供较为合理的方案。在基于价格的目标成本法的实施过程中,供应链成员企业之间达成利益水平和分配时间的一致是最具成效和最关键的步骤:应该使所有的供应链成员都获得利益,但利益总和不得超过最大许可的产品成

本；而且，达成的价格应能充分保障供应链成员企业的长期利益和可持续发展。

②基于价值的目标成本法。通常，市场需求变化较快，需要供应链有相当的柔性和灵活性，特别是在交易型供应链关系的情况下，往往采用这种方法。为了满足客户的需要，要求供应链企业向市场提供具有差异性的高价值的产品，这些产品的生命周期也多半不长，这就增大了供应链运作的风险。因此，必须重构供应链，以使其供应链成员企业的核心能力与客户的现实需求完全匹配。有效地实施基于价值的目标成本法，通过对客户需求的快速反应，能够实质性地增强供应链的整体竞争能力。然而，为了实现供应链成员企业冲突的最小化以及减少参与供应链合作的阻力，链上成员企业必须始终保持公平的合作关系。基于价值的目标成本法以所能实现的价值为导向，进行目标成本管理，即按照供应链上各种作业活动创造价值的比例分摊目标成本。这种按比例分摊的成本成为支付给供应链成员企业的价格。一旦确定了供应链作业活动的价格或成本，就可以运用这种目标成本法来识别能够在许可成本水平下完成供应链作业活动的成员企业，并由最有能力完成作业活动的成员企业构建供应链，共同运作，直到客户需求发生进一步的变化需要重构供应链为止。许多供应链成员企业发现它们始终处于客户需求不断变化的环境中，变换供应链成员的成本非常高。要使供应链存续与发展，成员企业必须找到满足总在变化的客户需求的方法。在这样的环境条件下，基于价值的目标成本法仍可按照价值比例分摊法在供应链作业活动间分配成本。但是，供应链成员企业必须共同参与重构活动，以保证每个成员的价值贡献正好与许可的目标成本相一致。

③基于作业成本管理的目标成本法。这种方法适用于紧密型或一体化型供应链关系，要求供应链客户的需求是一致的、稳定的和已知的，通过协同安排实现供应链关系的长期稳定。为有效运用这种方法，要求供应链能够控制和减少总成本，并使得成员企业都能由此而获益。因此，供应链成员企业必须尽最大的努力以建立跨企业的供应链作业成本模型，并通过对整体供应链的作业分析，找出其中不增值部分，进而从供应链作业成本模型中扣除它，以设计联合改善成本管理的作业方案，实现供应链总成本的合理化。目标成本法的作用在于激发和整合成员企业的努力，以连续提升供应链的成本竞争力。因此，基于作业成本管理的目标成本法实质上是以成本加成定价法的方式运作，供应链成员企业之间的价格由去除浪费后的完成供应链作业活动的成本加市场利润构成。这种定价方法促使供应链成员企业剔除基于自身利益的无效作业活动。诚然，供应链成员企业通过“利益共享”获得的利益必须足以使它们致力于供应链关系的完善与发展，而不为优化局部成本的力量所左右。

## 8.2.3　平衡计分法

### 8.2.3.1　平衡计分法的原理

在供应链成本控制系统下，企业的管理思想发生了巨大变化，更加强调组织之间的协调、合作和运营的管理。平衡计分法(balanced score card，BSC)的核心思想反映在一系列指标间形成平衡，即短期目标和长期目标、财务指标和非财务指标、滞后型指标和领先型指标、内部绩效和外部绩效之间的平衡。平衡供应链计分法(balanced supply chain score card，BSC. SC)是一种新型的供应链绩效评价方法。它根据供应链运作特点，参考平衡计分法的角度和指标，提出了四个评价角度——顾客导向、财务价值、内部流程、未来发展，在一个实时的基础上对所有关键指标进行监测。

BSC. SC的四个角度分别代表了供应链、客户、供应链企业的利益，从整体上把握供应链战略和供应链运作的内在关系，变单纯的绩效评价为绩效管理，这也使得四个角度的目标和任务都具有新的特点(见图8—4)。

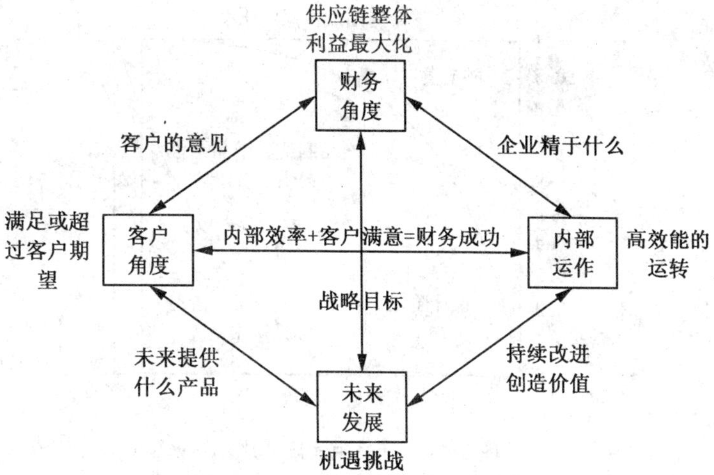


图8—4　四个评价角度

8.2.3.2　BSC.SC达到目标的关键因素

(1)从客户导向角度尽最大努力满足顾客期望。建立和保持客户的密切关系;快速响应并满足客户的特定需求;提高供应链客户群的价值。

(2)供应链内部运作角度,在合理的成本下以高效率方式进行生产。实现较低的流程运作成本;实现较高的柔性—响应性;提高供应链中增值活动的比率。

(3)未来发展的角度,注重改进创新,抓住发展机遇。加强信息共享,减少信息不对称,消除信息失真;与合作伙伴共赢,稳定战略联盟;进行生产、管理方面的技术开发。

(4)财务角度整合供应链,谋求供应链价值最大化。保证各合作伙伴在供应链中充分发挥各自的作用;系统严密的控制成本;使现金流得以更好地优化,获得更高的收益和资本回收率;提高供应链资本收益率。该指标由客户的利润除以在此期间使用的供应链的平均资产,它反映了使用其资产的增值性绩效的大小。

### 8.2.4　生命周期成本法

8.2.4.1　生命周期成本法的原理

生命周期成本法(LCC)源于20世纪60年代美国国防部对军工产品的成本计算。随着价值工程、成本企划等先进管理模式的诞生,生命周期成本法在成本管理中越来越多地被运用,它可以满足企业定价决策、新产品开发决策、战略成本管理、业绩评价等的需要。

目前,对于生命周期成本法还没有达成统一的理解,大多是依据肯尼思·布兰查德(Kenneth Blanchard)和沃尔特·J. 法布里基(Wolter J. Fabrycky)的定义:"生命周期成本是指在系统的生命周期中与该系统相关的所有成本。"在生命周期成本法系统中,产品使用者承担的成本(包括使用成本和周期结束成本)负责补充传统上由产品生产商所承担的成本;并且除了考虑实物流程及其相关物资和能源流动(LCI)的成本外,还要考虑劳动力和使用知识(如专利)的成本以及交易成本(如信息流)。例如,在生命周期中需要考虑产品的开发成本。在采用生命周期成本法下,就可以确定产品开发、生产、使用、周期结束所产生的所有成本,并据此识别生命周期和供应链中的成本驱动因素和其悖反关系,以开发和生产最小总成本的产品,如图

8—5所示。

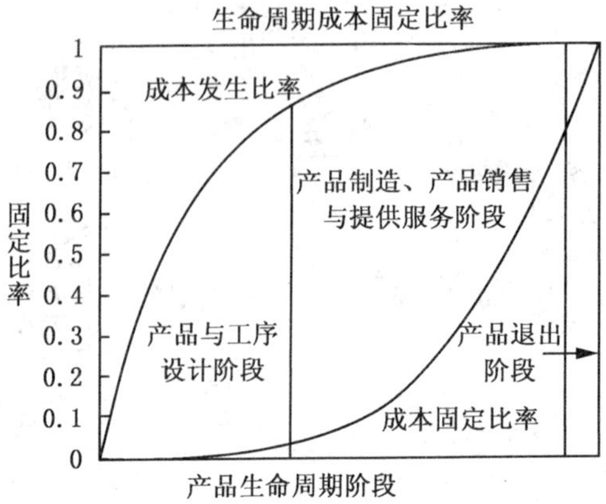


**图8—5 产品生命周期成本**

8.2.4.2 基于供应链管理的生命周期成本法

供应链管理的精髓可以概括为三点:一是从最初的原材料的获取到最终产品的交付为止的产品整个生命周期的作业管理和流程管理,这就是供应链管理的流程视角。这与供应链协会(Supply Chain Council)1997年发布的供应链参考模型(supply chain reference model, SCOR)是一致的。二是强调供应链节点企业之间的关系,尤其是企业与供应商之间的伙伴关系。三是供应链企业之间的信息流动与共享。应该说这三点都与成本管理密切相关。Cooper & Slagmulder(1999)基于供应链管理的上述思想将供应链成本管理划分为产品和关系两个维度,并根据生命周期成本管理的思想将每个维度具体划分为构建和运营两个阶段,这样便形成了如图8—6所示四个区域的供应链成本管理矩阵。

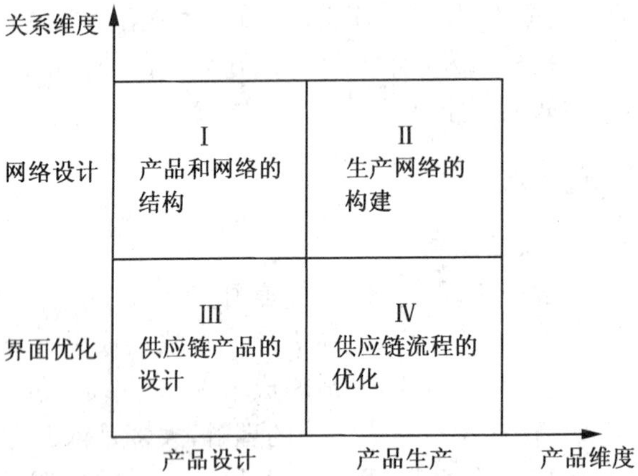


**图8—6 供应链管理的产品——关系矩阵**

第一个区域由产品设计和网络设计组合而成,要解决两个方面的问题。一个是生产什么样的产品。这个问题的前提当然首先涉及到为谁生产,即最终顾客是谁,其消费偏好和价值主张(value proposition)是什么,因此在一定程度上也涉及供应链的组成。另一个是由谁参与产品的生产。即供应链的组成企业有哪些,包括内部结构如何,内部各节点企业的权利、利益分配及信息共享关系如何处理。一般认为供应链企业之间结成伙伴关系比传统松散的市场关系具有优越性,能带来关系性租金。

第二个区域由产品生产和网络构建组合而成,即在产品主要功能和结构设计完成以后,选择哪些企业组成参与供应链完成产品的生产。这个过程的关键问题就是供应商的选择。传统的供应商选择是采用比价采购的方法,即哪个供应商的报价低,就选用哪个供应商。随着采购管理和全面质量管理的采用,单纯的比价采购受到诟病,而综合考虑质量、成本、交货期的多目标决策模型得到广泛采用。尽管这些模型在理论上受到推崇,但在实务中采用甚少。随着作业成本法的广泛应用,全部所有权成本(TCO)在供应商选择和评价中得到广泛应用。

第三个区域由产品设计和网络界面优化组合而成,即在供应链组成结构基本确定的情况下进行的产品设计。这部分的内容主要包括两部分:一个是零部件设计作业的自营和外包,即哪部分设计和开发属于自己的核心能力,而另一部分则可以外包给主要合作伙伴,由主要供应商具体设计零部件的内部功能和结构;另一个是在整体产品设计的过程中,让供应商和零售商早期参与,以便听取他们的意见,并利用其专用技术。

最后一个区域是在产品结构和供应链结构都已选定条件下的成本管理,其主要聚焦点是各节点企业之间的界面优化和生产过程中的流程优化,其主要工具有作业成本法(ABC)和改善成本法(Kaizen costing)。因此,这一阶段成本管理的实质是在接受现有供应链结构和产品结构的前提下,寻找现有结构下交易和流程改进潜力,如何缩短产品生产周期、改善效率、降低库存成本,也就是在解决了生产什么样(what)的产品和由谁(who)生产的前提下,如何(how)高效生产的问题。

**【知识链接8－3】**

### 供应链成本管理的三维分析模型

斯蒂芬·苏沃林(Stefen Seuring)进一步将成本的三个组成部分加入到上述产品——关系二维分析框架中,得到供应链成本管理的三维分析模型(如图8—7)。从直接成本到作业成本、交易成本体现了成本划分层次的进一步拓展,按照苏沃林的观点,交易成本主要是企业之间的作业和活动产生的成本,因此交易成本跨越了不同企业;而传统作业成本法下的作业成本,主要是企业内部支持性作业产生的间接成本,作业成本不构成产品的直接内容,因此作业成本局限于本企业内部,但可以跨越不同的部门,而且一般发生在生产辅助部门和企业管理部门;直接成本主要包括直接材料和直接人工,构成产品价值的直接内容,直接生产成本局限于生产部门内部。二维模型将成本发生的时间和空间分布整合在一起,为供应链成本分析提供了一个系统的分析框架,即供应链成本管理不仅要在不同时间阶段进行成本管理与权衡,而且要在不同企业之间统一筹划;三维模型则进一步提出了要在不同成本内容之间进行统一筹划与权衡的要求。应该说三个维度之间也是有一定的关联关系的,除了三类成本动因的不同空间分布外,一般来说,交易成本和作业成本主要发生在网络设计和产品设计阶段,而直接成本主要发生在产品生产阶段。由于时间发生的不同,成本性态表现和管理的重点也不同,交易成本表现为固定性和沉没性,同时表现为很强的风险性,需要进行早期管理。而直接成本表现为变动性,具有持续改善的要求,除了有设计阶段的事前规划外,后期生产阶段的管理也很重要。

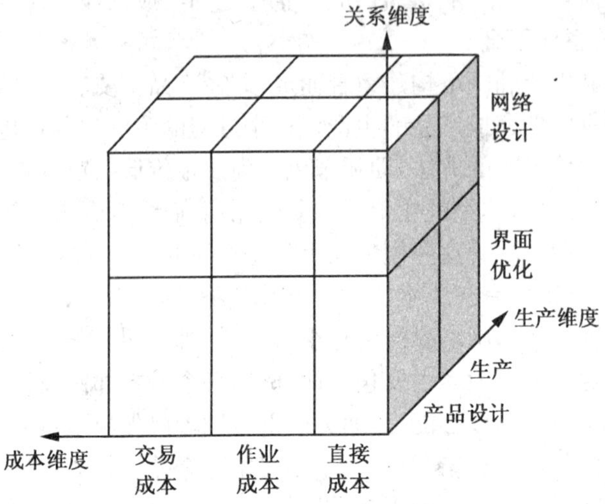


图 8—7 供应链中的成本核算框架

## ● 基本训练

### 一、知识题

(一)阅读理解

(1)简述供应链成本及供应链成本管理的含义。

(2)供应链成本管理的特点有哪些?

(3)简述作业成本法、目标成本法的原理。

(4)生命周期成本的含义是什么?

(5)平衡计分法的核心思想是什么?

(二)知识应用

1. 判断题

(1)基于作业成本管理的目标成本法适用于紧密型或一体化型供应链关系,供应链管理目标在于降低成本。 ( )

(2)劳动成本不属于供应链成本。 ( )

(3)产品设计对供应链成本起着相当重要的作用,设计不合理的产品将会大大增加供应链的复杂程度。 ( )

(4)顾客满意不是供应链成本管理的前提,信息多源化是供应链管理环境下的主要特征。 ( )

(5)供应链作业成本是从供应链的视角,以作业和交易为基础。 ( )

2. 选择题

(1)BSC. SC 达到目标所要注意的关键因素有( )。

A. 从客户导向角度尽最大努力满足顾客期望

B. 供应链内部运作角度,在合理的成本下以高效率方式进行生产

C. 未来发展的角度,注重改进创新,抓住发展机遇

D. 财务角度整合供应链,谋求供应链价值最大化

(2)供应链成本的构成有( )。

A. 供应链总运营成本　　B. 库存成本
C. 供应链核心企业产品成本　　D. 供应链管理总成本
(3)供应链成本管理的基础理论有(　　)。
A. 价值链理论　　B. 委托代理理论
C. 交易成本理论　　D. 组织间成本管理
(4)供应链中成本管理的原则是(　　)。
A. 成本效益原则
B. 客户需求导向原则
C. 从供应链联盟的整体出发控制成本的原则
D. 目标一致原则
(5)形成标准成本法的一个紧密联系的闭环成本管理体系的三大环节是(　　)。
A. 确定供应链企业　　B. 确定目标,层层分解
C. 实施目标,监控考绩　　D. 评定目标,奖惩兑现

**二、技能题**

到一大型企业收集物流企业的成本数据。

实训目的:通过和企业近距离接触和亲自动手收集数据,利用供应链成本管理方法进行分析,得出相应的结论,并提出相应的成本管理措施。

实训要求:认真观察了解财务数据的收集过程,将课本所学知识用到实践中去。若有可能,自己亲自动手收集数据。收集完数据,利用所学方法进行成本分析,然后针对分析结果,以小组为单位进行讨论,得出解决问题的措施。

## ● 综合案例

### 戴尔电脑公司的低成本管理

公司直接通过网站和电话接受客户订单,然后按单生产,并以最快速度直接将产品寄送到客户手中。按单装配、产品直销、低成本、高效率,这就是戴尔独创的"戴尔模式"的精要。

戴尔电脑公司采用了一种较好的商业模式,即著名的"戴尔模式",或曰"直销"模式。正是依靠这种模式,辅以高效率的生产流程和科学化成本控制管理,戴尔公司过去 20 年在个人电脑市场中取得了成功。

戴尔创造了在业界号称"零库存高周转"的直销模式,即公司接到订货单后,将电脑部件组装成整机,采用"拉式"生产,而不是像很多企业那样,根据对市场预测制定生产计划,批量制成成品再推向市场的传统型"推式"生产。真正按顾客需求定制生产,利用信息技术全面管理生产过程。通过互联网,戴尔公司和其上游配件制造商能迅速对客户方订单做出反应:当订单传至戴尔的控制中心,控制中心把订单分解为子任务,并通过网络分派给各独立配件制造商进行排产。各制造商按戴尔的电子订单进行生产组装,并按戴尔控制中心的时间表来供货。戴尔所需要做的只是在成品车间完成组装和系统测试以及客户服务。由于戴尔采用了顺应多品种、小批量、高质量、低消耗、快速度的市场需要的 JIT 生产方式,并且在生产过程中采用了适时适量、同步化生产、看板方式及生产均衡化等措施使得公司仅需要准备手头订单所需要的原材料,因此工厂的库存时间仅有 7 个小时。这一切取决于戴尔的雄厚技术基础——装配线由计算机控制,条形码使工厂可以跟踪每一个部件和产品。在戴尔内部,信息流通过自己开发的

信息系统，和企业的运营过程及资金流同步，信息极为通畅。

此外，戴尔供应链中的一个明显特点就是服务外包的比重较高，其下游链条里没有分销商、批发商和零售商这样的传统角色，而是通过电话、面对面交流、互联网订购直接拿到客户的订单，直接把产品卖给了顾客，即 B-to-C 模式。通过服务外包，由代理服务商向顾客提供售后服务和技术支持，此举既提高了专业化的客户服务水平，又避免使公司的组织结构过度庞大。

这种物流体系极大程度地拉近了企业与客户、供应商之间的距离，降低企业运营成本与风险，同时能对市场迅速做出反应，从而获得极高的市场销售额和占有率。

一般认为，戴尔的成功可以归因于自身的核心竞争力，即低成本、高效率和高水平的服务。低成本一直是戴尔的生存法则，也是“戴尔模式”的核心，而低成本必须通过高效率来实现。戴尔的生产和销售流程，以其精确管理、流水般顺畅和超高效率而著称，有效地将成本控制在最低水平。

此外，公司另一个取胜之道就是实行“多元化”的经营战略，即精确地找到高技术产品市场的切入点，迅速抢夺对手的市场份额，打造自身成功的供应链。

问题：请从供应链成本管理的角度分析戴尔是如何将成本控制在最低水平的？这种模式在我国适用吗？

## ● 综合实训

一、实训目的

掌握针对问题应用所学供应链成本管理方法进行分析，提出解决方案的能力；提高学生解决供应链经营运作系统实际问题的能力。

二、背景资料

在一项广告促销活动中，根据预先设置的业务规则和阈值，零售商系统可以分析由供应商发来的库存、产量和发货信息来确定活动期间是否会发生断货情况。如果预测出来，系统会发通知给协调人员，并对供应链的相应组成部分进行自动处理；若预测推迟交货，它会向其他物流服务供应商发出发货请求；若数量有差异时会自动向其他供应商发出重新订购。

三、实训要求

(1)以 5～6 人为一组，进行合理分工，每人应有明确任务；

(2)认真考察当地一知名企业，熟悉其成本管理的制度、方法和手段；

(3)根据所学知识，对背景中的供应链成本管理进行分析；

(4) 在分析的基础上，为如何改进供应链成本管理提出措施；

(5)撰写实践报告，并做 PPT；

(6)实践报告完成后设课堂讨论课，相互交流实训经验。

# 项目 9

# 供应链企业绩效评价与激励机制

## 知识目标

◎ 了解供应链绩效评价的指标体系。
◎ 明确供应链绩效评价的概念。
◎ 熟知供应链标杆管理制度。
◎ 掌握供应链管理的激励措施。

## 技能目标

◎ 能运用科学指标体系对供应链绩效进行评价。
◎ 能根据评价结果改进供应链结构。
◎ 能建立符合供应链运行规律的激励机制。

## 【引例】

### 弗莱克斯特罗尼克斯国际公司成功的供应链绩效管理

电子制造服务(EMS)提供商弗莱克斯特罗尼克斯国际公司两年前面临着一个既充满机遇又充满挑战的市场环境。其面临的境遇不是罕见的。事实上,许多其他行业的公司都在它们的供应链中面临着同样的问题。很多岌岌可危的问题存在于供应链的方方面面——采购、制造、分销、物流、设计、融资等。

(1)供应链绩效控制的传统方法。控制绩效的两种传统的方法是指标项目和平衡计分卡。在指标项目中,功能性组织和工作小组建立和跟踪那些被认为是与度量绩效最相关的指标。不幸的是,指标项目这种方法存在很多的局限性。试图克服某些局限性,许多公司采取了平衡计分卡项目。虽然概念上具有强制性,绝大多数平衡计分卡作为静态管理"操作面板"实施,不能驱动行为或绩效的改进。弗莱克斯特罗尼克斯也被供应链绩效控制的缺陷苦苦折磨着。

(2)弗莱克斯特罗尼克斯公司的供应链绩效管理。弗莱克斯特罗尼克斯公司认为,定义关键绩效指标、异常条件和当环境发生变化时及时更新是供应链绩效管理系统的一大特征。以正确的行动对异常的绩效做出快速的响应是必要的。但是,一旦响应已经确定,只有无缝地、及时地实施这些响应,公司才能取得绩效的改进。这些响应应该是备有文件证明的,系统根据数据和信息发生以及异常绩效的解决做出不断的更新、调整。响应性行动导致了对异常、企业规则、业务流程的重新定义。因此,周期中连续地确认和更新流程是必要的。

(3)取得的成绩。弗莱克斯特罗尼克斯公司使用了供应链绩效管理方法,使它能确认邮政汇票的异常情况,了解根本原因和潜在的选择,采取行动更换供应商、缩减过度成本、利用谈判的力量。绩效管理的方法包括实施基于 Web 的软件系统加速供应链绩效管理的周期。弗莱克斯特罗尼克斯公司在 8 个月的"实施存活期"中节约了几百亿美元,最终在第一年产生了巨大的投资回报。供应链绩效管理周期使弗莱克斯特罗尼克斯公司获得了这样的结果。

(4)识别异常绩效。弗莱克斯特罗尼克斯公司系统根据邮政汇票信息连续比较了合同条款和被认可的卖主名单。如果卖主不是战略性的或者订单价格是在合同价格之上的,系统就提醒买方。另一方面,如果邮政汇票价格是在合同价格之下的,系统就提醒货物管理人员可能的成本解决机会。向接近 300 个使用者传递的邮件通告包含详细绩效信息的 Web 链接和异常情况的总结。

弗莱克斯特罗尼克斯公司管理人员随后使用系统了解问题和选择方案。他们评价异常情况并且决定是否重新谈判价格,考虑备选资源或者调整基于业务需求的不一致。同样,采购经理分析市场状况、计算费用,然后通过商品和卖主区分成本解决的优先次序。在供应链绩效管理周期开始之前或者周期进行中,弗莱克斯特罗尼克斯公司确认数据、流程和行动的有效性。当实施它们的绩效系统时,弗莱克斯特罗尼克斯公司建立指标和界限,并且也保证数据的质量和合时性。

**分析:**这一案例表明,弗莱克斯特罗尼克斯公司使用绩效管理系统,能优选各种机会,减少风险管理成本,从而节约成本获得竞争优势。公司的成功,证明了供应链绩效管理作为供应链管理的基础性概念和实践力量的重要性。

# 任务 9.1 供应链企业绩效评价

## 9.1.1 供应链绩效评价的概念及特点

### 9.1.1.1 供应链绩效评价的概念

20 世纪 90 年代以来,企业团体和理论界普遍关注供应链管理。但是由于国内外学者偏重于供应链绩效评价方法和指标的实证分析研究,很少探讨供应链绩效评价的概念,因此到目前为止,关于供应链绩效评价还没有明确的、系统的、统一的概念。

1998 年,美国密歇根州大学约翰·H. 麦克康奈尔学院的教授唐纳德·J. 鲍尔索克斯和戴维·J. 克劳斯、比克斯比·库伯合著《供应链物流管理》一书,认为企业团体对供应链绩效和效率日益重视,希望找到透视总体的衡量方法。这种透视衡量方法必须是可以比较的,既适用于机构的职能部门、又适用于行政部门。他们将供应链绩效定义为系统的评价方法。

国内学者马士华较早研究了供应链绩效评价的内涵问题,但目前国内学者比较公认的供应链绩效评价概念是 2005 年第 10 期《现代管理科学》中马丽娟所写《关于供应链绩效评价的探讨》一文中阐述的定义：供应链绩效评价是围绕供应链的目标，对供应链整体各环节（尤其是核心企业）运营状况以及各环节之间的运营关系等进行的事前、事中和事后分析评价。一般应从以下三方面去理解供应链绩效评价概念的内涵。

（1）供应链绩效评价是基于业务流程的绩效评价。

（2）供应链管理的绩效评价与单个企业的绩效评价有很大不同：评价供应链运营绩效，不仅要评价节点企业的运营绩效，而且还要考虑节点企业的运营绩效对其上层节点企业或整个供应链的影响等。

（3）供应链绩效评价不仅仅指传统意义上的绩效评价，它包括更广的评价范围，更深的评价层次，涉及各个时间阶段供应链运营所表现出来的绩效；不仅适用于事后评价，也适用于实时监控与未来预测。

【小思考 9－1】

**你会怎样定义供应链绩效评价的概念？**

供应链绩效评价是围绕供应链的目标，对供应链整体各环节（尤其是核心企业）运营状况以及各环节之间的运营关系等进行的事前、事中和事后分析评价。

从着眼点来看，应服务于供应链的目标；从课题来看，应包括供应链整体及各组成成员；从空间来看，涉及内部绩效、外部绩效和供应链综合绩效；从内容来看，涉及反映运营状况和运营关系的各种指标；从时间来看，包括事前、事中和事后。

9.1.1.2　供应链企业绩效评价的特点

根据供应链管理运行机制的基本特征和目标，供应链绩效评价指标应该能够恰当地反映供应链整体运营状况以及上下节点企业之间的运营关系，而不是孤立地评价某一供应商的运营情况。现有的企业绩效评价指标是基于功能的绩效评价，而供应链绩效评价是基于业务流程的绩效评价。通过图 9－1 和图 9－2 可以看出它们之间的差异。

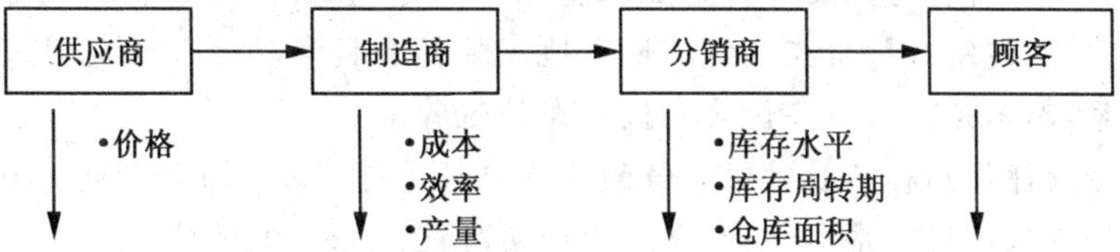


**图 9－1　现行的基于职能的绩效评价指标示意**

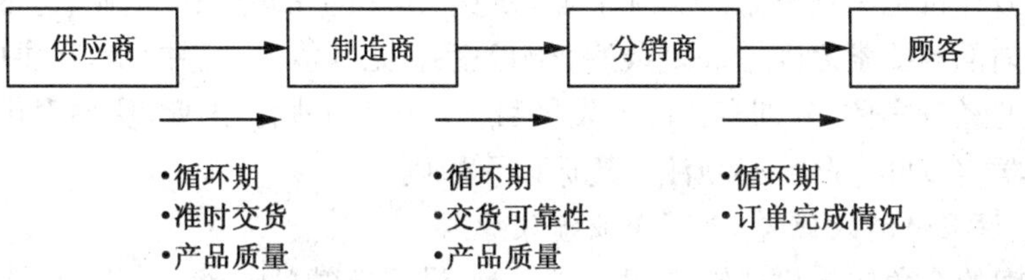


**图 9－2　基于供应链业务流程的绩效评价示意**

与现行的企业绩效评价相比，供应链绩效评价具有以下几个特点：

(1)供应链绩效评价的整体性

传统的企业绩效评价是对企业的整体运行情况以及企业内部各分支机构、各部门、各位员工绩效的考察;供应链绩效管理不是针对链中的某一个企业或某一个环节的活动,而是面向整个供应链,是对供应链运作进行综合性的、整体性的规划、监控、评价、反馈和改进的过程。

(2)供应链绩效评价的时效性

传统企业绩效评价的数据来源于财务结果,在时间上略为滞后,导致企业对供应链运营过程中产生的问题反应迟缓,不能及时、准确应对市场变化,影响企业发展。供应链绩效评价要求能反映供应链的动态运营情况,适时地调整策略。因为供应链是由多个企业构成的系统,各个企业间信息传递的速度比不上一个企业内部的传递速度,所以供应链绩效评价必须注重时效性。

(3)供应链绩效评价的多维性

多维性一是指供应链的系统空间已突破单个企业界限,通过电子商务、虚拟供应链、战略联盟等模式由点向线、由线向面再向立体空间拓展;二是指由于各供应链主体之间没有明显的界线,使得供应链的影响范围扩大,供应链必须在更大的范围内制定产供销战略,规划产供销活动。

(4)供应链绩效评价的科学性

传统的企业绩效评价主要针对企业职能部门工作完成情况,不能对企业流程进行评价,更不能客观准确地反映企业的经营效果;而供应链绩效评价指标是基于业务流程的评价指标,能科学客观地评价整个供应链的运营情况。

【小思考9-2】

**供应链绩效评价与现行企业绩效评价有何区别?**

现行企业绩效评价指标的数据来源于财务结果,在时间上略为滞后,不能反映供应链动态运营情况;供应链绩效评价指标是基于业务流程的绩效评价指标。

现行企业绩效评价指标主要评价企业职能部门工作完成情况,不能客观地评价整个供应链的运营情况;供应链绩效评价指标能够恰当地反映供应链整体运营状况以及上下节点企业之间的运营关系,而不是孤立地评价某一供应商的运营情况。

现行企业绩效评价指标不能对供应链的业务流程进行实时评价和分析,侧重于事后分析;供应链绩效评价不仅适用于事后评价,也适用于实时监控与未来预测。

### 9.1.2 供应链绩效评价原则

供应链绩效评价是一项复杂的系统工程,涉及供应链上的每一个企业,包括这些企业之间以及这些企业内部各要素之间错综复杂的影响关系。尤其值得一提的是,在供应链上,每一个企业都是独立的经济实体,分别有自己的发展目标和生存原则。因此,要想对供应链绩效做出客观、公正、科学、合理的评价,必须注意遵循以下原则。

#### 9.1.2.1 供应链绩效优先,兼顾企业绩效原则

当企业之间的竞争转向供应链之间的竞争时,供应链绩效必然代替企业绩效而上升到主要地位,并日益受到更多的关注。另外,尽管供应链由上、下游企业构成,供应链绩效本身也体现了企业绩效,但在管理实践中,却难以避免某些企业利用自身的有利地位(如在买方市场下,零售商比制造商具有更多的选择权力)滥施权力的现象。这类现象的发生,破坏了供应链上、

下游企业间的合作伙伴关系，使供应链处于动荡不稳的状态中，从而有悖于供应链管理的目标。为了杜绝这类现象，同时针对供应链绩效已经上升到主要地位的现实，应当在绩效评价中大力倡导供应链绩效优先，同时兼顾供应链中各企业绩效的原则。

9.1.2.2 多层次、多渠道和全方位评价原则

多方搜集信息，实行多层次、多渠道和全方位的评价，有助于尽可能全面和有重点地反映供应链绩效，同时也有助于增强绩效评价的可操作性。在实践中，经常综合运用上级考核、专家评价、同级评价、下级评价、职员评价、客户评价等多种形式进行全方位、多角度、多层次的评价，以确定供应链在市场中的竞争优势。

9.1.2.3 短期绩效与长期绩效、近期绩效与远期绩效相结合原则

短期绩效与长期绩效、近期绩效与远期绩效是分别就供应链绩效涉及的时间长短、远近而言的，其间均存在着辩证统一的关系。在进行绩效评价时，不仅要考虑短期、近期的绩效，更要重视长期、远期的绩效。在物流与供应链管理中，某些行为从短期或近期的角度来看，可能绩效甚微或者无绩效可言，但从长期或远期的角度考虑，它对规范供应链上、下游企业的行为，促进企业间的资源共享和“共赢”，推动供应链的协调发展无疑具有重要意义。在物流与供应链绩效评价中，将短期与长期、近期与远期绩效正确地结合起来，有助于企业提高自觉性，减少盲目性。

9.1.2.4 静态评价与动态评价相结合原则

在绩效评价过程中，不仅要对影响供应链绩效的各种内部因素进行静态考察和分析评价，而且要动态地研究这些因素之间以及这些因素与外部因素之间的相互影响关系。作为一种新兴的管理模式，在供应链管理过程中，肯定会不断地遇到前所未有的新情况和新问题。因此，在进行绩效评价时，一定要在相对稳定的基础上应用动态和发展的观念，才能解决所面临的难题。

9.1.2.5 宏观绩效与微观绩效相结合原则

从所涉及的范围来看，供应链绩效可分为宏观绩效和微观绩效两种。宏观绩效是供应链管理活动从全社会的角度来考察时的总的绩效；微观绩效是指供应链管理活动从企业与供应链系统本身的角度来考察时的绩效，两者既相互矛盾又彼此统一。从矛盾性来看，微观绩效为了显示自己的基础性作用，必然会做出种种努力，以突出个体，包括要求减少来自宏观层面的控制和干预；而宏观绩效为了发挥自己的主导作用，也必然会对微观层面施加种种限制性措施，以抑制其个性发展。从统一性来看，微观绩效是宏观绩效的基础，离开了微观绩效，宏观绩效就要落空；宏观绩效又对微观绩效起着导向作用，微观绩效只有在符合宏观绩效的前提下，才能得到有效的发挥。

9.1.2.6 责、权、利相结合原则

评价的主要目的是改善和提升供应链绩效，而不是为了其他的目的。为此，在绩效评价过程中，应当及时地将评价的结果落实到个体，分清责任归属和权利范围，做到责、权、利明晰，赏罚分明。例如，由于供应链上的每个企业都是独立的经济实体，出于个体经济理性的考虑，经常会发生供应链上、下游企业间因争夺自家“小利”而导致丧失供应链“大利”的情况。针对这一司空见惯的问题，在绩效评价中，应当本着责、权、利相结合的原则，谨慎处理。否则，就可能会破坏供应链上、下游企业间的战略合作伙伴关系，阻碍物流与供应链竞争战略目标的实现。

### 9.1.3 供应链绩效评价的作用

为了能评价供应链的实施给企业群体带来的效益，方法之一就是对供应链的运行情况进

行必要的度量,并根据度量结果对供应链的运行绩效进行评价。据此,供应链绩效评价主要有以下四个方面的作用。

9.1.3.1 用于对整个供应链的运行效果做出评价

为供应链在市场中的生存、组建、运行和撤销的决策提供必要的客观根据。目的是通过绩效评价而获得对整个供应链的运行状况的了解,找出供应链运作方面的不足,及时采取措施,予以纠正。

9.1.3.2 用于对供应链上各个成员企业做出评价

主要考虑供应链对其成员企业的激励,吸引企业加盟,剔除不良企业。

9.1.3.3 用于对供应链内企业与企业之间的合作关系做出评价

主要考察供应链的上游企业对下游企业提供的产品和服务的质量,从用户满意的角度评价上、下游企业之间的合作伙伴关系的好坏。

9.1.3.4 对企业起到激励作用

这种激励作用,不仅是核心企业对节点企业的激励,也包括供应商、制造商和零售商之间的相互激励。

### 9.1.4 供应链绩效评价的内容

实际进行绩效评价时,以企业为分界点,通常将具体评价内容分为三部分:内部绩效衡量;外部绩效衡量;供应链整体绩效衡量。

9.1.4.1 内部绩效的衡量

内部绩效的衡量主要是对供应链上的各个企业内部绩效进行评价,既有一般的企业绩效评价的共性,又有其独有的特性。主要评价内容包括:

(1)成本。绩效评价考虑的成本是完成特定运营目标所发生的成本。绩效成本是以金额表示的销售量的百分比或每单位数量的成本。

(2)顾客服务。顾客服务用以考察供应链内部企业满足用户或下游企业需要的相对能力。

(3)生产率。生产率是衡量组织绩效的一个指标,一般用于评价生产某种产品的投入与产出之间的相对关系,通常可以分为静态生产率、动态生产率以及替代性生产率。静态生产率和动态生产率是根据是否考虑时间因素对生产率的影响来区分。严格地讲,替代性生产率实际上并不属于生产率范畴,通常是作为对静态和动态生产率的补充,使用与生产率关系密切的一些指标来衡量生产率水平,如顾客满意度等。

(4)资产。资产衡量为实现供应链目标对企业设施和设备的资产及流动资本的使用情况。设施、设备、存货是一个企业资产的重要组成部分,主要注重对注入存货等流动资本的流转、固定资产的投资回报率,对于人力资源的衡量目前受限于成本、收益的货币化衡量仍很少被纳入考虑范围。

(5)质量。质量是内部绩效衡量的最主要内容,主要用以确定供应链企业所发生物流活动的效率。由于质量的范围非常大,因此对质量的衡量很难。目前作为折中的处理方法,通常根据“完美订货”来衡量物流运作的质量。完美订货关注的是总体的物流绩效,而非单一功能,它代表着理想的绩效。

9.1.4.2 外部绩效的衡量

外部绩效的衡量主要是对供应链上的企业之间运行状况的评价。主要评价内容包括:

(1)用户满意程度。主要通过公司或行会组织调查或者系统的订货跟踪实现,由于难以精确地定量性衡量，一般以询问关于供应链企业与竞争者的绩效入手，如可靠性、订发货周期、信息可用性、问题的解决和产品的支撑等指标作为补充。

(2)最佳实施基准。最佳实施基准集中在对比组织指标上的实施和程序。越来越多的供应链企业应用最佳实施基准，将它作为企业运行与相关行业或者非相关行业的竞争对手或最佳企业比较的一种技术。特别是一些核心企业常在重要的战略领域将基准作为检验供应链运作的工具。

9.1.4.3　供应链整体绩效的衡量

供应链之间的竞争日趋激烈引起人们对供应链总体绩效的日益重视，要求能够提供总体透视的衡量方法，并且这种透视方法必须是可以比较的，并且既能适用于机构的功能部门，而且又适用于分销渠道，如果缺乏总体的绩效衡量，就可能出现制造商对用户服务的看法和决策与零售商的想法完全背道而驰的现象。主要评价内容包括以下几个方面：

(1)成本。供应链总成本包括：订货完成成本、原材料取得成本、总的库存运输成本，以及与物流有关的财务和管理、信息系统成本、制造劳动力和库存的间接成本等。

(2)顾客服务。顾客服务衡量包括完美订货、用户满意程度和产品质量，它衡量供应链企业所能提供的总的客户满意程度。

**【知识链接 9－1】**

### 宝洁的完美订单

完美订单代表以及时无错的方式提供 100%交货的供应链能力。消费品的制造商与分销商对完美订单的定义为：及时满足买方要求的交货日期、完全装运、发票准确以及在途无损坏。1992 年，宝洁公司开始评价“完美订单”，刚开始管理层惊讶地发现完美订单的数量只有 75%左右。从那以后，宝洁作了重大的改进。到 1995 年，完美订单占 82%，1998 年占 88%。这是通过持续修正，使客户服务代表与主要客户密切合作以及改善信息系统实现的。宝洁注意到，每一张不完美订单由于重复交货、收入损失、货物损坏、仓储和运输成本、缺货和违约而损失的成本有 200 美元左右。宝洁知道，持续的供应链改善对客户真正重要。对于客户来说，完美订单是最重要的。

(3)时间。时间衡量主要测量企业对用户要求的反应能力，即从顾客订货开始时间到顾客用到产品为止所需时间。一般包括装运时间、送达顾客的运输时间和顾客接受时间。

(4)资产。衡量为实现供应链目标对企业设施和设备的资产及流动资本的使用情况，主要包括库存、设施及设备等相当大的资产。资产评价基本集中于在特定资产水平支持下的指标，一般测量资金周转时间、库存周转天数、销售额与总资产比率等资产绩效。

上述四个方面的供应链绩效比较系统地描述了供应链绩效评价所涉及的主要内容，一般进行供应链绩效评价时需要对上述四部分内容均进行。同时，随着现代物流理念的发展，供应链整体绩效越来越为人所重视。

**表 9－1**　**供应链绩效评价的一般性统计指标**

| 客户服务 | 生产与质量 | 资产管理 | 成本 |
|---|---|---|---|
| 饱和率 | 人均发运系统 | 库存周转 | 全部成本/单位成本 |

续表

| 客户服务 | 生产与质量 | 资产管理 | 成本 |
|---|---|---|---|
| 脱销率 | 人工费系统 | 负担成本 | 销售百分比成本 |
| 准时交货 | 生产指数 | 废弃的库存 | 进出货运输费 |
| 补充订单 | 破损率 | 库存水平 | 仓库成本 |
| 循环时间 | 退货数 | 供应天数 | 管理成本 |
| 发运错误 | 信用要求数 | 净资产回报 | 直接人工费 |
| 订单准确率 | 破损物价值 | 投资回报 | 退货成本 |

**【案例分析 9－1】**

### 戴尔的供应链绩效评价

近年来，在全球电脑市场不景气的大环境下，戴尔却始终保持着较高的收益，并且不断增加市场份额。戴尔的成功源于其效率超乎寻常的供应链，其经常以 200％以上的年均增长速度飞速发展。戴尔的成功在很大程度上归功于它的供应链的管理方法。戴尔的供应链绩效评价主要是从以下三个方面进行的。

一、提高顾客的满意度

(1)戴尔采用直销模式，顾客可自由选择自己喜欢的配置和要求满足顾客的个性化需求，提高顾客满意度；(2)戴尔设有专门的客户关系管理系统，顾客从订货到收货的时间最多只要 5～6 天，极大地提高了对顾客要求的反应能力；(3)戴尔是第一家提供客户免费直拨电话技术支持的公司。顾客可以随时了解自己所定商品的状况，和顾客建立起了良好的沟通和服务支持渠道。

二、严格遴选供应商

(1)供应商考核标准：看供应商能否源源不断地提供没有瑕疵的产品。(2)考核的对象：首先，具有符合标准的质量控制体系；其次，企业必须证明其在成本、技术、服务和持续供应能力等方面具有综合的优势，特别是供应能力必须长期稳定。(3)考核方法："安全量产投放"(safe launch)的办法，根据对供应商考核的结果，分阶段地逐步扩大采购其产品的规模，以降低新入选企业供应能力不稳定的风险。

三、与合作伙伴建立长期稳定的关系

(1)戴尔将所有来自于客户的最新信息都以最快的速度及时反馈给供应商，以便供应商据此调整供应策略。(2)戴尔在一些流程和管理工具的开发上，充分考虑了与供应商的配合。(3)戴尔推出一个名为 valuechain. dell. com 的企业内联网，戴尔和供应商共享包括产品质量和库存清单在内的一整套信息。供货商可以在上面看到专属其公司的材料报告，随时掌握材料品质、绩效评估、成本预算以及制造流程变更等信息。(4)戴尔与其供应商建立了信息共享机制，戴尔把每天各种机型 PC 的销售数字，公布在内部网站上让供货商查询，了解接下来有哪些零件需求多、哪些少，以便供应商更好地管理库存。

**分析**：戴尔采用直销模式，越过批发商、分销商和零售商同消费者直接进行沟通，加快了对顾客的响应速度，节省了时间；通过实施一系列顾客关系管理，提高了顾客的满意度，培养了一批忠诚的客户；通过严格的供应商遴选制度，保证了产品质量，降低了零部件供应不稳的风险；与供应商建立了长期稳定的合作伙伴关系，通过与供应商的信息交流与合作，实现了物料的低库存和成品的零库存，减少库存造成的现金积压和跌价损失；优化了整条供应链，保证了供应链各节点顺利有效的运行。

# 任务9.2 供应链绩效评价指标体系

为了客观、全面地评价供应链的运营情况，这里从以下几个方面来分析和讨论供应链绩效评价指标体系。

## 9.2.1 反映供应链业务流程的绩效评价指标

### 9.2.1.1 产销率指标

产销率是指在一定时间内已销售出去的产品数量($S$)与已生产的产品数量($P$)的比值。

$$RSP=\frac{S}{P} \quad \text{(公式 1)}$$

该指标反映供应链资源的有效利用程度，$RSP$ 越接近1，说明资源利用程度越高。反映库存水平和产品质量，其值越接近1，供应链成品库存量越小。

产销率指标又可分成如下三个具体的指标：

(1)供应链节点企业的产销率；

(2)供应链核心企业的产销率；

(3)供应链产销率。

### 9.2.1.2 平均产销绝对偏差指标

该指标反映在一定时间内供应链总体库存水平，其值越大，说明供应链成品库存量越大，库存费用越高。

$$\text{平均产销绝对偏差}=\frac{\sum_{i=1}^{n}|P_i-S_i|}{n} \quad \text{(公式 2)}$$

其中：

$n$——供应链节点企业的个数；

$P_i$——第 $i$ 个企业在一定时间内生产产品的数量；

$S_i$——第 $i$ 个企业在一定时间内已生产的产品中销售出去的数量。

### 9.2.1.3 产需率指标

产需率是指在一定时间内，节点企业已生产的产品数量($P$)与其上层节点企业(或用户)对该产品的需求量($D$)的比值。具体分为如下两个指标：

$$RPD=\frac{P_i}{D_{i+1}} \quad \text{(公式 3)}$$

该指标反映供应链各节点的供需关系，产需率越接近1，说明上下游节点间的供需关系协调，准时交货率高。例如，某供应链核心企业在一年里生产的产品数为3 000件，用户对该产品的年需求量为2 500件，求其产需率。3 000与2 500的比值等于1.2，该指标数值大于1，说明供应链整体供需能力较强，能快速响应市场需求。

9.2.1.4 供应链产品出产（或投产）循环期(cycle time)或节拍指标

当供应链节点企业生产的产品为单一品种时，供应链产品出产循环期是指产品的出产节拍；当供应链节点企业生产的产品品种较多时，供应链产品出产循环期是指混流生产线上同一种产品的出产间隔。由于供应链管理是在市场需求多样化经营环境中产生的一种新的管理模式，其节点企业（包括核心企业）生产的产品品种较多，因此，供应链产品出产循环期一般是指节点企业混流生产线上同一种产品的出产间隔期。它可分为如下两个具体的指标：

(1)供应链节点企业（或供应商）零部件出产循环期。该循环期指标反映了节点企业库存水平以及对其上层节点企业需求的响应程度。该循环期越短，说明该节点企业对其上层节点企业需求的快速响应性越好。

(2)供应链核心企业产品出产循环期。该循环期指标反映了整个供应链的在制品库存水平和成品库存水平，同时也反映了整个供应链对市场或用户需求的快速响应能力。

9.2.1.5 供应链总运营成本指标

供应链总运营成本包括供应链通信成本、供应链库存费用及各节点企业外部运输总费用，它反映供应链运营的效率。

(1)供应链通信成本。包括各节点企业之间通信费用，如：EDI、互联网的建设和使用费用，供应链信息系统开发和维护费等。

(2)供应链总库存费用。包括各节点企业在制品库存和成品库存费用、各节点之间在途库存费用。

(3)各节点企业外部运输总费用。各节点企业外部运输总费用等于供应链所有节点企业之间运输费用总和。

9.2.1.6 供应链核心企业产品成本指标

供应链核心企业的产品成本是供应链管理水平的综合体现。根据核心企业产品在市场上的价格确定出该产品的目标成本，再向上游追溯到各供应商，确定出相应的原材料、配套件的目标成本。只有当目标成本小于市场价格时，各个企业才能获得利润，供应链才能得到发展。

9.2.1.7 供应链产品质量指标

供应链产品质量是指供应链各节点企业（包括核心企业）生产的产品或零部件的质量，主要包括合格率、废品率、退货率、破损率、破损物价值等指标。

### 9.2.2 反映供应链上、下节点企业之间的绩效评价指标

供应链上、下节点企业之间关系的绩效评估指标主要体现为满意度指标，即在一定时间内，上层供应商对其相邻的下层供应商的综合满意程度。其包含的内容如下：

9.2.2.1 准时交货率

准时交货率是指上层供应商在一定时间内准时交货的次数占其总交货次数的百分比。

供应商准时交货率低，说明其协作配套的生产能力达不到要求，或者是对生产过程的组织管理跟不上供应链运行的要求；供应商准时交货率高，说明其生产能力强，生产管理水平高。

9.2.2.2 成本利润率

成本利润率是指单位产品净利润占单位产品总成本的百分比。在市场经济条件下，产品价格是由市场决定的。因此，在市场供需关系基本平衡的情况下，供应商生产的产品价格可以看成是一个不变的量。按成本加成定价的基本思想，产品价格等于成本加利润，因此产品成本

利润率越高，说明供应商的盈利能力越强，企业的综合管理水平越高。在这种情况下，由于供应商在市场价格水平下能获得较大利润，其合作积极性必然增强，必然对企业的有关设施设备进行投资和改造，以提高生产效率。

9.2.2.3　产品质量合格率

产品质量合格率是指质量合格的产品数量占产品总产量的百分比，它反映了供应商提供货物的质量水平。质量不合格的产品数量越多，则产品质量合格率就低，说明供应商提供产品的质量不稳定或质量差，供应商必须承担对不合格的产品进行返修或报废的损失，这样就增加了供应商的总成本，降低了其成本利润率。因此，产品质量合格率指标与产品成本利润率指标密切相关。同样，产品质量合格率指标也与准时交货率密切相关，因为产品质量合格率越低，就会使得产品的返修工作量加大，必然会延长产品的交货期，使得准时交货率降低。

**【案例分析 9－2】**

某企业生产的机器上有一种零件需要从供应链上的其他企业购进，年需求量为 10 000 件。有 3 个供应商可以提供该种零件，但他们的价格不同，3 个供应商提供的零件的质量也有所不同。另外，这 3 个供应商的交货提前期、提前期的安全期及要求的采购批量均不相同。详细数据见表 9—2。

**表 9—2　　3 个供应商的基本数据**

| 供应商 | 价格（元/件） | 合格品率（%） | 提前期（周） | 提前期的安全期（周） | 采购批量（件） |
|---|---|---|---|---|---|
| A | 9.50 | 88 | 6 | 2 | 2 500 |
| B | 10.00 | 97 | 8 | 3 | 5 000 |
| C | 10.50 | 99 | 1 | 0 | 200 |

如果零件出现缺陷，需要进一步处理才能使用，每个有缺陷的零件处理成本为 6 元，主要是用于返工的费用。

为了比较分析评价的结果，共分为三个级别评价供应成本和排名：

第一级：仅按零件价格排序；

第二级：按价格＋质量水平排序；

第三级：按价格＋质量水平＋交货时间排序。

供应商供货绩效及排序分析：

首先，按第一个级别排序，排出的结果见表 9—3。

**表 9—3　　3 个供应商单价排名表**

| 供应商 | 单位价格（元/件） | 排　名 |
|---|---|---|
| A | 9.50 | 1 |
| B | 10.00 | 2 |
| C | 10.50 | 3 |

其次，按第二个级别排名。有缺陷零件的处理成本可根据不同供应商的零件质量水平来计算。排出的结果见表 9—4。

表 9—4　三个供应商零件质量水平排名

| 供应商 | 缺陷率（%） | 缺陷零件数量（个/年） | 缺陷处理成本（元） | 质量成本（元/件） | 总成本（元/件） | 排名 |
|---|---|---|---|---|---|---|
| A | 12 | 1 200 | 7 200 | 0.72 | 9.50+0.72=10.22 | 2 |
| B | 3 | 300 | 1 800 | 0.18 | 10+0.18=10.18 | 1 |
| C | 1 | 100 | 600 | 0.06 | 10.50+0.06=10.56 | 3 |

最后，综合考虑价格、质量和交货时间的因素，评价供应商的运作绩效。交货期长短的不同会导致库存成本的不同。主要考虑下列因素：交货提前期、提前期的安全期、允许的最小采购批量、考虑缺陷零件增加的安全量（补偿有缺陷零件的额外库存）。

该企业用下列方式计算考虑提前期和安全的库存数量：

$$Ss=K\times s\times\sqrt{L_T+L_{TS}}$$

其中：

$Ss$ 为安全库存量；

$K$ 为根据质量可靠性（95%）确定的系数，取 $K=1.64$；

$s$ 为标准偏差，取 $s=80$，即每周的零件数量偏差为 80 件；

$L_T$ 为交货提前期，$L_{TS}$ 为交货提前期的安全期。

以供应商 A 为例，代入公式计算安全库存为 371。

则库存物资的价值为：371×9.50=3 525 元

供应商 A 要求的订货批量为 2 500 件，由订货批量引起的成本为：

(2 500/2)×9.50=11 875 元

用于预防有缺陷零件的成本是根据缺陷率和零件的总的库存价值计算的，即：

(3 525+11 875)×12%=1 848 元

综合以上结果，得到供应商提前期、批量引起的总库存见表 9—5。

表 9—5　3 个供应商库存成本

| 供应商 | 提前期引起的库存价值（元） | 批量引起的库存价值（元） | 总库存价值（元） | 年缺陷零件造成的费用（元） | 实际总库存成本（元） |
|---|---|---|---|---|---|
| A | 3 525 | 11 875 | 15 400 | 1 848 | 17 248 |
| B | 4 352 | 25 000 | 29 352 | 881 | 30 233 |
| C | 1 377 | 1 050 | 2 427 | 24 | 2 451 |

与零件库存有关的维持费用，如库房租赁、货物保险费等，按库存价值的 25% 计算。结果见表 9—6。

表 9—6　3 个供应商的维持费用

| 供应商 | 实际总库存价值（元） | 维持费用（元） | 单位零件成本（元） |
|---|---|---|---|
| A | 17 248 | 4 312 | 0.43 |
| B | 30 233 | 7 558 | 0.76 |
| C | 2 451 | 613 | 0.06 |

根据价格、质量成本、单位零件库存持有成本的综合评价结果见表9—7。

**表9—7　　3个供应商综合评价结果**

| 供应商 | 价格（元/件） | 质量成本（元/件） | 交货期成本（元/件） | 总成本（元/件） | 排名 |
|---|---|---|---|---|---|
| A | 9.50 | 0.72 | 0.43 | 10.65 | 2 |
| B | 10.00 | 0.18 | 0.76 | 10.94 | 3 |
| C | 10.50 | 0.06 | 0.06 | 10.62 | 1 |

结论：通过对三家供应商的供货运作绩效的综合评价，在价格、质量、交货时间及订购批量方面，供应商C最有优势。最后选择供应商C为供应链上的合作伙伴。

# 任务9.3　实施标杆管理、编制供应链绩效报告

## 9.3.1　供应链标杆的建立和应用

在供应链管理环境下，一个节点企业运行绩效的高低，不仅关系到该企业自身的生存与发展，而且影响整个供应链的其他企业的利益。因此，建立绩效度量指标目的是激励各个企业都要创造一流绩效，通过树立一个标杆促使其他企业采取措施迎头赶上。在现代企业管理方法体系中，标杆法得到了越来越多的应用。标杆法广泛用于建立绩效标准、设计绩效过程、确定度量方法及管理目标上。

### 9.3.1.1　标杆的内涵和分类

标杆的内涵可以概括为：以那些出类拔萃的企业作为基准，将本企业的产品、服务和管理措施等方面的实际状况与这些基准进行定量评价和比较，分析这些基准企业的绩效达到优秀水平的原因，在此基础上选取改进的最优策略。这种程序不断地反复进行，利用所获得的信息作为制定企业绩效目标、战略和行动计划的基准。

绩效标杆一般分为以下三种：

第一种是战略性标杆，它包含一个企业的市场战略与其他企业的市场战略的比较。战略性标杆通常包括如下几个方面的问题：

（1）竞争对手强调什么样的市场？

（2）竞争对手是什么样的市场战略？

（3）支持竞争对手市场战略的资源水平如何？

（4）竞争对手的竞争优势集中于哪些方面？

战略性标杆可以使一个企业获得优秀企业的市场战略。

第二种是操作性标杆。操作性标杆以职能性活动的各个方面为重点，找出有效的方法，以便在各种职能上都能取得最好成绩。为了解决主要矛盾，一般选择对标杆职能有重要影响的有关职能和活动，以使企业能够获得最大的收益。

第三种是支持活动性标杆。企业内的支持功能应该显示出比竞争对手更好的成本效益，通过支持活动性标杆控制内部间接费用和防止费用的上升。

9.3.1.2 标杆管理的实施步骤

具体来说,一个完整的内外部综合标杆管理的程序通常分为以下五步:

(1)计划。主要工作有:①组建项目小组,担当发起和管理整个标杆管理流程的责任;②明确标杆管理的目标;③通过对组织的衡量评估,确定标杆项目;④选择标杆伙伴;⑤制定数据收集计划,如设置调查问卷、安排参观访问,充分了解标杆伙伴并及时沟通;⑥开发测评方案,为标杆管理项目赋值以便衡量比较。

(2)内部数据收集与分析。主要工作有:①收集并分析内部公开发表的信息;②遴选内部标杆管理合作伙伴;③通过内部访谈和调查,收集内部一手研究资料;④通过内部标杆管理,可以为进一步实施外部标杆管理提供资料和基础。

(3)外部数据收集与分析。主要工作有:①收集外部公开发表的信息;②通过调查和实地访问收集外部一手研究资料;③分析收集的有关最佳实践的数据,与自身绩效计量相比较,提出最终标杆管理报告。标杆管理报告揭示标杆管理过程的关键收获,以及对最佳实践调整、转换、创新的见解和建议。

(4)实施与调整。这一步是前几步的归宿和目标之所在。根据标杆管理报告,确认正确的纠正性行动方案,制定详细实施计划,在组织内部实施最佳实践,并不断对实施结果进行监控和评估,及时做出调整,以最终达到增强企业竞争优势的目的。

(5)持续改进。标杆管理是持续的管理过程,不是一次性行为。为便于以后继续实施标杆管理,企业应维护好标杆管理数据库,制定和实施持续的绩效改进计划,以不断学习和提高。

**【案例分析 9-3】**

**施乐:成功地运用行业内标杆**

1976 年以后,一直保持着世界打印机市场垄断地位的施乐公司遇到了全方位挑战,如佳能、NEC 等公司以施乐的成本价销售产品且能够获利,产品开发周期、开发人员分别比施乐短或少 50%,施乐的市场份额从 82%直线下降到 35%。面对竞争威胁,施乐公司首先发起向日本企业学习的运动,实行了广泛、深入的标杆管理。通过全方位的集中分析比较,施乐弄清了这些公司的运作机理,找出了与佳能等主要对手的差距,全面调整了经营战略、战术,改进了业务流程,很快收到了成效,把失去的市场份额重新夺了回来。在提高支付订货的工作水平和处理低值货品浪费大的问题上,同样应用标杆管理方法,以支付速度比施乐快 3 倍的比恩公司为标杆,并选择 14 个经营同类产品的公司逐一考察,找出了问题的症结所在并采取措施,使仓储成本下降了 10%,年节省低值品费用达数千万美元。

从那时起,标杆管理的一套严密的、受控的方法便开始成为世界范围内持续改进、质量控制、流程再造和变革推动的首要步骤,它与企业再造、战略联盟一起并称为 20 世纪 90 年代三大管理方法。

**分析**:施乐公司的"5 阶段"标杆管理方法:

(1)规划阶段。确定标杆管理的内容。施乐震惊地发现日本的竞争对手竟然以其成本价出售高质量的复印机且能盈利。确定标杆,施乐首先研究它的一个日本子公司——富士—施乐,然后是佳能等公司,以此来确定其日本对手的相关成本是否与其价格一样低;搜集标杆管理的数据。

(2)分析阶段。确定目前的绩效差距。确定将来的绩效水平。

(3)综合阶段。交流标杆管理的成果,确立要实现的目标。

(4)行动阶段。形成行动计划;实施和监控行动计划;重新标杆管理。

(5)见效阶段。在对日本行业进行了标杆管理之后,施乐并没有停止不前。它开始了对其他竞争对手、一流企业的标杆管理。1996年,施乐公司是世界上唯一一个获得所有的三个重要奖励的公司:日本Deming奖、美国Malcolm Baldrige国家质量奖和欧洲质量奖。

### 9.3.2 供应链绩效报告

采用适合的指标体系和方法对供应链的绩效进行考核之后,就要以报告的形式表现出来,形成对供应链上企业的激励机制。

#### 9.3.2.1 供应链绩效报告的作用

绩效报告是供应链及供应链企业内部管理控制过程中的重要项目,应该定期(按月或季度)编制绩效报告,以报告供应链整体、供应链企业及企业内的部门经营绩效。其主要作用:

(1)让各企业了解供应链及供应链各企业的工作概况和成果;

(2)供应链企业各部门了解本部门的工作概况及成果;

(3)各级管理人员能了解下属工作的概况及成果。

#### 9.3.2.2 供应链绩效报告的要求

报告可以作为组织上下阶层有效的沟通工具,但是必须满足下列要求:

(1)管理层需要了解整个供应链及本企业全面营运状况,绩效报告应包括供应链及供应链企业的绩效,本企业各部门的汇总总绩效,并标明重大的特殊事情,应有详细的附表以供跟踪查核。

(2)管理层较最高管理层更注重例行性营运的控制,故其所需绩效报告除包含汇总性信息外,另应提供例行性营运的详细信息。

(3)管理者完全以日常作业的协调与控制为主要任务,所用绩效报告应详细、易懂,且范围仅限于各管理者的负责范围。

#### 9.3.2.3 供应链绩效报告要考虑的因素

除满足上述使用者的需求外,为了使绩效报告成为有效的沟通工具,还需要考虑以下四项因素:

(1)各企业的特性;

(2)管理控制所必须具有的信息项目;

(3)提供这些信息的程序及方式;

(4)报告制度协助建立更为系统化及目标化的管理控制。

#### 9.3.2.4 供应链绩效报告设计

绩效报告必须依据供应链及供应链企业的环境、组织、管理需求等方面的不同而有不同的设计。供应链绩效报告在设计与编制时必须符合下列原则:

(1)配合组织构架。绩效报告的设计应与企业组织构架配合,每一个管理层次的主管,都可以获取一份绩效报告,报告中列示责任范围内所有下级单位的绩效信息。此报告遍及整个企业组织或整个供应链,当上级管理者在报告上发现重大差异时,可迅速透过绩效报告体系与组织构架,追查责任人。

(2)重点例外报告。现代企业规模与交易量迅速扩大,管理者常常面对大量的资料和数据难以理解其中的含义,亦难以寻找其中隐藏的重大问题。为了节省管理者的时间,报告内容应以有用的信息为限，供应链企业内部的绩效报告的设计应能引导管理者的注意力，使其集中于少数重大例外事件上。

这里的“例外”是指与原订计划不相同的内容，这样可以协助管理者有效地运用有限的时间，使其以充裕的时间来解决问题，不必将时间浪费在寻找问题上。

(3)内容力求简明相关。绩效报告的使用者大多并非会计专业人员，故在不损害报告完整性的前提下，各项数据应尽量列表汇总并用文字进行详尽的注释说明。报表使用亦应注意相关性，这里的“相关”是指内容可供管理者决策使用。

(4)区分可控和不可控项目。提供给各级管理者的绩效报告，应该区分可控项目和不可控项目两大类。可控项目是指管理者的决策行为可直接影响的项目；对于不可控项目，管理者不应负责。

9.3.2.5　供应链绩效报告编制

绩效报告中的报表格式设计应考虑下列各项要术：

(1)考虑报表的性质与可读性；

(2)根据使用者的层次决定所列金额的详细程度；

(3)将实际发生数据与绩效标准数据列表比较，并列出其差额或差异率；

(4)区别报表的用途或紧急程度；

(5)用图示法以增进数字的传达能力。

9.3.2.6　供应链绩效报告的追踪考核程序

绩效报告并非最终目的，它只是管理手段，促使各阶层管理者采取必要行动来改善经营效率，才能真正发挥绩效报告的积极效果。管理程序也不仅限于绩效报告的编制，而是实施追踪考核程序，以便确保：第一，对于绩效欠佳的供应链或供应链企业采取适当的改善措施；第二，所采取的行动确实具有改善绩效的功能。

**【知识链接 9－2】**

**麦当劳供应链绩效分析报告**

麦当劳从以下 7 个指标体系对绩效进行评估：

(1)交货情况绩效分析。一般此绩效分析是从服务水平、订单履行率、准时交货率、预测准确性四个方面研究。在物流供应上，麦当劳利用外包供应商夏晖公司为其各个餐厅完成订货、储存、运输及分发等一系列工作。通过它的协调与连接，使每一个供应商与每一家餐厅达到畅通与和谐，为麦当劳餐厅的食品供应提供最佳的保证。在麦当劳，有个天条是必须遵守的，就是保证供应。此项绩效估分：95 分。

(2)订货满足情况绩效分析。麦当劳“麦乐送”的推出作为其供应链整合的另一种方式为其大大提高了覆盖率，提升了其服务水平。“麦乐送”高度集约及无缝连接的服务系统能够追踪每一份订单的进程，掌握从接到消费者的订餐电话直至食品送达消费者手中的每一步情况。这些物流系统的支持为“麦乐送”服务提供了强有力的保障，使麦当劳做到了 24 小时全天候送餐，即使在营业高峰时段也能实现 30 分钟内送达的承诺。麦当劳的订单履行率也因此得到了认可。本项估分：90 分。

(3)供应链响应时间情况绩效分析。供应链响应时间一般分为三个部分，即订单处理周期、采购及供应周期、物资配送周期 。本项估分：88.5 分。

(4)生产柔性情况绩效分析。麦当劳有着以下柔性优势：走向自助食品服务；临街的"甜品站"；24小时营业；是唯一一家孩子可以自由点餐的餐厅；针对孩子设计了电影广告影集、卡通人物形象、开办生日餐厅；品牌延伸，麦当劳还经营咖啡和欧陆小食品的麦咖啡以及服装玩具品牌。本项估分：91.2分。

(5)总物流管理成本。夏晖公司是与麦当劳有30多年合作历史的著名物流公司，夏晖同时还是必胜客和星巴克的合作公司。夏晖之所以能够取得这些大公司、大企业的信赖，完全由于其强大、高效的物流网络。夏晖有别于一般的物流公司，不仅提供食品运输，还提供其他服务，比如信息处理、存货控制、贴标签、生产和质量控制等。这些"额外"服务虽然成本比较高，但使麦当劳在竞争中获得了优势。本项估分：93.7分。

(6)附加价值。此意为"提供最有价值的高品质的物品给顾客"。麦当劳食品经过科学配比，营养丰富并且价格合理。让顾客在清洁的环境中享受快捷的营养美食，这些因素结合起来，就叫"物有所值"。现代社会逐渐形成高品质化的需要水准。本项估分85分。

(7)顾客成本。一是货币价格，尽管在各国以各国货币来计价，但麦当劳的一份快餐的货币价格相对较低，不超过两美元。美国的家庭主妇们认为比她们自己做的还省钱。二是时间成本。麦当劳接待一名顾客的时间不超过1分钟，顾客的时间成本相当小。三是体力成本和精神成本。对于一些人，尤其是儿童来说，进入麦当劳店是一种娱乐，体力和精力成本几乎为零甚至是一种享受。本项估分：94.2分。

# 任务9.4 供应链企业激励机制

## 9.4.1 供应链企业激励机制概述

### 9.4.1.1 供应链激励机制的重要性

要使供应链企业之间产生"合力"，保持长期的战略伙伴关系，共同发展，达到双赢，一定要建立有效的激励机制。供应链是由上下游许多财务独立、目标不同甚至目标相互冲突的企业或成员组成的，供应链成员之间的关系随时间而演变，只有供应链各企业都从供应链管理中受益，各企业才能自觉维护供应链的整体利益，并要对那些对供应链做出较大贡献的企业进行重点鼓励，整个供应链才充满活力。设计对供应链各个节点的激励机制，使供应链企业的利益紧密联系在一起，加强管理，对保证供应链的整体利益是非常重要的。

### 9.4.1.2 供应链激励机制的内容

激励主体是指激励者，激励客体是指被激励者，即激励对象。供应链管理中的激励对象(激励的客体)主要指其成员企业，如上游的供应商企业、下游的分销商企业等，也包括每个企业内部的管理人员和员工。因此，供应链管理环境下的激励内容包括：核心企业对成员企业的激励；制造商(下游企业)对供应商(上游企业)的激励；制造商(上游企业)对销售商(下游企业)的激励；供应链对成员企业的激励；成员企业对供应链的激励。

### 9.4.1.3 供应链的激励过程

供应链企业的激励过程可以借用传统的激励过程模型来描述，如图9—3所示。从图中看出，供应链的激励机制包含激励对象、激励目标、供应链绩效测评和激励方式等内容。

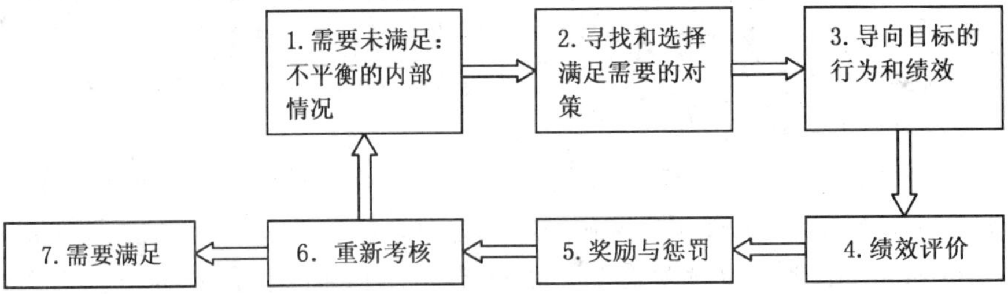


图 9—3　供应链企业激励过程

## 9.4.2　供应链管理环境下的激励措施

9.4.2.1　*价格激励*

供应链的各个企业间的利益分配主要体现在价格上。价格包含供应链利润在所有企业间的分配、供应链优化而产生的额外收益或损失在所有企业间的均衡。供应链优化所产生的额外收益或损失大多数时候是由相应企业承担，但是在许多时候并不能辨别相应对象或者相应对象错位，因而必须对额外收益或损失进行均衡，这个均衡通过价格来反映。但是，价格激励本身也隐含着一定风险，这就是逆向选择问题。即制造商在挑选供应商时，由于过分强调低价格的谈判，他们往往选中了报价较低的企业，而将一些整体水平较好的企业排除在外，其结果影响了产品的质量、交货期等。当然，看重眼前的利益是导致这一现象的一个不可忽视的原因，但出现这种差供应商排挤好供应商的最为根本的原因是：在签约前对供应商不了解，没意识到报价越低，意味着违约的风险越高。因此，采用价格激励机制时要谨慎，不可一味地强调低价策略，而应从多方面综合进行谈判。

9.4.2.2　*订单激励*

供应链企业获得更多的订单是一种极大的激励，在供应链内的企业也需要更多的订单激励。一般地说，一个制造商拥有多个供应商。多个供应商竞争来自于制造商的订单，更多的订单对供应商是一种激励。

9.4.2.3　*商誉激励*

商誉是一个企业的无形资产，对于企业极其重要。商誉来自供应链内其他企业的评价和在公众中的声誉，反映企业的社会地位（包括经济地位、政治地位和文化地位）。委托代理理论认为：在激烈的竞争市场上，代理人的代理量（决定其收入）决定于其过去的代理质量与合作水平。从长期来看，代理人必须对自己的行为负完全的责任。因此，即使没有显性激励合同，代理人也有积极性努力工作，因为这样做可以改进自己在代理人市场上的声誉，从而提高未来收入。

9.4.2.4　*信息激励*

在信息时代里，信息对企业意味着生存。企业获得更多的信息意味着企业拥有更多的机会、更多的资源，从而获得激励。信息对供应链的激励实质属于一种间接的激励模式，但是它的激励作用不可低估。信息激励机制的提出，也在某种程度上克服了由于信息不对称而使供应链中的企业相互猜忌的弊端，消除了由此带来的风险。

9.4.2.5　*淘汰激励*

淘汰激励是负激励的一种。优胜劣汰是世间事物生存的自然法则，供应链管理也不例外。

为了使供应链的整体竞争力保持在一个较高的水平，供应链必须建立对成员企业的淘汰机制，同时供应链自身也面临淘汰的风险也起到一定的作用。危机感可以从另一个角度激发企业发展。

9.4.2.6　新产品、新技术的共同开发

新产品、新技术的共同开发和共同投资也是一种激励机制，它可以让供应商全面掌握新产品的开发信息，有利于新技术在供应链企业中的推广和开拓供应商的市场。

9.4.2.7　组织激励

在一个较好的供应链环境下，企业之间的合作愉快，供应链的运作也通畅，少有争执。也就是说，一个良好组织的供应链对供应链及供应链内的企业都是一种激励。

减少供应商的数量，并与主要的供应商和经销商保持长期稳定的合作关系是制造商采取的组织激励的主要措施。

**【案例分析 9－4】**

**如何在供应链管理中建立适用的激励措施**

2000 年 4 月 6 日，全球最大的网络设备制造商思科公司引以为豪的供应链发生了“大事故”——它发布警示性公告，称不久将报废价值 5 亿美元的过剩原材料。这个数字相当于思科当季销售额的一半，这也是美国商业史上金额最大的一次库存注销。思科的这个事件给所有企业上了一课：对供应链合作伙伴采用激励措施时一定要慎重再慎重。思科就是由于采用了错误的激励手段——奖励迅速交货的供应商，使得供应商有极大的动机建立缓冲库存，而毫不考虑思科的真实需求。到了最后，思科已经无法迅速截断供应渠道中源源不断的原材料和半成品供应，只能采取“壮士断腕”的措施。

由于供应链横跨了多个职能部门，涉及多家公司，其中每家公司又有各自的首要事项和目标，要实现总体利益的最大化确实不易。要确保供应链以快速、高效的方式提供产品和服务，所有这些职能部门和公司就必须劲儿往一处使。然而，公司高管往往忙于处理组织内部的问题，而忽视了各个公司之间的协调问题，因为后者一般很难察觉。而且，他们觉得，对于一系列自己不直接管理的公司，要界定它们在供应链中的作用、职责和责任，不仅乏味枯燥，而且太费时间。此外，协调各个公司的行动也不是件容易事，因为不同的公司有不同的企业文化，不能指望凭借共同信念或相互忠诚来激励这些合作成员。要想鼓励供应链成员采取行动时兼顾各方利益，公司必须提供合理和协调的激励手段。

**分析：**如何解决思科供应链激励措施存在的问题？一是要承认自己的供应链确实存在激励不当的问题，这就需要高管人员了解其他公司的运作情况，对问题有预见性。二是查明问题原因：是合作伙伴暗箱操作、隐瞒信息，还是供应链激励方案设计得不好？对症下药，才能有立竿见影的效果。三是协调激励因子或重新设计激励方案。但由于大多数公司并不具备足够的影响力，无法对整个供应链的激励机制进行重新设计，而只能改变直接合作伙伴的激励因子。具体调整方法有三种：重新订立与合作伙伴的合同、揭示供应链中隐藏的信息，以及在各成员企业之间建立信任感。

## 基本训练

### 一、知识题

(一)阅读理解

(1)供应链绩效评价的作用有哪些?

(2)简述供应链绩效评估指标的特点。

(3)供应链绩效评价的内容包括哪些?

(4)标杆管理的实施步骤是什么?

(5)供应链激励模式的具体内容是什么?

(二)知识应用

1. 判断题

(1)传统的供应链绩效评价体系能够完全适应供应链管理的需要。 (　　)

(2)供应链节点企业产需率指标越接近于1,说明上下层节点企业间的供需关系不协调,准时交货率低。 (　　)

(3)企业绩效评价是对传统财务管理的自然升级。 (　　)

(4)产需率是指在一定时间内,节点企业已生产的产品数量与其上层节点企业(或用户)对该产品的需求量的比值。 (　　)

(5)供应链绩效评价是对企业的整体运行情况以及企业内部各分支机构、各部门、各位员工绩效的考察。 (　　)

2. 选择题

(1)基于绩效评价指标的供应链绩效评价指标是(　　)。

A. 供应业务　　B. 渠道业务

C. 生产业务　　D. 业务流程

(2)标杆管理制度的基本构成可以概括为最佳实践和(　　)。

A. 衡量标准　　B. 激励制度

C. 惩罚制度　　D. 工资标准

(3)供应链管理绩效评价的一个最终标准是(　　)。

A. 整体满意度　　B. 运营满意度

C. 资金满意度　　D. 最终用户对产品的满意度

(4)在绩效体系建立过程中,最重要的选取问题是(　　)。

A. 供应链　　B. 合作伙伴

C. 评价指标　　D. 评价标杆

(5)在供应链管理体系中,为确保供应链管理可持续发展,迫切需要解决的问题是建立科学全面的供应链(　　)。

A. 绩效评价体系　　B. 成本考核体系

C. 人员评价体系　　D. 合作关系评价体系

### 二、技能题(小项目)

(1)在当地调查一个小型企业,了解企业供应链绩效评价工作的主要特征和所采取的方法。

实训目的:要求学生了解该企业的供应链绩效评价工作的主要特征和所采取的方法。

实训要求:仔细观察,认真听讲解;结合所学知识。

(2)选择一家你熟悉的企业,运用标杆法为该企业寻找榜样。

实训目的:要求学生了解标杆管理制度的相关内容,并能学以致用。

实训要求:仔细观察,认真收集材料,结合所学知识找出该企业的学习标杆。

## ● 综合案例

### Flextronics 公司的供应链绩效管理

在统计流程控制中,最具挑战性的任务往往是如何界定那些导致失控的根本原因。在供应链绩效管理中,也同样是这样。当例外情况被分辨出来后,必须分辨出导致这些例外的根本原因是什么。正如医生行医中,诊断是关键,一旦做出正确的诊断,说明治疗的方式将是很简单的事情。供应链绩效管理(SCPM)系统也应该支持这种对任务的理解和诊断。这将允许管理者迅速找回相关数据,正确综合或分解数据,并根据地理和历史因素剖析数据。

而且,与恰当的内部人员和组织外部关键人员交流同样重要。信息不再为"专家们"分析和决策所独用,而是分散到组织中恰当的人那儿,以使他们能够理解问题、评价可选方案,并且采取合适的行动。成功的供应链绩效管理也需要受过大量对口教育的人和绩效管理方法,它还需要创造一个合作性环境,以及将责任分派给合适的人。

Flextronics 公司能够甄别出生产运营的例外情况,理解导致这些例外情况的根本原因和潜在的替代性方法,并采取改变供应商的行动,修正超额成本和调节谈判力量。该方法包括用网络软件实施系统装备 SCPM 循环。Flextronics 公司在 8 个月内节约了几百万美元,最终在一年内就产生了显著的投资回报。这都是供应链绩效管理带来的好处。

为了甄别出绩效例外,Flextronics 公司的系统可以不断比较合同条款内容和经许可的供应商名单。如果供应商并非是战略性的,或者订货价格高于约定价,该系统将对采购方提出警告。同时,如果生产运营价格低于约定价格,该系统将提醒管理者这个可能的节约成本的机会。

Flextronics 公司的管理者还利用该系统理解问题和找到可选方案。他们评价例外条件、决定是否重新谈判采购价格、考虑可选方案,或者证明基于业务需要的不一致性是必要的(例如及时满足客户订货的需要)。同样,采购经理分析市场条件,综合费用,然后再区分节约成本费用的机会。

然后,系统用户对有高度影响力的问题和机会采取行动。SCPM 循环之前和之中,Flextronics 公司都会确认数据、流程和行动。当实施绩效系统之时,Flextronics 公司建立关键指标和必要的门槛高度,还要确保数据质量和时间性要求。在日常使用中,他们还需确认行动的结果,加速整体的例外解决循环。

问题:Flextronics 公司如何利用供应链绩效管理提高采购灵活性?

## ● 综合实训

一、实训名称

供应链管理的绩效评价指标及评价体系运作。

二、实训目标

本实训通过演示供应链管理绩效评价体系的构建与运作,模拟供应链绩效管理的绩效评价,使学生一方面了解供应链绩效管理的重要性,另一方面掌握供应链绩效评价中重要指标的用。

三、环境要求

物流实训室：

(1)配备计算机。

(2)配备“供应链管理”桌面实训卡。

四、情景描述

中国画虎第一村农民绘画始于1956年。改革开放后，在各级党委、政府和文化部门的引导下，该村代表人物肖彦卿、王建民、王培双、王培振等一批人在努力探索绘画艺术的同时，不断创新，使所画之虎既有王者之气，又赋予虎以人性化的品格和丰富的人文精神。

中国画虎第一村地处黄河故道，豫、鲁两省接合部，东距文哲大师庄子故居遗址15公里，西距南朝文学家江淹故里21公里，交通便利。全村耕地面积1 377亩，1 366人，其中有800人从事绘画产业。村中夫妻画家、父子画家、姐妹画家及三世同堂作画者比比皆是，村民以工笔画虎为主，兼画人物、花鸟、山水等，品种繁多。已辐射带动周边两省三县数千名农民从事或经销农民画，形成了以王公庄为龙头的农民画家群。仅北关镇就达1 500多人。

该村年销售画作4万余幅，创产值2 500余万元。约有30%的画作销售到孟加拉国、新加坡、日本、韩国、美国等国家及我国港澳台地区。

五、操作步骤

(1)绘制供应链评价调查表。

(2)根据资料建立供应商供应链绩效评价指标体系。

(3)根据资料建立批发商、零售商供应链绩效评价指标体系。

(4)根据资料建立制造商供应链绩效评价指标体系。

六、实训报告

(1)实训内容。

(2)实训目的。

(3)实训步骤。

(4)我的做法。

(5)我的结论。

## 项 目 10

# 全球供应链管理

### 知识目标

◎ 理解全球供应链的概念及特征。
◎ 理解全球供应链管理的概念及职能。
◎ 掌握全球供应链在我国的企业组织形式。
◎ 了解全球供应链对我国的影响。

### 技能目标

◎ 能用所学知识对全球供应链管理状况进行分析。
◎ 能结合企业具体情况提出全球供应链管理的一些措施。

### 【引例】

#### 挑战阿里、FedEx 和 UPS　亚马逊打造全球供应链

亚马逊已经采取了一项重大举措，抢夺阿里巴巴的全球电商霸主地位，向中国消费者和品牌示好，并同美国联邦快递公司(FedEx)和联合包裹运送服务公司(UPS)一决雌雄。新项目“亚马逊全球供应链”(SCBA)现在已经成为现实，并定于2016年启动。这涉及预计到2020年规模为1万亿美元的跨境电商收入。消息人士透露，亚马逊过去3年来打造的这个计划旨在建立一个系统，确保企业与个人能从世界任何地方在3天或以内向任何地方销售产品，这就是所谓的“跨境商务”。阿里巴巴有着类似目标。为了成为世界首个真正的全球电商企业，亚马逊和阿里巴巴正处于“冷战”式的竞争。很多人错误地以为，亚马逊的主要目标是成为“万货商店”。事实是，亚马逊希望成为“万货企业——世界最大商务企业”。阿里巴巴有着同样目标，它不满足于仅仅是中国最大的电商企业。阿里巴巴在全球物流和供应链服务以及基础设施上投入重资，正在迅速向各大洲扩张它的市场。它还大量投资于技术、云计算、流媒体服务和支付系统，甚至有一个银行和信用部门。亚马逊在很多方面都需要拼命追赶，SCBA正是这个过程中采取的重大举措。亚马逊首先是一个技术企业，然后是一个物流企业，最后才是零售企

业。它已经支配了美国的电商销售和物流，而 SCBA 网络旨在向全球扩张相关模式。亚马逊将成为一个全面整合和高效的销售机器。它是零售商、市场、分销商、自营品牌、第三方物流海上货运运营商。接下来，它或许将成为一个全球主要快递服务企业，在国内和全球挑战 UPS 和 FedEx。

（资料来源：http://news.xinhuanet.com/world/2016—02/14/c_128717048.htm）

**分析：**这一案例表明，市场竞争激烈，要争国际市场的霸主地位，就要做好全球物流和全球供应链服务。

# 任务 10.1 理解全球供应链及全球供应链管理

## 10.1.1 全球供应链的概念及特点

### 10.1.1.1 全球供应链的概念

全球供应链（global supply chain）是指在全球范围内组合供应链，它要求以全球化的视野，将供应链系统延伸至整个世界范围，根据企业的需要在世界各地选取最有竞争力的合作伙伴。全球供应链管理强调在全面、迅速地了解世界各地消费者需求的同时，对其进行计划、协调、操作、控制和优化，在供应链中的核心企业与其供应商以及供应商的供应商、核心企业与其销售商乃至最终消费者之间，依靠现代网络信息技术支撑，实现供应链的一体化和快速反应，达到商流、物流、资金流和信息流的协调通畅，以满足全球消费者需求。

全球供应链是实现一系列分散在全球各地的相互关联的商业活动，包括采购原料和零件、处理并得到最终产品、产品增值、对零售商和消费者的配送、在各个商业主体之间交换信息，其主要目的是降低成本，扩大收益。

全球供应链包括从较为初始的以本国市场为主的国际供应商，到较为高级的真正的全球化供应链等形式。下面三种类型各有其特点：

一是国际配送系统。这种系统的生产以本国内为主，但是配送系统与市场有一些在海外。

二是国际供应商。这种系统中，原材料与零部件由海外供应商提供，但最终的产品装配在国内，一些情况下，产品装配完成后，会再运回海外市场。

三是离岸加工。这种系统中，产品生产的整个过程一般都在海外的某一地区，成品最终运回到国内仓库进行销售与配送。

### 10.1.1.2 全球供应链的特点

全球供应链这种系统中，产品的进货、生产、销售的整个过程都发生在全球性的不同工厂。

（1）国际性

国际性是指全球供应链网络涉及多个国家，网络覆盖的地理范围大。其物流是在不同国家或地区间进行的，属于国际物流而非国内物流。国际物流跨越不同国家和地区，跨越海洋和大陆，运输距离与时间长，运输方式多样。这就需要合理选择运输路线和运输方式，尽量缩短运输距离和货物在途时间，加速货物周转并降低物流成本。

（2）复杂性

全球供应链涉及国际间的经济活动。在经济活动中生产、流通、分配和消费四个环节之间存在着密切的联系，由于各国社会制度、自然环境、经营管理方法、生产技术和习惯的不同，在国际间组织好产品从生产到消费的流动，就是一项相当复杂的工作。仅物流的复杂性而言，就包括国际物流通信系统设置的复杂性、法规环境的差异性以及商业现状的差异等。

(3)风险性

全球供应链涉及的风险主要包括政治风险、经济风险和自然风险。政治风险主要指由于链中节点企业所在国或产品运输所经过国家的政局动荡，如罢工、战争等原因造成经营损失或货物可能受到损害或灭失。经济风险又可分为汇率风险和利率风险，主要指全球供应链运营中有关的资金由于汇率和利率的变动而产生的风险。自然风险则主要指在物流过程中可能因自然因素，如地震、海啸、暴雨等引起的风险。

### 10.1.2 全球供应链管理概念、职能及影响因素

#### 10.1.2.1 全球供应链管理概念

由于全球供应链范围广、运行环境差异大，需要在不同的法律、人文、习俗、语言、科技、设施环境下运行，大大增加了供应链的复杂程度以及网络系统的信息量和交换频度。要保证流通畅通、提高整个链条的效率，必须要有先进的国际化信息系统和标准化的物流工具和设施；同时，对供应链的设计和管理的要求也更高。

近年来，为了降低成本、提高效率和增强企业核心竞争力，许多公司都采用了全球化的经营模式，从而出现了跨国家、跨地域和跨文化的全球供应链系统。一般来说，全球供应链的管理就是有效地控制全球供应链的物流、资金流和信息流，它代表着一种新的管理模式，这种模式通过有效的管理全球供应链使得供应商和最终用户有机地联系起来。研究表明，许多公司超过一半以上一的销售收入都要用于从供应商那里购买原材料、零部件和其他服务。供应商的业绩直接影响着公司的产品质量、生产成本、交货期、技术进步和公司的发展，公司管理供应链的能力明显地影响它的竞争力和获利能力。越来越多的公司逐渐认识到供应链计划、设计和控制的战略意义。此外，有关全球供应链管理的研究还涉及上下游关系、信息交换、供应链敏捷性、价值划分和价值配置等领域。

全球供应链管理的核心思想是充分利用全球范围的各种优势资源和组织管理优势，借助先进的运作组织手段和方法，如现代物流技术和网络信息技术、计算机集成制造系统、柔性生产系统、并行工程、敏捷制造、准时制、最优生产技术、制造资源计划、企业资源规划等，组成全球范围内的具有独特优势的生产基地和销售网络，其目的是提高运营效率、降低运营成本、提升整体系统的竞争力。

#### 10.1.2.2 全球化供应链管理的基本职能

任何一个公司，甚至大型的跨国公司，采用一体化的全球化供应链管理的过程都是循序渐进的，而非一蹴而就。从全球化供应链的基本业务流程可以简要说明全球化供应链管理的主要职能。

首先，根据市场和客户的各种商业信息，进行预测和需求分析，清楚地了解和掌握市场动向，从而合理地制定需求计划、配备所需的资源，然后在充分考虑“资源约束”的基础上制定供给计划。为了实现供应链的一体化管理，需求管理在一定程度上应具有集中化的特征。由于它是在全球范围内的业务，制定供给计划时则更需要考虑资源的约束因素，且这些因素的变化很敏感，需要及时进行修正计划。

其次，由于产品的销售和使用是全球性的，因此在研发的开始，就必须为产品进行定位。

一是要考虑设计和生产地区供应商的资源，尽量选择那些同样具有海外业务的供应商，并把他们的技术、知识和能力融入自己的研发过程，缩短研发周期，共同推出适应市场和客户的产品。二是在研发的同时就要考虑全球市场的产品投放和推广问题，并不断对新品设计过程提出反馈意见。

又次，互联网和电子商务技术的出现为全球采购创造了一个前所未有的空间，使买方能在全球范围内寻找更多更好的策略资源。为此，需要将分散在各地的生产需求汇集在一起，进行集中采购以节约成本，并能够通过全球化供应链网络与供应商进行协同运作，准时获得所需货物。

再次，在生产上对分布在不同地区的众多生产工厂进行统一集成和协调，使它们能作为一个整体来运作。这不是一件容易的事。一是需要根据市场需求对供应链上过剩的和不足的生产能力进行战略性的高速和优化配置，以充分发挥其效益。二是根据订单情况对这些工厂做出集中的生产计划，以为全球化的集中采购提供准确的需求信息。三是在一个复杂的供应链上，各个工厂间可能是互为供应方，必须使它们的业务能够紧密衔接，才能实现高效低耗地生产。这就必须要运用全球化供应链管理协同的功能和工具来对这些业务进行有效的扩展和管理。

最后，订单履行包括配送、运输和对交货的监控以及交货过程中的例外事件处理。为了使各个地区的客户可以从全球供应链上方便地拿到所需产品，就像从本地供应链上订货一样，为了确保每一个订单、每一笔交易都能按时、按质、按量地交送到全球范围内的客户手中，必须利用全球化供应链的集中式订单履行方式，整合自己和外包服务商的资源，与客户进行密切地交流和沟通，并对整个合同履行过程进行实时监控，及时处理好例外事件，防止由于订单的履行不周而引起丢失客户的现象。

#### 10.1.2.3 全球化供应链管理的影响因素

全球化供应链的设计、运作和管理都会受到不同国家和地区的文化、政治、法律、地域、市场等因素的影响。因此，供应链的设计者和管理者在决策和控制管理过程中必须考虑这些因素。

(1)文化因素。文化因素对企业的全球业务、企业整体目标和整个供应链的业务都有较大的影响，它包括信仰、价值观、习俗、语言等内容。所有这些因素在全球供应链的每一个环节都起着重要的作用。因此，在跨国运作时，要充分尊重当地的文化和习俗。

(2)政治和法律因素。在不同的国家和地区，其政策和法律各有不同。每个国家都有自己的税收、进出口、海关、环保和对本国民族工业的保护等政策。全球化供应链的运作遍及世界，必然涉及不同的政策和法律制度，因此在不同的国家和地区开展供应链业务活动时，必须了解和利用当地的政策法规，据此制定相应的经营战略和策略，应付和处理在业务中遇到的问题和可能发生的纠纷。另外，必须注意，各国政府为了扶植本国企业的发展，解决本国就业问题，纷纷制定各种政策，保护自己的企业。

(3)经济因素。经济因素极大地影响了供应链的全球化趋势，同时也影响了全球化供应链的管理和运作。这些因素包括金融环境货币、汇率、利率波动、当地的通货膨胀率或通货紧缩率、股市波动等，地区性贸易协议、税收、进出口配额和劳动力的成本费用等。同样，不同的贸易保护措施会对全球性的供应链产生影响。关税与配额会影响产品的进口，也会导致公司考虑在出口国工业区投资建工厂。许多贸易保护政策会影响供应链的结构。因此，企业在进行全球化经营时，要充分注意和考虑这些因素，扬长避短，利用一切有利因素经营好自己的业务。

(4)市场因素。国际市场驱动力来自海外竞争者的压力与海外消费者提供的机遇，但同时，扩展海外市场也会遇到一定市场阻力和困难。在消费者极为注重个性化消费的今天，那些国际性产品是难以受到他们青睐的。对于不同的国家和地区消费者，他们喜欢符合自己口味和习性的地区性产品。地区性的产品具有不同区域性的特点和特性，常常需要专门和有针对性的设计与制造。同时，在国际市场出售产品，没有品牌的商品也很难打开市场，更不要说占领市场。因此，当企业的新产品进入一个国家和地区时，首先要创立一个知名品牌，加以本地化的营销手段进行推广，从而建立忠诚顾客群。

(5)基础设施因素。一个国家的基础设施也是运作和管理全球化供应链的基础，包括高速公路系统、港口、铁路运输与交通设施、先进的物流技术、具有一定规模的生产制造基地和先进的制造技术等。它们的好坏都会促进或制约供应链的运行。

(6)人力资源因素。许多企业在进入海外市场时，常常采取低成本策略去选择劳动力成本费用低的国家和地区。在大部分发达国家里，除了文化差异外，技术与管理人才普遍适用性强，但非技术工人在这些国家成本相对较贵。在发展中国家，虽然技术与管理人才适用性不很强，但这些国家的非技术劳动力成本相对较低，在国际市场上具有竞争力。因此这些发展中国家常常是跨国经营者的首选对象，这也是全球化供应链运作蓬勃发展潜力最大的区域。

(7)信息资源因素。信息资源对供应链特别是全球化供应链的管理和运作有着极为重要的影响。在现代社会中，供应链的管理和运作如果没有信息技术的支持，是不可想象的。因此，企业在开展全球化的业务时，必须重点考虑这一因素。在这些信息技术的支持下，供应链上的成员能够共享资源，紧密协作，共同拓展业务。然而，在不同的国家和地区，信息资源的可利用性、信息技术水平的高低和应用程度是大不相同的。无论如何，作为庞大的全球供应链的管理者，企业必须紧紧掌握客户的需求，严格监控供应链上的每一环节，为企业的长远发展提供源源不断的支持。

# 任务 10.2　全球供应链在我国的企业组织形式

## 10.2.1　业务外包

### 10.2.1.1　业务外包的概念

业务外包是外包的一种形式。外包是指企业将生产或经营过程中的某一个或几个环节交给其他(专门)公司完成。

业务外包(outsourcing)，是指企业为了获得比单纯利用内部资源更多的竞争优势，将其非核心业务交由合作单位来完成。作为一种管理策略，业务外包是某一公司(称为发包方)，通过与外部其他企业(称承包方)签订契约，将一些传统上由公司内部人员负责的业务或机能外包给专业、高效的服务提供商的经营形式。业务外包被认为是一种企业引进和利用外部技术与人才，帮助企业管理最终用户环境的有效手段。

业务外包近几年发展很快，在世界各地大行其道，跨国公司也乐此不疲。从本质上看，企业把内部业务的一部分承包给外部专门机构，这是将自身重新定位、重新配置企业的各种资源，将资源集中于最能反映企业相对优势的领域，塑造和发挥企业自己独特的、难以被其他企业模仿或替代的核心业务，构筑自己竞争优势，获得使企业持续发展的核心竞争能力。所以，企业外包已经成了企业创建和保持长期竞争优势的重要策略。

在跨国公司全球供应链的企业组织形式中，业务外包是最常见的组织形式。早在20世纪60年代，美国企业就尝试利用外部资源，但业务外包在信息业得到发展是在80年代后期。1989年柯达(Kodak)将公司的运营和维护交给国际商业机器公司(IBM)进行管理，此举使柯达信息部门的计算机关联投资减少了90%以上，年运营成本也减少了20%。这一成功的尝试引发了业务外包的高潮。业务外包的定义最早出现在1990年的《哈佛商业评论》中，其实质是保留企业自身的核心能力，将相对没有比较优势的业务外包给其他企业，利用外部最优秀的资源，以达到降低成本、提升企业竞争力的目的。近年来，业务外包使世界上众多企业的组织结构发生了根本性变化，并仍以惊人的速度增长。其中属于制造业的外包业务占全部外包业务的25%，高新技术制造企业特别是信息技术企业的外包比例最大，几乎占总外包业务的30%。

10.2.1.2 涉及供应链管理业务外包的常见的几种方式

(1)生产外包。生产外包是应用最广泛的外包方式。纵观全球制造业，很难再发现自己生产所有的零部件，然后加工或装配成产品的制造业企业。随着行业或领域的不断细分，专业化的不断增强，产品的不断丰富以及不断增长的开发成本都促使企业去寻找更有效的方法，外包生产就是由于正确认识这种战略变化的结果而逐渐发展起来的。

(2)物流外包。企业考虑到成本与效率的因素，将运输、仓储、产品配送、包装等物流职能通过契约的形式外包给专门的物流公司，达到减少库存、节约成本、增加灵活性的目的。目前市场上活跃的"第三方物流"领域，实际上就是物流外包的重要形式。

(3)销售外包。在东道国进入壁垒依然存在的情况下，跨国公司为了开拓国际市场、扩大市场份额，利用企业外部的有效销售渠道，自然会寻找合适的销售外包接收者。

(4)信息技术外包。信息技术外包，也称IT外包，是指企业战略性选择外部专业技术和服务资源，以替代内部部门和人员来承担企业IT系统或系统之上的业务流程的运营、维护和支持的IT服务。

(5)人力资源外包。人力资源管理外包，通常是将日常的管理工作交给企业外专业化程度更高的公司或者机构去管理，使企业内部的人力资源管理者将更多的精力集中在对企业价值更大的管理实践开发以及战略经营伙伴的形成等功能上。如今在美国，很多企业已经把人力资源管理部门最基本的业务(如工资发放)，外包给企业以外的专业公司，使薪金发放率大为提高。同样，人力资源管理部门的福利与津贴管理业务、档案保存、工作安置与咨询以及信息系统等工作也外包给专业咨询公司。很多美国公司还将招聘工作交给专业公司，帮助公司对众多的应聘人员进行前几轮的筛选，但是最终的决定权还是在公司手中。人力资源外包一方面会提高合作双方的效率，享受各自规模经济而带来的好处；另一方面还会因此而降低企业的经营风险。

【案例分析10－1】

**Click公司的业务外包**

Click公司的一家大型电子通信制造商客户，曾经因为较高的运营成本和客户的低忠诚度而使股东利益遭受了很大的损失。该公司的存货就曾经高达20亿美元，客户服务水平同时又相当低下。该公司决定将大部分的物流和制造业务外包。Click公司通过帮助这家客户企业整合所有的关键合作伙伴，使该企业的客户服务水平提高了50%，库存减少到了低于8亿美元的水平。

(资料来源:http://baike.so.com/doc/7023068－7245971.html)

**分析**:Click 公司的业务外包说明当公司精力有限时,就应当充分利用业务外包,只要合作方处理好了合作事宜,就能达到很好的效果。

## 10.2.2 跨国企业并购

10.2.2.1 跨国公司并购概念

跨国公司并购就是指某一家跨国性企业或若干家跨国性企业对其他企业的股东权益之特定归属权即企业产权进行重组的自主性商业活动,跨国公司通过收购而完成对目标企业的兼并。从该定义可以看出,跨国公司并购是公司并购中的一种特殊类型,跨国公司并购可以分为跨国公司的国内并购和跨国公司的国际并购(或跨国公司的跨国并购)。跨国公司的国内并购其实质与国内企业并购相同,而跨国公司的国际并购(cross-border mergers & acquisitions 或 international mergers & acquisitions)更是一国国内企业并购的延伸。众所周知,某一国企业以并购他国企业的形式进入他国市场,即可成为跨国公司。因此,跨国公司的国际并购就是指一国跨国性企业为了某种目的,通过一定的渠道和支付手段,将另一国企业的一定份额的股权直至整个资产收买下来。跨国公司的国际并购涉及两个或两个以上国家的企业,两个或两个以上国家的市场和两个以上政府控制下的法律制度,其中“一国跨国性企业”是并购发出企业或并购企业,“另一国企业”是他国被并购企业,也称目标企业。这里所说的渠道,包括并购的跨国性企业直接向目标企业投资,或通过目标国所在地的子公司进行并购两种形式;这里所指的支付手段,包括支付现金、从金融机构贷款、以股换股和发行债券等形式。而跨国公司的国内并购是指某一跨国性企业在其国内以某种形式并购本国企业。

跨国并购成为吸引外资的主要形式。我国吸引的外资以绿地投资为主,并购投资一直未能成为主流方式。实现跨国投资需要具备两个基本条件:一是有适宜的收购对象。这要求东道国存在一批有一定经济基础和在此基础上产生的具有某种竞争优势的企业。二是要有适宜的配套环境,包括必要的法律与政策、成熟的产权交易市场和相应的中介服务机构等,使跨国并购能够顺利进行。

10.2.2.2 跨国公司并购分类

跨国公司并购还可以按照下列不同的标准进行分类。

(1)依取得企业经营权的方式,可以将跨国公司并购区分为跨国合并和跨国收购。跨国合并是指属于不同国家的两个公司把其资产和运营整合起来建立一个新的法律实体。跨国收购是指一个国家的一家公司获得对另一个国家的一家公司资产和运营的控制权,使其成为自身的一个分支或附属机构。

(2)依行业的相互关系,可以将跨国公司并购区分为发生在相同产业内部的竞争性企业之间的平行型并购、基于顾客和供应方或其他买卖双方关系的垂直型并购,以及以分散风险、追求规模效益为目的的无关联产业之间的集团型并购,即,横向并购、纵向并购和混合并购,亦称水平并购、垂直并购和复合并购。

平行型并购,系指生产或销售相同或相似产品的跨国公司之间的并购。平行型并购有利于迅速扩大世界市场份额或增加企业的国际竞争能力和垄断或寡头实力,且风险较小,并购双方容易整合。但是,由于此种并购方式容易形成垄断,有碍市场竞争,因而许多国家皆持谨慎态度，它一直是反托拉斯法的管制重点。垂直型并购，指处于生产过程或经营环节相互衔接、密切联系的跨国公司之间，或者具有纵向协作关系的专业化跨国公司之间的并购。垂直型并购中，并购双方往往是原材料供应者或产成品购买者，所以对彼此的生产情况比较熟悉，有利于并购后的相互融合。

【知识链接 10－1】

### 垂直型并购的优点

垂直型并购的优点除了扩大生产规模、节约共同费用的基本特性外，主要是可以使生产过程各个环节密切配合，加速生产流程，缩短生产周期，节约资源和能源。但是由于垂直型并购有以下两个特点，即：没有参与合并的生产商再不可能与合并了的销售商进行交易；如果生产商在其市场上已经取得了市场支配地位，该势力对受控制的销售商所处的市场也将发生影响。即换言之，垂直型并购所损害的竞争不是参与合并的企业间的竞争，而是损害他们之中的一方或者双方与第三方企业开展的竞争，因而受到了普遍的关注。

【知识链接 10－2】

### 集团型并购

集团型并购，系指平行型跨国并购与垂直型跨国并购相结合的企业并购，即不同行业的跨国公司之间的并购。集团型并购是跨国公司的全球发展战略和多元化经营战略组合，它有助于减少长期经营一个行业所带来的风险，兼具平行型并购和垂直型并购的优点，有利于实现经营的多元化；另外，由于它既非竞争对手，又非现实中或潜在的有客户或供应商关系的公司间的并购，因此，它们对竞争没有直接的限制性影响。

(3)依跨国公司并购的付款方式，可以将跨国公司并购区分为现金收购、换股收购和杠杆收购。所谓现金收购，是指以现金作为并购目标公司的支付方式。现金的形式可以是银行汇票、支票、电汇或现金付款证书。所谓换股收购，是指收购公司向目标公司的股东发行股票，由目标公司的股东将其所持有的目标公司的股票作为对价交付给收购方，并从收购方处取得收购方所发行的股票，或者目标公司的股东将目标公司的资产折算成一定数量的收购方股份，将该资产交付给收购方并从收购方处取得相应数量的收购方的股票，其结果是收购方取得了目标公司的股票或资产成了目标公司的控股股东，目标公司的一些原股东成了收购方的一些新股东，其又被称为“纸对纸交易”。杠杆收购(Leveraged buyout)，又称举债收购或融资收购，是指收购方以目标企业资产及未来收益作抵押，通过大规模的融资借款对目标企业进行收购。

(4)依并购双方买卖意愿标准划分，可以分为善意收购、敌意收购。善意收购，是指目标公司同意并购企业提出的并购条件并承诺给予协助，故双方高层通过协商来决定并购的具体安排。恶意收购，是与善意收购相对立的一种收购方式，是指并购企业在目标公司对其并购意图不知晓或持反对态度的情况下，对目标公司强行收购的行为。

(5)依跨国公司并购是否通过中介机构，可以将公司并购区分为直接并购和间接并购等。

直接并购，是指不通过中介机构，由收购公司直接向目标公司提出并购要求，双方通过一定的程序进行磋商，共同商定完成收购的各项条件，并进而在协议商定的条件下实现公司并购。间接并购,系指不直接向目标公司提出并购要求,而是经由中介机构完成公司的并购。

(6)依目标公司是否是上市公司,可以分为非上市公司并购、上市公司并购。非上市公司并购,即并购公司是在非证券交易所对非上市公司的收购。上市公司并购,即并购公司是在证券交易所通过对上市公司股票的收购实现并购的。

### 10.2.3　战略联盟

#### 10.2.3.1　战略联盟的概念

战略联盟的概念最早是由美国 DEC 公司总裁简·霍普兰德和管理学家罗杰·奈格尔提出的,是指两个或两个以上有着共同战略利益和对等经营实力的企业(或特定事业部门)为了达到共同拥有市场、共同使用资源等战略目标,通过各种协议、契约而结成的优势互补、风险共担、生产要素水平式双向或多向流动的一种松散的网络组织。战略联盟是联盟双方站在公司整体战略的高度,审视公司及伙伴现在及未来的发展,而达成的具有战略意义的联盟。

#### 10.2.3.2　战略联盟的战略优势

(1)创造规模经济。小企业因为远未达到规模经济,与大企业比较,其生产成本就会高些。这些未达到规模经济的小企业通过构建联盟,扩大规模,就能产生协同效应,即"1+1>2"效应,提高企业的效率,降低成本,增加盈利,以追求企业的长远发展。

(2)实现企业优势互补,形成综合优势。企业各有所长,这些企业如果构建联盟,可以把分散的优势组合起来,形成综合优势,也就可以在各方面、各部分之间取长补短,实现互补效应。

(3)可以有效地占领新市场。企业进入新的产业要克服产业壁垒,企业进入新市场也同样要越过壁垒。通过企业间的联盟合作进入新市场,就可以有效地克服这些壁垒。

(4)有利于处理专业化和多样化的生产关系。企业通过纵向联合的合作竞争,有利于组织专业化的协作和稳定供给。如丰田公司只负责主要部件的生产和整车的组装,减少了许多交易的中间环节,节约了交易费用,提高了经济效益。而通过兼并实行联盟战略,从事多样化经营,则有利于企业寻求成长机会,避免经营风险。在选择联盟对象时,企业首先要清楚候选企业的战略意图。其次,企业应该调查候选企业的合作经验。此外,企业还应考察潜在候选企业是否具有独特的核心竞争力和发展潜力。

#### 10.2.3.3　战略联盟的特点

当前,网络组织已成为企业组织发展的一种趋势,战略联盟正是具备网络组织的特点。

(1)边界模糊。战略联盟并不像传统的企业具有明确的层级和边界,而是一种你中有我、我中有你的局面。

(2)关系松散。战略联盟主要是契约式或直接联结起来的,因此合作各方之间的关系比较松散,兼具了市场机制与行政管理的特点,合作各方主要通过协商的方式解决各种问题。

(3)机动灵活。战略联盟组建过程十分简单,无需大量附加投资;而且合作者之间关系松散,解散十分方便。

(4)动作高效。合作各方将核心资源加入联盟中,因而联盟的各方面都是一流的。在这种条件下,联盟可以高效动作,完成单个或几个企业很难完成的任务。

## 任务 10.3　全球供应链合作企业的选择

跨国公司全球供应链管理的根本目的在于不断提升企业的核心竞争力,不断推动企业的前进。在选择供应链合作伙伴的过程中，由于全球供应链具有动态性和复杂性等特点，影响供应链企业间合作的因素也因合作双方所处的独特环境而不同。跨国公司应根据不同的供应链组织形式和具体任务制定不同的选择原则和标准。

### 10.3.1 跨国公司选择供应链合作企业的原则

跨国公司选择供应链合作企业的一般原则，往往通过对合作对象的银行信誉、财务状况、固定资产、产品质量、生产能力、管理能力、营销渠道、售后服务、信息技术等方面的考察来实现。通过对合作企业的一系列考察，从而决定合作的可行性。

10.3.1.1 核心能力原则

参与全球供应链合作的企业，必须具有能为供应链做出贡献的核心竞争能力。这一核心能力是整条供应链急切需要的，与整条供应链管理协调一致的能力，以避免不必要的投资和合作企业间的摩擦。如果供应链上的合作企业所具有的这种能力很小或者根本就缺乏这种能力，将导致这个企业对其他企业的非对称性依赖，难以形成长久的合作关系。

10.3.1.2 成本最小原则

有效的供应链应当实现整条供应链的总成本最小化，实现多赢的战略目标。合作企业需要具有专业的核心竞争能力、较强的相容性以及较高的信誉度，建立良好的互惠合作的信任关系，使全球供应链的链接成本最小。

10.3.1.3 应变能力原则

国际市场风云变幻，全球供应链管理同样也要求机动灵活，把握瞬间逝去的市场机会。因此，各个合作企业应当具有较高的敏捷性，对供应链上的核心企业或其他伙伴企业的服务请求具有一定的快速反应能力。应变能力原则实际上体现了合作企业对专业的熟悉程度和对市场的敏感程度，是考察企业竞争力的一个重要指标。

10.3.1.4 风险最小原则

全球供应链的运营具有一定程度的风险。消费者偏好的转移、国际竞争者的兴起、汇率的波动、国际劳动力市场的变化、政治问题等，这些风险在全球供应链管理中依然存在，只不过在个体伙伴之间得到了重新分配。由于合作企业面临不同的组织结构、技术标准、企业文化和管理观念，必须认真考虑风险问题。

**【案例分析 10-2】**

**思科的随需而动**

思科公司和物流咨询公司 D.W.摩根公司(D. W. Morgan)合作，帮助企业在全球范围内建立"由需求驱动"的供应链。思科公司制造业营销部主管思科特·维斯特雷克(Scott Westlake)表示，这项工作的难度在于，要在多家合作企业间建立协调一致的流程。今天，没有什么全球供应商会独自为末端客户提供服务，因此供应链合作伙伴间的有效沟通是非常基础的要求。那些机制灵活的企业很少依赖传统的预测方式，他们更多依靠的是适应突发状况的能力。在环境、安全和出入境控制等问题的影响下，如何让库存和运输状况的信息及时传送到相关各方，变得比以往任何时候都更加重要。爱德普(Adept)技术公司就是思科和摩根公司技术的用户之一。爱德普公司是一家生产用于高科技制造业机器人的企业。他们的一件普通产品通常都会包括30万个零部件。这些由世界各地的制造商负责供给的零部件对整个制造流程都非常重要，任何时间都不能缺少其中的任何一种零件。爱德普公司必须一天 24 小时都能在很短的时间内对客户的备件或服务订单做出反应。

（资料来源：http://www.51callcenter.com/temp_c/）

**分析：**如何建立、处理合作企业之间的关系？合作伙伴之间要有效沟通。

### 10.3.2　跨国公司与我国企业开展供应链合作的驱动力

10.3.2.1　中国市场驱动力

市场驱动力来自本国与国外竞争者的压力以及本国与国外消费者提供的机遇。即使没有国际业务的企业，国外竞争者的成长也会影响企业的发展。为了捍卫企业利益，有必要进入国外市场，特别是像中国这样的巨大消费市场。但是，拓展国外市场是有困难的。由于信息技术的发展，信息的高速交流与反馈，消费者的偏好正趋于一致。消费者已经变成了全球性的消费者，企业也变成了全球性的企业。跨国公司在世界各国与东道国的公司开展合作，利用该国在合作领域专业的技术和高素质员工。与全球化趋势一致的是，一些特殊的市场常常成为其他市场发展的领头羊。在特殊市场诞生的具有成本、技术、资金等优势的产品或服务，可以帮助跨国公司在竞争不太激烈的地区开辟和占据更多的市场份额。

10.3.2.2　产品技术驱动力

产品技术可以分为高端的技术和低端的技术。高端技术注重产品的研发与改进；低端技术注重产品的生产制造能力。比如，在全球服装产业链中，文化背景、交货期限等因素使时尚前沿的高端高附加值产品一般是在消费市场本地或附近地区生产。由于科技的发展使纺纱、织布、染整技术在高效率、自动化、智能化方面取得了突破性进展，服装制造业本身具有在科技含量方面的相对滞后和劳动密集型的特点，因此在全球产业结构调整中，发达国家和地区的服装加工业外移至周边劳动力较为廉价的发展中国家和地区。因为我国内地的产品加工制造能力已经比较强大，日本向我国、东南亚国家转移服装加工业。我国台湾、香港地区也向大陆投资建厂，从过去以成衣出口为主转变为纺织半成品出口为主。

10.3.2.3　廉价成本驱动力

成本问题往往决定着跨国公司国外投资设厂的厂址决策。但是，这种由低廉的非技术性劳动力所带来的廉价成本优势已经越来越多地被由其引起的企业运营成本的增加所抵消，其他全球性的成本驱动力反而更加显著。

## 任务 10.4　全球供应链管理对我国的影响及发展趋势

### 10.4.1　全球供应链管理对我国的影响

10.4.1.1　获得技术外溢效应

技术外溢效应源自国外有关经济增长理论中的内生增长理论。内生增长理论的核心内容是强调研发、人力资本积累及其他外部性作用对经济增长的影响。技术外溢效应主要是指外国直接投资不仅提供了资本，还带来了先进的技术、设备和管理经验。这里涉及的技术，是一个广义的概念，它不仅包括生产技术和方法，也包括管理技术、劳动者素质的提高等方面（Graham and Krugman，1995）。根据内生经济增长理论，技术进步主要来源于人力资本和研究开发(R&D)资本的生产。人力资本以劳动者为载体,体现了劳动者的素质与技能,构成了技术进步的软技术部分;R&D资本则以生产中的实物资本为载体,体现了生产中技术进步的硬技术部分。

10.4.1.2 加强产业集群

我国著名经济学家钟朋荣认为,一个地区最重要的投资环境,既不是资源优势,也不是区域优势,更不是政策优惠,而是产业集中和由此形成的产业环境。在我国,主要存在两种模式的产业集群。缘于发达专业化市场而形成的产业集群被称作市场创造模式。这种模式形成产业集群的典型地区是浙江。因资本迁移和流动而形成的产业集群现象被称作产业集群形成的资本迁移模式。目前,对这种产业集群起推动和促进作用的迁移性资本是外国直接投资,如:天津地区形成的微电子及通信产业集群、东莞及苏州地区形成的台资IT行业的产业集群及台湾地区的IT产业集群中,外资均起了重要的启动作用。

10.4.1.3 提升产品标准和完善企业经营环境体系

(1)提升产品标准。产品标准已成为技术壁垒的主要内容之一,国际标准化是当今国际贸易发展的趋势。跨国公司在采购过程中更加注重产品规格和产品质量的国际标准化。跨国公司在产品质量的认证方面依赖第三方质量认证机构,该第三方质量认证机构必须为国际公认的权威机构,所执行的标准必须为行业公认标准或者是国际标准,认证包括质量、安全、环保、管理等在内的整个系统的认证。

(2)完善企业经营管理体系。在竞争日益激烈的买方市场上,企业要想将产品推广到国际市场,需要花费大量的时间和费用进行广告宣传。对于消费者来说,企业是否通过了国际组织的认证标准是考验产品可靠性的一种有效手段。

10.4.1.4 推动基础设施建设

跨国公司与我国企业开展合作,要向我国企业派出一定的机构或利用已经存在的机构来进行业务活动。这些机构往往落户在各地、各级经济技术开发区中。

10.4.1.5 发展绿色供应链

绿色GDP在国际上悄然兴起,各国都在考虑减小本国为发展经济所付出的代价。这就要求企业建立环境管理体系,使其经营活动、产品和服务的每一个环节对环境的影响最小。绿色供应链应这一要求而产生,成为解决人类社会可持续发展与有限的自然资源之间的矛盾的有力措施。国外的一些进口商在选择供应商时,常常将环保作为考虑条件,那些在环保方面做得不够的企业是很难通过其考核的。

### 10.4.2 全球供应链的趋势

全球供应链涉及运输和仓储等主要物流环节和基本业务的全球化,采购、外包、供应链流程的全球化。全球化的影响,从主要发达国家,到南美、非洲、中东、亚洲等新兴物流市场,还涉及全球供应链安全的挑战、全球供应链的速度、敏捷性与成本效益优化等领域。自2005年以来,全球化在物流和供应链领域的影响日趋明显。供应链全球化影响已经深入到企业商业活动的方方面面。

物流外包已经发展到供应链管理流程的全球化外包。供应链管理是企业内部和企业之间所有物流活动和商业活动的集成。随着运输时效、信息技术的开展,运输、仓储等主要物流活动的全球化已经开始了很长时间,全球采购、全球配送等物流环节近年来的全球化趋势明显,而供应链商业过程,如制造、研发、IT、客户服务近年来外包发展迅速,供应链商业流程外包增加了企业的价值增值能力。

领先的全球化物流服务供应商，已经从提供全球物流服务，向提供全球供应链服务转化。仅仅具备资产和物流服务能力已经不能满足跨国企业的要求。物流企业要具备供应链管理技术，从提供物流能力，转化到提供知识管理服务的层面，其中涉及供应链战略、供应链网络设计、供应链流程再造和优化，为生产企业提供完整的供应链管理服务。

供应链全球化的趋势表明，物流企业的能力，必须从提供以资产为基础的物流服务，向提供以管理能力为核心的完整的供应链服务转型，才能在竞争中处于优势地位。

## ● 基本训练

**一、知识题**

(一)阅读理解

(1)简述全球供应链及全球供应链管理的含义。

(2)全球供应链管理有哪些特点？

(3)简述你对跨国企业并购含义的理解。

(4)跨国公司选择供应链合作企业的原则有哪些？

(5)全球供应链管理的影响因素有哪些？

(二)知识应用

1. 判断题

(1)国外的一些进口商在选择供应商时，常常将环保作为考虑条件，那些在环保方面做得不够的企业是很难通过其考核的。 (　　)

(2)全球供应链的运营没有任何风险。 (　　)

(3)由于全球供应链范围广、运行环境差异大，需要在不同的法律、人文、习俗、语言、科技、设施环境下运行，大大增加了供应链的复杂程度以及网络系统的信息量和交换频度。 (　　)

(4)产品标准已成为技术壁垒的主要内容之一，国际标准化是当今国际贸易发展的趋势。 (　　)

(5)全球供应链涉及国际经济活动。 (　　)

2. 选择题

(1)来自本国与国外竞争者的压力以及本国与国外消费者提供的机遇的是(　　)。

A. 市场驱动力　　B. 产品技术驱动力

C. 成本驱动力　　D. 政策驱动力

(2)生产或销售相同或相似产品的跨国公司之间的并购是(　　)。

A. 垂直并购　　B. 平行并购

C. 集团并购　　D. 横向并购

(3)企业战略性选择外部专业技术和服务资源，以替代内部部门和人员来承担企业 IT 系统或系统之上的业务流程的运营、维护和支持的 IT 服务属于(　　)。

A. 生产外包　　B. 销售外包

C. 技术外包　　D. 服务外包

(4)国际市场风云变幻，全球供应链管理同样也要求机动灵活，把握瞬间逝去的市场机会属于(　　)。

A. 风险最小原则　　B. 核心能力原则

C. 成本最低原则　　D. 适应原则

(5)全球供应链运营中有关的资金由于汇率和利率的变动而产生的风险属于(　　)。

A. 政治风险　　B. 经济风险

C. 自然风险　　D. 文化风险

**二、技能题**

学生进入有关网站，查询全球供应链管理的案例并分析。

实训目的：通过写体会来加强对全球供应链管理的理解。

实训要求：熟悉全球供应链管理的思想。在这种思想的指引下，企业要实行供应链管理必须采取哪些方法？

## ● 综合案例

### 案例1　高露洁的全球供应链管理

高露洁公司作为一家知名的跨国公司，以其正确的发展策略为业内称道。为综合管理其供应链，该公司于1999年11月建立了高露洁全球供应链管理系统，希望通过该系统，进一步完善全球供应链管理，提升对客户的服务水平。

建立全球供应链管理系统。在全球供应链管理系统中，高露洁确定了3个主要的供应链战略：一是推出VMI项目，大幅削减库存和循环时间。二是实施跨边界资源计划，将地域性模式拓展为全球性模式。这种转变可以提高企业的预测能力，减少非盈利股份，凝聚资产，平衡公司的全球业务。三是实施与下游企业的协同计划，来管理供应链中的市场需求，协调各项活动。

高露洁公司根据VMI系统提供的每日消费需求与库存信息，对各消费者中心进行补充。目前VMI系统的重点在北美。北美的VMI系统管理来自5个工厂40%的集装箱，包括40个分销中心和12个消费区。VMI系统由MYSAPSCM供应网络支持，MYSAPSCM使高露洁可以更加准确地掌握供给与需求信息。每天，来自消费分销中心的库存量和需求信息都会传递到MYSAPSCM，对需要补充的订单数进行统计，有效降低了成品库存。

实现全球化资源利用。高露洁的跨地域资源利用系统，将客户需求和全球资源信息整合在一起，使以前的月度预测发展成为每周的订货补充。在这一新型商业模式中，供应商直接负责对高露洁分销中心的资源补充。新的周补给制度是由客户的订单流量来驱动的，通过高露洁在世界各地的分销中心直接传递给供应商，补给要求也是根据高露洁销售机构提供的需求信息来计算的。

此外，高露洁的CBS商业控制程序由MYSAPSCM支持，根据每日需求信号和库存量对补货订单进行计算，使供需更加平衡，使供给更加适应特殊订单的要求，同时减少了不准确预测信息产生的影响，进而降低了成品库存，减少了补充订单的次数，提高了企业内部补充和用户订单中的在产订单和已完成订单的达成率。通过使用功能强大的补货系统，高露洁还提高了订单的实现率和资金使用率。灵活、有效的产品补充系统加快了总部前往分销中心的物流进程，而且企业的运输成本并没有增加。

做好需求规划与绩效确认。高露洁(美国)采用的MYSAP.com需求规划系统的功能和MYSAPSCM的协同引擎，能够向供应商传达公司的需求信息，并在供应链网络中制定协调计划。MYSAPSCM能够计算出基本需求，相应增加因市场推广带来的业务增长。对市场推广带来的额外需求增长的管理独立于基本需求管理之外，是进行生产、产品后整理和分销的重要依据。这种协同引擎通过最新计划信息的交流、偶然事件的管理、对预测准确性等功能测试的跟踪等，对市场推广带来的需求增长进行协同管理。

高露洁供应链战略的 3 个主要组成部分由 MYSAP. com 的实时集成模式支持，股票、订单和其他市场指数都能及时在客户、企业内部 ERP 系统和 MYSAPSCM 之间更新。供应链信息的顺畅，可以使公司获得更准确、更及时的数据信息，进而为决策提供依据。

通过采用供应链管理系统，高露洁提高了市场竞争力，在全球业务拓展和市场推广中更具优势。同时，公司通过协同加强了与全球客户的联系，进一步降低了成本。此外，公司还通过电子商务进一步加强了企业内部整合，密切了与合作伙伴和客户的关系。

高露洁全球信息技术总监 EsatSezer 先生说："对高露洁来说，MYSAPSCM 具有的强大功能对全球供应链改进过程十分关键。MYSAPSCM 在 3 个最重要的前沿领域均有相应的解决方案，它使高露洁能够掌握公司全球范围内的后勤数据，使我们能够通过高级数理规划函数优化业务运营，并为我们和我们的顾客、合作者开展协作提供了一个平台。MYSAPSCM 使我们在全球运作的供应链管理中真正走向完美。"

坚持可持续发展。面对已经取得的成绩，高露洁并没有停止前进的脚步，而是不断加大对供应链管理系统的研究与应用力度，确保企业的可持续发展。除在全球范围内使用 VMI、CBS 和协同引擎外，高露洁正与 SAP 一起在 MYSAPSCM 内开发可重复制造功能和各种进度细分功能。这一研究成功后，仅用一张物料订单(BOM)就可以完成整个生产过程的往复运作，使原料需求更加灵活，生产更适应短期需求变化。同时，高露洁还支持对与 MYSAPSCM 相关供需波动计算法则的研究，以实现企业的重复性生产。由于在以推广为主的商业环境中，供需情况会随时变化，第三方供应商在高露洁业务中的地位日益重要，高露洁希望使用 MYSAPSCM 的协同引擎加强与这些供应商的联系，并计划采用 MYSAPSCM 的运输规划和进度规划功能来优化运输网，降低运输成本。此外，高露洁还将通过参加各种能够提供协同需求、盈利、后勤计划等方面交流的消费品行业市场，与客户和合作伙伴进行多元化的合作。

目前，高露洁已经通过全球供应链管理系统实现了很多目标，如提高可视供应链、规划循环的速度，通过全球化资源利用、成本降低、改善客户服务等，实现更为有效的资本利用。

（资料来源：http://www.examw.com/wuliu/anli/92310/）

问题：高露洁是如何通过全球供应链管理系统实现目标的？

### 案例 2　日本索尼集团公司建设全球物流供应链

随着经济发展的全球化，通过节约物资消耗和提高劳动生产率来降低生产成本的做法已转向非生产领域，特别是物流领域，索尼集团公司也不例外。

负责这场与承运人展开全球性物流谈判的是索尼集团公司副总裁、索尼物流采购公司总经理三岛先生。他的主要任务是：落实成交条件，扩大物流成本节约范围。至于在全球性谈判中究竟要选用哪一家承运人，三岛先生认为，这不仅要看承运人开出的运价，那是表面现象，而且要看承运人实质性的东西，即全面评估有关承运人过去 3 年中的经营业绩、信誉程度、交货速度、船舶规范和性能，以及如客户服务、售后服务、经营管理作风、经营风险意识、员工自身素质等因素。

前不久，三岛先生去 H 国 G 船务公司商谈集装箱托运事宜。走进 G 公司大厦就像走进四星级宾馆……他第一个想法是，光是这座大厦每年的物业管理费用，不知要用多少集装箱的运费才能填补。尽管G公司的高规格招待和那么多高层人士热诚陪同令他感动，但为了索尼公司自身利益，三岛先生最终还是没有和G公司签约。

索尼集团公司每年都要与承运人举行一次全球性物流洽谈会，通过谈判把计划性集装箱货运量分配给选中的承运服务提供人。在合同中，索尼集团公司作为签约一方给另一方一年的集装箱运量的许诺，但如果在一年中，索尼提供的箱量低于许诺，索尼向承运人赔款；如果箱量超过许诺，索尼不要求承运人提供回扣。两年多来，索尼集团公司把许诺箱量和一旦低于实际托运量就赔款的合同条款应用于对美国的贸易航线中。迄今在对美航线中这个合同条款用得比较普遍，而在其他贸易航线中，托运人通常不愿意向承运人承诺集装箱的年总托运量。在合同中，索尼只要求承运人提供半年至一年的运价本。索尼集团公司这样做的目的，无非是为了加强与承运人的合作和联系，建立质量上乘、价位低廉的物流链服务网络。

索尼集团公司还有一个独特之处是，在处理自己的产品远洋运输业务中，往往是与集装箱运输公司直接洽谈运输合同而不是与货运代理洽谈，但是在具体业务中，索尼乐意与货运代理打交道。索尼集团公司与其他日本实业公司不同的是，索尼与日本许多实力雄厚的航运集团，如商船三井、日本邮船、川崎船务等结成联盟。但是索尼集团公司在业务上始终保持独立自主。

索尼集团公司非常重视电子信息管理技术(EICT)，使用比较先进的通用电子信息服务(GEIS)软件，与日本和世界各地的国际集装箱运输公司建立密切的电子数据交换联系(EDI)。与众不同的是，索尼集团公司认为，企业的某一产品、某一项目具有优势并不代表这家企业的竞争力强劲，只有当企业具备持久稳定的竞争优势和企业核心综合竞争能力，才能够永远立于不败之地。必须指出，作为日本著名企业，索尼集团公司的高层早就认识到，核心竞争力的载体是企业整体，而绝不是集团下面某一个“重中之重”的子公司通过“奇迹”能够实现的。因为建立核心竞争力的投资风险和时间跨度远远超过了多少带有地方色彩和自身严重局限的子公司的能力范围，必须从企业集团整体利益的战略高度考虑，充分把握投资方向，理顺经营理念和主动掌握市场需求，集中一切力量把企业集团核心竞争力的建立指挥主动权掌握在集团高层官员的手中。

索尼集团公司之所以能在国际市场上长久立于不败之地，奥秘是竭尽全力接近客户，“想客户之所想，急客户之所急”。凡是客户想到的，索尼争取先想到；凡是客户还没有来得及想到的，索尼必须抢先想到。

几年以前，索尼集团公司曾遇到这样一件事情，欧洲市场客户急需当地市场已经断档多时的索尼牌超高速凸轮缓冲器。这种用于电视接收设备的产品当时只在日本本土生产，在欧洲和世界各地的索尼公司均不生产。这种产品以往都是通过集装箱海运发往世界各地。索尼集团公司最高执行官当即决定，急事特办，采用运价比海运高出十几倍的空运物流方式把凸轮缓冲器运到欧洲国际市场和其他急需这种产品的市场。满足市场需要是索尼的最高宗旨，只有实现这个宗旨，索尼才能有生存的明天。如果索尼集团当时不这样做，欧洲和其他地区的零售商货架上找不到索尼产品，消费者就必然会另外寻找途径，索尼就会逐渐失去这一地区的市场，就等于把竞争的主动权拱手让给对手。“商场如战场”，商家最怕“一着不慎，满盘皆输”的结局。索尼当然不是例外，虽然在缓冲器产品的物流上多赔了一些运费，但用局部的牺牲赢得了全局的胜利，保持和扩大了索尼的市场信誉和占有率，使索尼公司产品名扬天下。

索尼集团公司的物流理念是，必须从战略高度去审视和经营物流，每时每刻都不能忽视物流。满足消费者或客户的需要，满足市场的需要是物流的灵魂，索尼集团麾下的各家公司必须紧紧跟随市场的潮流。

（资料来源：http://www.vsharing.com/k/SCM/2014—2/695318.html）

问题：索尼的全球供应链是如何建立的？

## ● 综合实训

一、实训目的及要求

（1）提高学生学习兴趣；

（2）掌握多门相关学科知识的综合应用；

（3）掌握针对问题应用所学全球供应链管理以及相关管理学科理论与方法进行分析、提出解决方案的能力，提高学生解决企业经营运作系统实际问题的能力。

二、实训内容

（1）实训背景：阿里巴巴是全球企业间电子商务的著名品牌，是全球国际贸易领域内最大、最活跃的网上交易市场和商人社区，旗下有淘宝网、支付宝等业务；雅虎是一家全球性的互联网通信、商贸及媒体公司，旗下有一搜、一拍等业务，是全球第一家提供互联网导航服务的网站。阿里巴巴网络技术有限公司在北京宣布，全面收购雅虎中国全部资产，其中包括雅虎中国门户网站、搜索门户、一搜、在线拍卖业务、3721 网络实名服务、媒介与广告销售、无线业务与移动应用、雅虎电子邮箱、即时通信工具“雅虎通”，阿里巴巴还将获得雅虎领先全球的互联网品牌在中国的独家使用权。雅虎中国同时宣布，与阿里巴巴网络技术有限公司达成战略联盟关系，雅虎出资 10 亿美元成为阿里巴巴的股东之一。阿里巴巴公司也将因此享受雅虎公司的强大搜索技术平台，丰富的内容咨询以及遍布全球的渠道资源在中国的独家使用权。对阿里巴巴而言，阿里巴巴将获得雅虎领先的搜索技术和平台支持以及强大的产品研发保障，其业务得到了扩展；同时，通过运作雅虎的搜索技术进一步丰富和扩大电子商务的内涵，在 B2B 和 C2C 领域巩固了自己的领先优势，大大提高了竞争力，实现了相关业务多元化发展。阿里巴巴解决了融资问题，获取了 10 亿美元的注资，能够很好地保证现金流，并且，雅虎中国是一家继承了美国雅虎的先进技术和技术文化的公司，并购可以为阿里巴巴省去该领域摸索研发的过程，减少了学习的成本。阿里巴巴的经营战略能够更好地实施，雅虎注入阿里巴巴的资金，使得雅虎成为阿里巴巴最大的股东，阿里巴巴的旧股东也被替换或者被削弱实力，而雅虎作为互联网行业，更能理解阿里巴巴的经营战略并予以大力支持。对雅虎而言：并购后，雅虎将轻松进入此前一直苦苦无法突破的中国电子商务领域，其业务拓展到了前景可观的 B2B 领域。雅虎以 10 亿美元加上雅虎中国业务作价，换取其在阿里巴巴集团的 40%的控股权，成为阿里巴巴最大的股东。雅虎更换了管理团队：并购使雅虎中国的经营团队变为以阿里巴巴的马云为首的一个团队，新的团队注入新的生命力，能够改变雅虎中国在中国持续低迷的经营现状。

（2）分析：雅虎和阿里巴巴属于哪种并购？为何要并购？并购以后，带来了哪些好处？

（3）写实训报告。

# 参考文献

[1]苏尼尔·乔普拉著.供应链管理(第5版)[M].中国人民大学出版社,2013.

[2]马士华,林勇.供应链管理(第4版)[M].机械工业出版社,2014.

[3]刘宝红著.采购与供应链管理(第2版)[M].机械工业出版社,2015.

[4]大卫·辛奇一利维(David Simchi-Levi)等著.供应链设计与管理[M].中国人民大学出版社,2010.

[5]马士华,李华焰.平衡计分卡在供应链绩效评价中的应用研究[J].工业工程与管理,2002,(4).5—10.

[6]王有远,罗丽萍.企业物流成本管理与控制[J].商业时代,2004,(11).57.

[7]乔恩·休斯,马克·拉尔夫·比尔.米切尔斯.供应链再造[M].东北财经大学出版社,2003.

[8]王丹,吕本富.企业不同发展阶段的供应链管理战略规划[J].管理评论,Vol.16,No.2,2004.

[9]姜荣.供应链战略联盟问题研究[J].中国市场,Vol.45,2007.

[10]芮明杰,李洪雨.WTO条件下本土零售企业发展的策略选择[J].当代财经,No.4,2003.

[11]蒋新梅.论供应链战略联盟[J].物流科技,No.8,2008.

[12]王琳,李仁良.试析供应链战略联盟成功的关键因素[J].中国市场,Vol.41,2008.

[13]刘跃,楚实.制造业供应链一体化能力构建问题与对策[J].改革与战略,Vol.26,No.6,2010.

[14]姚娟.一体化供应链的管理[J].企业研究,Vol.13,2002.

[15]陆震,白勤虎.供应链战略合作伙伴关系分析与研究[J].合肥工业大学学报(社会科学版),Vol.18,No.2,2004.

[16]柴宝善.试论供应链的战略合作伙伴关系[J].中国合作经济,No.4,2005.

[17]罗明,刘元洪,马卫.面向制造业供应链的管理信息系统[J].中国市场,Vol.41,2007.

[18]马士华,王一凡,林勇.供应链管理对传统制造模式的挑战[J].华中理工大学学报(社会科学版),Vol.38,No.2,1998.

[19]曹惠清.零售企业的供应链管理战略探析[J].改革与开放,No.9,2009.

[20]张炳轩,李龙洙,都忠诚.动态供应链合作伙伴的评价体系及其模糊评价方法[J].天津师范大学学报(自然科学版),2001,(9):19—23.

[21]李华焰,马士华,林勇.供应链整体绩效驱动及其平衡分析[J].决策借鉴,2002,(5):13—18.

[22]阮喜珍.生产运作管理实务(第2版)[M].东北财经大学出版社,2011.

[23]姜方桃.集成化供应链管理的绩效评价研究.[博士学位论文],河海大学商学院,2006.

[24]马士华，林勇著.供应链管理(第3版)[M].机械工业出版社，2010.

[25][英]肯尼斯·莱桑斯，[英]布莱恩·法林顿著，鞠磊，等译.采购与供应链管理(第7版)[M].电子工业出版社，2007.

[26]李秉祥，许丽.供应链成本控制方法研究[J].当代财经，2005，(2).

[27]曹洪香.企业供应链管理中的成本构成与控制[J].管理宝鉴，2005，(3).

[28]庄健，张娜.基于作业的目标成本法在供应链成本控制中的应用[J].山东省农业管理干部学院学报，2005.

[29]周良毅主编.供应链管理[M].电子工业出版社，2005.

[30]高文华，王桂花主编.供应链管理[M].清华大学出版社，2009.

[31]陈子侠，蒋长兵，胡军，主编。供应链管理高[M].高等教育出版社，2005.

[32]何开伦主编.供应链管理[M].华中科技大学出版社，2010.